ERLÄUTERUNGEN UND DOKUMENTE

Alfred Döblin
Berlin Alexanderplatz

Von
Gabriele Sander

Philipp Reclam jun. Stuttgart

Alfred Döblins Roman *Berlin Alexanderplatz* ist in einer kritischen Ausgabe 1996 im Walter-Verlag Zürich und Düsseldorf innerhalb der »Ausgewählten Werke in Einzelbänden« erschienen. Auf diese Ausgabe beziehen sich die Seitenangaben im vorliegenden Band.

RECLAMS UNIVERSAL-BIBLIOTHEK Nr. 16009

Gesamtherstellung: Reclam, Ditzingen. Printed in Germany 2006

ISBN-13: 978-3-15-016009-1
ISBN-10: 3-15-016009-X

www.reclam.de

Inhalt

Abkürzungen

Werke Alfred Döblins

AzL	*Aufsätze zur Literatur*
BA	*Berlin Alexanderplatz*
BAD	*Berlin-Alexanderplatz* (Drehbuch)
BF	*Die beiden Freundinnen und ihr Giftmord*
BMG	*Berge Meere und Giganten*
Br	*Briefe*
DHF	*Drama – Hörspiel – Film*
DM	*Der deutsche Maskenball von Linke Poot*
Erz	*Erzählungen aus fünf Jahrzehnten*
JR	*Jagende Rosse, Der schwarze Vorhang und andere frühe Erzählwerke*
KdZ	*Kritik der Zeit. Rundfunkbeiträge 1946–1952*
KS I	*Kleine Schriften I: 1902–1921*
KS II	*Kleine Schriften II: 1922–1924*
Nov	*November 1918. Eine deutsche Revolution*
PW	*Pardon wird nicht gegeben*
RP	*Reise in Polen*
SÄPL	*Schriften zu Ästhetik, Poetik und Literatur*
Sch	*Schicksalsreise. Bericht und Bekenntnis*
SLW	*Schriften zu Leben und Werk*
SPG	*Schriften zur Politik und Gesellschaft*
UD	*Unser Dasein*
WK	*Wadzeks Kampf mit der Dampfturbine*
WuV	*Wissen und Verändern!*

Allgemeines

berlin.	berlinerisch
ED	Erstdruck
Hs.	Handschrift (des Romans; s. S. 125)
niederdt.	niederdeutsch
UA	Uraufführung
ugs.	umgangssprachlich

I. Kommentar, Wort- und Sacherklärungen

Dankbar zu Rate gezogen wurden vor allem der von Werner Stauffacher, dem Herausgeber der kritischen BA-Ausgabe (Zürich/Düsseldorf: Walter, 1996), erarbeitete Kommentar sowie die Erläuterungen von Ute Bertram-Hohensee in der von Helmuth Kiesel herausgegebenen Ausgabe des Romans (München: Artemis & Winkler, 1993). Bezugstext ist die Walter-Ausgabe, die dem Text der Erstausgabe folgt; wegen fehlender Zeilenzählung wird jeweils nur die betreffende Seite angegeben. Um die Benutzung zu erleichtern, werden aber auch (in Klammern) die entsprechenden Seitenzahlen der dtv-Ausgabe (München 1965) genannt; allerdings unterscheidet sich vereinzelt das Lemma, in diesen Fällen ist der Wortlaut der dtv-Ausgabe in eckige Klammern gesetzt.

Prolog

11 (7) *der Star gestochen:* (ugs.) die Augen geöffnet, sehend gemacht.

12 (7) *vom Leben mehr zu verlangen als das Butterbrot:* Anspielung auf die biblische Weisheit: »Der Mensch lebt nicht vom Brot allein« (5. Mose 8,3; Matth. 4,4).

Erstes Buch

13 (8) *Gefängnis Tegel:* Justizvollzugsanstalt im nordwestlichen Berliner Stadtteil Tegel.

15 (8) *Mit der 41 in die Stadt:* mit der Straßenbahnlinie Nr. 41. – Döblin benutzte während der Niederschrift des Romans eine Verkehrskarte mit Fahrplan und Straßenverzeichnis vom Mai 1928, an der er sich bei der Beschreibung der Wegstrecken orientierte.

Elektrische: Kurzform für: elektrische Straßenbahn.
B. Z.: Abkürzung für *Berliner Zeitung*.
Die neuste Illustrirte: Gemeint ist wohl die *Berliner Illustrirte Zeitung*, die seit 1892 vom Ullstein-Verlag herausgegeben wurde.
Die Funkstunde neu: Unter dem Titel *Die Funk-Stunde* erschien die »Zeitschrift der Berliner Rundfunkstelle«.
Schupos: Kurzform für: Schutzpolizisten.
(9) *Brägen:* Bregen/Brägen/Brejen (niederdt./berlin.): Hirn, Gehirn (vor allem vom Schlachttier), Kopf. Vgl. 135 (116) *bregenklütrig*.

16 (9) *Rosenthaler Platz:* In seinem Vorwort zu Mario von Bucovichs Photoband *Berlin* (1928) bezeichnet Döblin das nördlich vom Bahnhof Alexanderplatz gelegene Viertel zwischen Münzstraße und Rosenthaler Platz als »dunkle zweifelhafte Gegend« (S. XII), da dort die Berliner ›Unterwelt‹ beheimatet war.
Aschinger: Die Gaststätte an der Rosenthaler Straße war eines der vielen Berliner Bierlokale, die der aus Süddeutschland stammenden Familie Aschinger gehörten. – Vgl. KS II 98.
Wertheim [*Tietz*]: Sowohl in der Hs. als auch in der Erstausgabe und den darauf basierenden Auflagen und Nachdrucken findet sich irrtümlich der Name »Tietz« (nach dem Besitzer Hermann Tietz, dessen Kaufhaus sich an der Nordseite des Alexanderplatzes befand; vgl. 166/145 und 200/178) für das an der Rosenthaler Straße (Ecke Königstraße) gelegene Kaufhaus Wertheim (vgl. 165/145). Im Vorwort zu Bucovichs Photoband schreibt Döblin: »jedes Stadtviertel hat kleine, mittelgroße und große Warenhäuser, die geräumigsten heutigen sind die von Wertheim und Tietz« (S. XI, vgl. das Photo S. 70: Alexanderplatz, Warenhaus Tietz; s. Abb. S. 9).

16 f. (9 f.) *Die Gefangenen ... zusammengebracht:* teilweise wörtliches Zitat aus der »Dienst- und Vollzugsordnung für die Gefangenenanstalten der Justizverwaltung in

Die Gegend um den Alexanderplatz; im Nordosten das Scheunenviertel

Preußen« von 1923, die die Grundlage für die Tegeler Hausordnung bildete. Diese wird im folgenden mehrfach zitiert bzw. paraphrasiert.

17 (10) *ick armer Deibel:* (berlin.) ich armer Teufel.

Dussel: dummer Mensch, Dummkopf.

Es war ein Jude: Die folgenden Szenen spiegeln Döblins seit den zwanziger Jahren stetig gewachsenes Interesse für jüdisches Leben und Schrifttum wider; vgl. insbesondere seinen Bericht über die im Herbst 1924 unternommene *Reise in Polen* (1925/26). Mit dem jiddischen Idiom, dessen Klang und Duktus Döblin in den folgenden Szenen im Schriftbild nachzuahmen versucht, war er auch durch das Scheunenviertel vertraut. Wie sich an verschiedenen Essays zeigt, durchstreifte er immer wieder dieses überwiegend von Ostjuden bevölkerte Ghetto, das sich nordöstlich des Alexanderplatzes unweit seiner Wohnung und Praxis an der Frankfurter Allee 340 befand. Vgl. z. B. *Deutsches und jüdisches Theater* (ED 28. 12. 1921; in: KS I 362–367) und *Östlich um den Alexanderplatz* (ED 29. 9. 1923; in: KS II 298–302; s. Kap. II,1). – Nach einer Volkszählung von 1925 lebten in Berlin 173000 Juden (= 4,3% der Berliner Bevölkerung), die meisten von ihnen in den Stadtteilen Berlin-Mitte, Charlottenburg, Wilmersdorf, Prenzlauer Berg, Schöneberg und Tiergarten. Ein Viertel aller Berliner Juden waren ausländischer Herkunft; sie stammten überwiegend aus Polen und Rußland (vgl. *Juden in Berlin 1671–1945*, 1988, S. 178, 183 und 191).

18 (11) *Es braust ein Ruf wie Donnerhall:* Anfangsvers von Max Schneckenburgers Lied *Die Wacht am Rhein* (1840), zu dem Karl Wilhelm 1854 die Melodie komponierte. Die in den Romantext montierten Zitate aus diesem patriotisch-chauvinistischen Lied gewinnen im folgenden leitmotivischen Charakter. Vgl. 34 (26), 92 (78) u. ö.

Alexanderplatz mit Warenhaus Tietz, 1928

19 (12) *Schubiack:* (berlin.) Lump, schlechter, niederträchtiger Mensch. Vgl. 226 (200) *Schubjack.*
In der Stadt Susan ... Ansehn: nach Esther 2,5–7. Die knappe Bibelparaphrase verweist auf die Geschichte von der Rettung der gefährdeten Juden durch den Mut und die Liebe einer Frau. Esther verkörpert damit das Prinzip individueller Verantwortung und Hilfsbereitschaft.

20 (13) *Mit einem Leichnam ... Neujahrstagen:* Vorschrift nach dem babylonischen Talmud.

Rabbanan: jüdischer Gesetzes- und Religionslehrer.
Wenn jemand ... unrein?: aus den jüdischen Koscher-Regeln (nach 3. Mose 11 und 17), die festlegen, welche Speisen gegessen werden dürfen.
21 (13) *Rebbe:* jidd. für *Rabbiner:* Gesetzes- und Religionslehrer.
(14) *Sprach Jeremia ... Babylons:* Zitatcollage aus Worten des Propheten Jeremia (51,9; 50,8; 50,35).
Belehrung durch das Beispiel: Die Überschrift verweist auf die moritatenhafte Struktur des Romans.
kraute: krauen: sanft kratzen, kraulen.
22 (14) *Schläfenlocken:* typische Haartracht orthodoxer Juden.
(15) *Noah ... Pärchen:* nach 1. Mose 7.
Geschichte von Zannowich: Die Quelle für diese Erzählsequenz ist bislang unbekannt. Aufgrund der Lebensdaten der im folgenden genannten historischen Personen muß die Geschichte in der ersten Hälfte des 18. Jh.s spielen.
24 (16) *meschugge:* (jidd./ugs.) verrückt.
25 (18) *Skanderbeg ... Castriota:* albanischer Nationalheld (1403–68), der eigentlich Georg Kastriota hieß.
26 (19) *sächsische Kurfürst:* Gemeint ist vermutlich August der Starke (1670–1733), der 1694 sächsischer Kurfürst wurde.
Kronprinz von Preußen: Friedrich II., genannt der Große (1712–86).
Kaiserin Therese: Maria Theresia (1717–80).
27 (19) *Kruke:* eigtl.: bauchige Tonflasche; berlin. auch: kleiner, dicker Mensch. Vgl. 77 (64), 179 (158) u. ö.
29 (22) *Plautze:* (berlin.) Bauch.
31 (24) *Untergrundbahn:* Der 1913 begonnene Bau der Berliner U-Bahn war für Döblin »ein mächtiges, kraftvolles Schauspiel«, »ein Anblick, der jeden, der in dieser Zeit lebt, tief bewegen muß« (KS I 344). Vgl. Döblins Photo von einer U-Bahn-Baustelle im Marbacher Kata-

log (1978, S. 232) und das Photo der U-Bahn-Baustelle am Alexanderplatz bei Geisel, *Im Scheunenviertel* (1981), S. 121.

Elternlos: Titel eines erstmals im August 1927 gezeigten Filmes von Franz Hofer, dessen Inhalt im folgenden ironisch wiedergegeben wird. Döblin war ein leidenschaftlicher Kinogänger und fasziniert von den filmästhetischen und -technischen Möglichkeiten, die er schon früh in seine poetologischen Reflexionen einbezog und die auch – wie sich insbesondere an *Berlin Alexanderplatz* zeigt – seinen Erzählstil prägten.

33 (25) *jieprig:* (berlin.) (be)gierig. Vgl. 341 (306) *Jieprigmachen.*

Kledage: (norddt./ugs.) Kleidung, Kleider.

(26) *Es waren zwei Königskinder ... lieb:* Anfangsvers des populären Volksliedes, das sich in der Sammlung *Des Knaben Wunderhorn* unter dem Titel *Edelkönigs-Kinder* findet.

33 f. (26) *Wenn der Hund ... springt:* parodistische Verfremdung der ersten Zeile eines patriotischen *Toastliedes* (*Bayrische Polka* oder *Amalienpolka*): »Wenn der Mut in der Brust seine Spannkraft übt«.

34 (26) *Putt, putt, putt ... mein Hahn:* Teilzitat des Refrains zum Lied *Klein Fritzchen sprach zum Vater.*

Lieb Vaterland, kannst ruhig sein: nach der ersten Zeile des Refrains zum Lied *Die Wacht am Rhein* (vgl. 18/11); variierende Wiederholungen 443 (400), 447 (403) und 454 (410).

Kochste Suppe ... Fräulein Stein: vielleicht ein Abzählreim oder Verse aus einem zeitgenössischen Schlager. Vgl. 201 (178).

34 f. (27) *Die sexuelle Potenz ... spielen:* Die Quelle für diesen Exkurs konnte bislang nicht eruiert werden. Die einmontierte Textpassage stammt vermutlich aus einem medizinischen bzw. sexualkundlichen Lehrbuch, das Döblin als Arzt und Psychiater zur Verfügung stand.

35 (27) *Wenn ein Mädchen ... görn hat:* parodierendes Zitat des Refrains zu Walter Kollos Marschduett aus der Posse *Der Juxbaron* (1916). Wie sich an den Theaterkritiken Döblins aus den zwanziger Jahren zeigt, besuchte der Autor gelegentlich Operetten-, Revue- und Varietéveranstaltungen. Seine Vertrautheit mit diesem Genre spiegelt sich in den zahlreichen Zitaten und Parodien zeitgenössischer Lied- und Schlagertexte im Roman wider.

in Bembergs kunstseid[e]nen Strümpfen: ironische Anspielung auf einen Werbespruch der Barmer Textilfabrik Bemberg.

(27 f.) *Theodor ... Sekt?:* Zitat aus dem Refrain des Schlagers *Gestern beim Spazierengehen* aus der Revue *Die Sünden der Welt.*

35 f. (28) *Weißt du, was das heißt, Heimweh?:* So beginnt die deutsche Fassung des Chansons *Always* (1925) von Irving Berlin.

36 (28) *Mampe:* Kräuterlikör der gleichnamigen Firma.

bei de Preußen im Graben: Biberkopf war, wie später noch deutlicher wird, Soldat im Ersten Weltkrieg.

Sinds die Augen ... Lampe: Persiflage auf einen Reklamespruch der Firma Mampe.

36 f. (29) *Testifortan ... wertvoll:* vermutlich Zitat aus einem Inserat oder einer Medikamentenbeschreibung. Der Sexualforscher Magnus Hirschfeld (1868–1935) war Verfasser einer fünfbändigen *Geschlechtskunde* (Berlin 1925–30) und setzte sich insbesondere für die Rechte Homosexueller ein. Sein Kollege am Berliner Institut für Sexualforschung, Bernhard Schapiro, leitete dort u. a. die Abteilung für Potenzstörungen.

37 (29) *rummer di bummer ... bummer:* Berliner Abzählreim.

38 (30) *der Kaiser ... den Degen:* Das Bild bezieht sich auf den 2. September 1870, als Napoleon III. nach der Niederlage bei Sedan seinen Degen an König Wilhelm I.

überbringen ließ. Dieser wurde am 18. Januar 1871 in Versailles zum Deutschen Kaiser ausgerufen. – Döblin beschreibt das Bild auch in seinem Roman *Pardon wird nicht gegeben* (PW 27 f., 154 und 195 f.).
Ich hab mich ergeben: Anfangsvers eines patriotischen Liedes (1820) von Hans Ferdinand Massmann.
die Trompete ist zerbrochen: Das Trompetenmotiv gewinnt im folgenden leitmotivische Bedeutung; vgl. 40 (32) *Was blasen die Trompeten*, die Zitate aus Wilhelm Hauffs *Reiters Morgengesang* im dritten Buch und 245 (218) *Die Trompeten blasen neben ihm* sowie 323 (290) *Trompeten! Die Schlacht ist im Gang* und 396 (358) *Wir fahren in die Hölle mit Pauken und Trompeten.*
Nachtigall, wie sangst du so schön: nach dem ersten Vers des Gedichts *Der Nachtigall Antwort* (1844) von August Heinrich Hoffmann von Fallersleben.
Was ist eine Frau ... haben: Zitat einer Zeitungsmeldung unbekannter Herkunft; der Hs. liegt ein entsprechender Zeitungsausschnitt bei.

39 (31) *FD, Berlin/Hamburg-Altona ... Minuten:* Die Angaben beruhen auf einem zeitgenössischen Zugfahrplan; FD = Fern-Durchgangs-Zug.
Treptow, Paradiesgarten: Die Weinhandlung Treptow unterhielt in Alt Treptow das Lokal »Paradies-Gärten«.
Zentrifugalkraft ... Körper: physikalischer Exkurs, Quelle unbekannt.

40 (32) *Was blasen die Trompeten:* Beginn des *Lieds vom Feldmarschall* (1813) von Ernst Moritz Arndt.

41 (33) *kujonieren:* (ugs.) schlecht behandeln, schikanieren.

42 f. (34 f.) *Der Polizeipräsident ... 968a:* Döblin war zur Entstehungszeit des Romans mit dem damaligen Berliner Vize-Polizeipräsidenten Dr. Weiss befreundet und »häufig Gast im Polizeipräsidium« (*Berliner Tageblatt* vom 7. 2. 1930). Wahrscheinlich kam er so in Besitz des hier zitierten offiziellen Schreibens.

44 (36) *Mir kann keener:* Teil der Berliner Spruchweisheit »Mir kann keener, ooch nich eener«.

Zweites Buch

49 (37) *Es lebten einmal ... im Paradies:* nach 1. Mose 1 f. *Mit den Händchen klapp ... schwer:* nach einem Lied aus Engelbert Humperdincks Märchenoper *Hänsel und Gretel* (1891).

(38) *Franz Biberkopf betritt Berlin:* Die folgenden Piktogramme mit ihrer Beschriftung sind dem vom Magistrat herausgegebenen Berliner Amtsblatt für 1928 entnommen.

51 (39 f.) *Offenlegung eines Planes ... gebracht:* Döblin stützte sich bei den folgenden drei Abschnitten auf Mitteilungen aus dem *Amtsblatt der Stadt Berlin* (Nr. 3 und 4 vom 15. und 22. Januar 1928), änderte jedoch die Orts- und Personennamen. Die benutzten Originale liegen teilweise der Handschrift bei.

51 f. (40) *Wechselndes, mehr freundliches Wetter ... Umgebung:* Der Text beruht vermutlich auf einer Zeitungsmeldung.

52 (40 f.) *Der Fahrschein für Erwachsene ... verbunden:* Döblin zitiert hier aus Schrifttafeln, wie sie in den Straßenbahnen und an den Haltestellen aushingen.

(41) *Fromms Akt:* Markenname der Firma Fromm für ihre Präservative.

52 f. (41) *Die AEG. ... Huttenstraße 12–16:* Döblin nennt die Quelle für die folgenden Informationen selbst: das »Telefonbuch von 1928«. – Mit dem Unternehmen hatte sich Döblin im Rahmen seiner Vorstudien zum Roman *Wadzeks Kampf mit der Dampfturbine* beschäftigt.

53 (42) *eßt Fisch[e] ... frisch:* nach einem Inserat, das u. a. im *Berliner Tageblatt* vom 13. März 1928 abgedruckt war.

56 (45) *Nun ade, du mein lieb Heimatland:* Anfang eines Volksliedes von August Disselhoff (1857).

58 (46) *Krimmerkragen:* Lammfellkragen.

(47) *Tuntchen:* hier wohl: verzärtelte Frau.

60 f. (48 f.) *Die Messehändler . . . fallen würden:* Zitatquelle für diesen Abschnitt war, wie ein Datum auf der Rückseite des dem Manuskript beiliegenden Zeitungsausschnitts schließen läßt, eine entsprechende Meldung vom November 1927.

64 (51) *echte Meininger Zwackeln:* vermutlich eine Gebäcksorte, die aber heute nicht mehr bekannt ist, oder eine Verballhornung von »Zwicken«, einer Meininger Wecken-Spezialität (Weizenbrötchen).
(52) *Zwickmarkt:* Markt, benannt nach einem Meininger Backwerk (s. o.).

65 (52) *Deutscher Michel:* seit dem 16. Jh. verallgemeinernder Spottname für den gutmütigen, aber einfältigen Deutschen, der in Karikaturen meist mit Kniehosen und Schlafmütze dargestellt wird.
(53) *einen Kommunisten . . . der hat neunzehn in Berlin mitgemacht:* Gemeint ist hier der Spartakus-Aufstand im Januar 1919 in Berlin, mit dem kommunistische Gruppierungen auf die neue, nach der November-Revolution entstandene Verfassung reagierten. Angeführt von Gustav Noske, schlugen Regierungstruppen und Freikorps den Aufstand blutig nieder. Döblin war Augenzeuge der Berliner Unruhen, bei denen seine Schwester Meta am 12. März 1919 zu Tode kam (vgl. DM 80 und SLW 128 f.). Mit der November-Revolution, die am 29. Oktober 1918 mit Matrosenaufständen in Kiel und Wilhelmshaven begann, setzte sich Döblin später in seinem vierbändigen Roman *November 1918* ausführlich auseinander.

66 (54) *Reisebeilage:* Die Quelle des folgenden Zitats ist unbekannt.
Fatalistische Rede des Reichskanzlers Marx: Döblin bezieht sich hier auf einen polemischen Artikel des *Völkischen Beobachters* vom 19. November 1927: »›Vata‹ Marx durch die ›Vorsehung Gottes‹ Kanzler des deutschen Reiches. Eine fatalistische Rede des Reichskanz-

lers Marx«. Der Zentrumspolitiker Wilhelm Marx (1863–1946) war mit Unterbrechungen von 1923 bis 1928 Reichskanzler.

Lebe, wie du, wenn du sterbst, wünsche wohl gespeist zu haben: in Berlin gebräuchliche parodistische Verfremdung zweier Verse aus dem Gedicht *Vom Tode* von Christian Fürchtegott Gellert; die verballhornten Zeilen lauten im Original: »Lebe, wie du, wenn du stirbst, / Wünschen wirst, gelebt zu haben.«

67 (54) *Nassauer:* (ugs.) Schmarotzer, auf Kosten anderer Lebender.

Palme in der Fröbelstraße: städtisches Obdachlosenheim, Fröbelstraße 15. Vgl. 185 (164) und 391 (353).

(55) *pimplig:* (berlin.) überempfindlich, verzärtelt.

69 (56) *die Ganofim:* hebräische Pluralform zu jidd. *Ganeff* ›Ganove‹.

im Krokodil: Berliner Lokal.

hat Jolly gelegen im Glaskasten: Jolly: Hungerkünstler, der wegen Betrugs angeklagt wurde. Vgl. die *Berliner Zeitung* vom 15. Oktober 1928: »Jolly vor den Schöffen«.

70 (57) *Dawesplan:* Das nach dem Bankier und späteren US-Vizepräsidenten Charles Dawes benannte Abkommen wurde auf der Londoner Reparationskonferenz im August 1924 beschlossen. Die von Dawes ausgearbeitete Neuregelung der deutschen Reparationsleistungen war aufgrund der Zahlungsschwierigkeiten Deutschlands nötig geworden.

Budiker: (berlin.) Gastwirt (abgeleitet von *Budike/Butike* nach frz. *boutique* ›kleiner Laden, Kneipe‹).

Einmal hin, einmal her . . . schwer: weiteres Teilzitat des Liedes aus Humperdincks *Hänsel und Gretel.* Vgl. Anm. zu 49 (37) *Mit den Händchen . . .*

(58) *Redner im Reichstag, Bismarck oder Bebel:* Otto Fürst von Bismarck (1811–98), preußischer Ministerpräsident und erster deutscher Reichskanzler, galt als bril-

lanter Redner. Auch August Bebel (1840–1913), Mitbegründer und langjähriger Vorsitzender der SPD, stellte seine rhetorische Begabung im Reichstag, dessen Mitglied er von 1871 bis zu seinem Tode war, häufig unter Beweis. Döblins Bewunderung für Bebel kommt bereits in dem von ihm als Schüler verfaßten Text *Modern. Ein Bild aus der Gegenwart* (1896) zum Ausdruck.

Deetz: (berlin.) Kopf, Schädel (von frz. *tête*).

72 (59) *Figaro:* Die Untertitel dieser ab 1924 in Berlin erscheinenden Zeitschrift lauteten: »Halbmonatsschrift für Geist- und Körperkultur. Publikationsorgan des Pelagianer-Bundes, Gesellschaft für Volksaufklärung über gesunde Körperpflege und hygienisches Sexualleben«.

Die Ehe: Die »Monatsschrift für Ehe, Wissenschaft, Recht und Kultur« erschien in Berlin von 1926 bis 1933.

die Idealehe: Die Ideal-Ehe war – so ihr Untertitel – eine »Monatsschrift für Geistes- und Körper-Erziehung zur Ehe« und erschien nur von 1927 bis 1928.

Frauenliebe: So nannte sich eine »Wochenschrift für Freundschaft und sexuelle Aufklärung«, die ab 1926 in Berlin publiziert wurde.

Die Ehelosen: die Berliner »Wochenschrift für neue Sexualethik« mit dem Obertitel *Die Ehelosen und Eheverbundenen*, von 1926 bis 1928 erschienen.

(59 f.) *Das Sexualleben der beiden Ehegatten ... kann:* Zitat aus einem Artikel von Karlheinz Tiedt: »Besitzergreifung oder Liebesfreiheit in der Ehe«, aus der zuvor genannten Zeitschrift *Die Ehelosen und Eheverbundenen* (2. Jg., Nr. 7, unpag.).

72 f. (60) *Ich will dafür ein Beispiel geben aus dem Werk von d'Annunzio, Lust ... entflieht:* Fortsetzung des Zitats aus jenem Artikel, in dem auf den Roman *Lust* (*Il piacere*, 1889) des italienischen Autors Gabriele d'Annunzio (1863–1938) Bezug genommen wird.

73 (60) *Eine große Leere ... Seele:* weiteres (leicht abgewandeltes) Zitat aus dem Artikel von Tiedt.

(61) *die Freundschaft:* Diese »Wochenschrift für Aufklärung und geistige Hebung der idealen Freundschaft« (Untertitel) erschien in Berlin von 1919 bis 1933.

Paragraph 175: Abschnitt im Bürgerlichen Gesetzbuch über Homosexualität. Döblin plädierte verschiedentlich für die Liberalisierung dieses Paragraphen, der die »widernatürliche Unzucht« zwischen Männern unter Strafe stellte.

Alexanderpalais: gelegen an der Landsberger Straße 39.

75 (62) *Mänade:* hier Synonym für: wütende, rasende Frau. – Die Bezeichnung stammt aus der griechischen Mythologie: Dort sind Mänaden die ekstatischen Begleiterinnen des Dionysos oder Bacchus, die im orgiastischen Taumel Tiere zerfleischen und verspeisen.

76 (63) *der Amtsschimmel, den Karl der Große losgelassen hat:* Karl der Große (747–814) schuf als Begründer des Heiligen Römischen Reiches Deutscher Nation die erste Reichsverwaltung.

Transvestiten ... Front: vermutlich Zitat eines Anzeigentextes.

76 f. (63 f.) *Ein sternklarer Himmel ... Zwiebel:* parodistisches Zitat aus dem Fortsetzungsroman *Erkenntnis* von Selli Engler, abgedruckt in der Wochenschrift *Frauenliebe* (s. Anm. zu 72 / 59). Döblin schnitt einen Teil (2. Jg., Nr. 47, November 1927, S. 8) aus und integrierte diesen in die Hs., ergänzt um ironische Klammervermerke und Erläuterungen zur Interpunktion.

77 (64) *Vorstoß à la Prinz von Homburg:* Es folgen abgewandelte Zitate verschiedener Verse aus Heinrich von Kleists Drama *Prinz Friedrich von Homburg* (1821).

78 (65) *Gilka:* ein nach seinem Hersteller benannter Getreidekümmel.

Nun, o Unsterblichkeit, bist du ganz mein: weitere Zitate aus Kleists Schauspiel, diesmal aus den letzten beiden Szenen (V. 1830 ff.).

Hasenheide, Neue Welt: Das Tanzlokal »Neue Welt« in

der Hasenheide befand sich im Neuköllner Volkspark im Westen Berlins.

Trink, trink, Brüderlein ... Scherz: bis heute populärer Schlager von Wilhelm Lindemann aus dem Jahre 1927. Vgl. 282 f. (254).

79 (66) *und ward nicht mehr gesehn:* Schlußvers von Goethes Ballade *Der Fischer* (1778).

80 (67) *Ein Blick in die Zukunft ... Seite:* Zitatmontage aus astrologischen Texten, wie sie auf Jahrmärkten o. ä. erhältlich waren. Zwei Originalblätter dieses Typus liegen der Hs. bei.

81 (68) *holder Mond, du gehst so stille:* nach dem Lied von Karl Enslin *Guter Mond, du gehst so stille.*

82 (68) *Wer uns aus dem Paradies vertreibt ... Erzengel:* nach 1. Mose 3,24.

Hartmannsweilerkopf: Um diesen strategisch wichtigen Gipfel in den Südvogesen wurde im Ersten Weltkrieg zwischen Deutschen und Franzosen hart gekämpft. Vgl. 87 (73).

Stargard: Östlich von Stettin gelegene Kleinstadt in Pommern, heute polnisch.

(68 f.) *Wer einmal am Strande ... geplauscht:* vermutlich nach einem zeitgenössischen Schlager.

(69) *völkische Zeitungen:* Zu den bekanntesten Zeitungen mit deutschnationaler, antisemitischer Ausrichtung gehörte der ab 1918 erscheinende *Völkische Beobachter*, der von Joseph Goebbels, seit 1926 Gauleiter in Berlin, zum Propagandainstrument der NSDAP und rassistischen Hetzblatt ausgebaut wurde.

Stahlhelm: Diese nationalkonservative Organisation bildete sich nach Ende des Ersten Weltkrieges aus Frontsoldaten, die zu militanten Gegnern der Weimarer Republik wurden und sich brutale Straßenschlachten mit ihren politischen Feinden lieferten. Ihre ideologische Nähe zur NSDAP machte sie schon bald zu deren Bundesgenossen.

Dem deutschen Volke zum 1. Advent ... obsiegen: vermutlich Zitat aus einer »völkischen« Zeitung.
Während diese Zeilen ... wurde: Zitat aus dem *Völkischen Beobachter* vom 19. November 1927; der Zeitungsausschnitt liegt der Hs. bei.
Verhandlung gegen die Ritter vom Reichsbanner: Gegen diese sozialdemokratische Gruppierung, die 1924 zum Schutz der Republik gegründet worden war, wurde in München im November 1927 der Prozeß eröffnet; sie war angeklagt, am 25. Mai 1927 den nationalsozialistischen P. G. [Parteigenossen] Hirschmann ermordet zu haben.

82 f. (69) *Wahrer Föderalismus ... Wort:* weiteres Zitat aus dem *Völkischen Beobachter* vom 19. November 1927, wobei Döblin den Namen des Redners änderte.

83 (69) *Molle:* (berlin.) Glas Bier.
(70) *ne schwarzweißrote:* Farben der Flagge des Kaiserreichs im Unterschied zu den republikanischen Farben Schwarz-Rot-Gold. – Vgl. DM 99 ff.
von Arras und von Kowno: Während die litauische Stadt Kowno (Kaunas) schon im August 1914 von den deutschen Truppen erobert wurde, war die nordfranzösische Stadt Arras im Ersten Weltkrieg lange umkämpft.

84 (71) *wie die andere Kiste losging, hier in Berlin und in Halle und in Kiel:* Anspielung auf die November-Revolution, mit der Döblin sich in verschiedenen politischen Feuilleton-Artikeln der zwanziger Jahre auseinandersetzte und die er später im Exil in seiner monumentalen Romantrilogie *November 1918* aufarbeitete. Vgl. Anm. zu 65 (53).

85 (71) *Haben gehabt Inflation:* Nicht nur die Deutschland durch die Siegermächte auferlegten enormen Reparationszahlungen, sondern auch die Abtrennung industriell wichtiger Randgebiete sowie die Rheinlandbesetzung führten seit 1922 zu einer erst schleichenden, dann galoppierenden Inflation, die im Spätherbst 1923 ihren

Höhepunkt erreichte. Durch die Einführung der Rentenmark im November 1923 wurde dem rasanten Verfall der Reichswährung ein Ende gesetzt und dadurch eine wirtschaftliche Stabilisierung erreicht. Die inflationäre Entwicklung kommentierte Döblin ironisch-sarkastisch in seinen Theaterkritiken für das *Prager Tagblatt* (vgl. z. B. KS II 282 ff., 312 f. und 320 f.) und in seinen »Linke Poot«-Glossen.

(72) *Lustig wolln wir Frankreich schlagen:* Paraphase des Refrains zum Soldatenlied *Füsilier sind lustge Brüder . . .*

86 (72) *Nebukadnezar:* König von Babel, der 587 v. Chr. Jerusalem zerstörte und die Juden in babylonische Gefangenschaft nahm. Vgl. 2. Kön. 24 f.

vom Himmel hoch da komm ich her: Anfangsvers des berühmten Weihnachtsliedes nach einem Text von Martin Luther.

(73) *Rosa haben sie gekillt und Karl Liebknecht:* Rosa Luxemburg und Karl Liebknecht, die beiden Exponenten der linken Opposition und Mitbegründer der KPD, wurden nach Beendigung des Spartakus-Aufstandes (vgl. Anm. zu 65/53) bei ihrer Gefangennahme am 15. Januar 1919 von Regierungssoldaten ermordet. Die Leiche Rosa Luxemburgs wurde erst am 31. Mai im Landwehr-Kanal aufgefunden.

Lenin: Döblin teilte zwar nicht die Begeisterung seiner Schriftstellerkollegen Bertolt Brecht, Johannes R. Becher u. a. für Lenins russische Revolution, sympathisierte aber durchaus mit dessen Ideen. So schreibt er in *Unser Dasein* (1933) über Lenin: »Er hat etwas gewollt, was gut ist: die Unterdrücker niederwerfen und für die armen, schwachen Sklaven freie Luft schaffen. Das Elend auf der einen Seite und die Niedertracht, Bosheit und bodenlose Gleichgültigkeit auf der andern Seite war zu groß, als daß er sich noch [. . .] auf Milde einlassen konnte. [. . .] Er hat Gewalt angewendet, systematisch und mit Bewußtsein. [. . .] Aber einer Masse von Menschen ist Gerechtigkeit widerfahren, und eine Schmach ist weniger auf der Welt« (UD 471). – In *November 1918* (Bd. 4: *Karl und Rosa*) urteilte Döblin jedoch sehr viel kritischer über Lenin.

Blut muß fließen ... knüppelhageldick: Die Anfangsverse des *Heckerliedes*, das Studenten 1848 als Spottlied auf die deutsche Revolution sangen, wurden in den zwanziger Jahren auf die Weimarer Republik bezogen.

86 f. (73) *Auf son Kalmus piep ich nu wieder nich:* Berliner Redewendung für: darauf lasse ich mich nicht ein (Kalmus: schilfähnliche Pflanze; Kalmus piepen: auf einer Kalmusflöte blasen). Vgl. 376 (338).

87 (74) *Zinnowitz:* Badeort an der Ostsee (Pommersche Bucht).

im Januar nach Friedrichsfelde marschieren, zu Karl und Rosa: Für die am 15. Januar 1919 ermordeten Sozialisten Rosa Luxemburg und Karl Liebknecht organisierten ihre Anhänger am Todestag Gedenkmärsche an den Ort des Verbrechens.

88 f. (75) *Wenn die schönen Augen winken ... trinken:* Trinkspruch unbekannter Herkunft.

89 (75) *die »Internationale«:* Die deutsche Fassung des von Eugène Pottier 1871 verfaßten Kampfliedes der sozialistischen Arbeiterbewegung (Vertonung: Pierre Chrétien de Geyter) stammt von Emil Luckhardt.

Brüder, zum Lichte, zur Freiheit: Paraphrase eines 1897 von Leonid P. Radin verfaßten Kampfliedes der russischen Arbeiterbewegung; der kommunistische Musiker Hermann Scherchen brachte das Lied aus russischer Kriegsgefangenschaft mit und übertrug es 1918 ins Deutsche: »Brüder, zur Sonne, zur Freiheit! / Brüder, zum Lichte empor!« Vgl. 444 (401).

90 (76 f.) *Willst du, o Mensch ... und so weiter:* satirisch-parodistisches Gedicht mit biblischen Anklängen (»Die Erde ist ein Jammernest!« nach Psalm 84,7) sowie litera-

rischen Zitaten, etwa von Versen aus Goethes *Faust*; vgl. Mephistos Worte: »O glaube mir, der manche tausend Jahre / An dieser harten Speise kaut« (V. 1776 f.).

(77) *Der Güter höchstes ist es nicht:* leicht variiertes Zitat aus den Schlußversen von Schillers *Braut von Messina* (1803).

91 (77) *die haben die Arbeiterschaft verraten an die Kapitalisten:* Gemeint ist die SPD, die in den Augen vieler Linker nach der Übernahme der Regierung 1918 ihre Ideale verraten hatte (vgl. 171 / 150 *Partei des Prinzipienverrats*), weil es ihr nicht gelang, die antidemokratischen, republikfeindlichen Kräfte im Staat zu bannen. Döblin geißelte in seinen politischen Essays einerseits die Politik des sozialdemokratischen Reichskanzlers Friedrich Ebert, dem er u. a. das Bündnis mit der kaiserlichen Armeeführung zur Sicherung der Ordnung nach den Novemberunruhen 1918 vorwarf (vgl. z. B. die »Linke Poot«-Glossen *Dionysos*, DM 32 f., und *Der deutsche Maskenball*, DM 94 ff.), distanzierte sich aber andererseits von der klassenkämpferischen Praxis des linkssozialistischen Lagers. Während er bis etwa 1921 der USDP nahestand, schwenkte er danach zur SPD über, von der er sich jedoch spätestens 1927 abwandte. Zur Entfremdung führte vor allem die Haltung der SPD zu dem am 18. Dezember 1926 in Kraft getretenen sog. Schund- und Schmutzgesetz, gegen das Döblin heftig polemisiert hatte (vgl. SPG 468).

Ich hatt einen Kameraden ... Kameherad: Das von Ludwig Uhland 1809 geschriebene, hier in parodistischer Form wiedergegebene Gedicht *Der gute Kamerad* wurde in der Vertonung von Friedrich Silcher (1825) als Soldatenlied populär. Vgl. 149 (130), 292 (262 f.), 343 (308) und 452 (408); vgl. auch WK 164.

93 (79) *zoppe ich los:* (ugs.) ziehe ich los (vgl. 158 / 138)

95 (81) *Die Holzindustriellen pochen auf ihren Schein:* vermutlich Zitat einer Zeitungsmeldung.

Krupp ... 226000: Schlagzeilen aus der *Roten Fahne*, dem »Zentralorgan der Kommunistischen Partei Deutschlands (Spartakusbund)« vom 19. Dezember 1927.

95 f. (82) *Laßt die verächtlichen Schurken ... für uns:* vermutlich Zitat aus einem kommunistischen Publikationsorgan.

96 (82) *Scheidemännern:* Der sozialdemokratische Politiker Philipp Scheidemann (1865–1939), der am 9. November 1918 die Republik ausgerufen hatte (vgl. 123 / 105), trat im Juni 1919 vom Amt des ersten republikanischen Reichspräsidenten zurück, als er sich mit seiner Ablehnung der Versailler Verträge nicht durchsetzen konnte. In der Folgezeit erhob er immer wieder seine mahnende Stimme gegen den militärpolitischen Kurs der Regierung und warnte vor reaktionären Tendenzen in der Republik. Scheidemann war aber nicht nur Zielscheibe rechtsradikaler Kreise, sondern wurde auch von linker Seite scharf angegriffen und – wie das Zitat aus der *Roten Fahne* zeigt – als Verräter der »revolutionären Arbeiter« gebrandmarkt. – Vgl. *November 1918*, Bd. 2: *Verratenes Volk*, 5. Buch, letztes Kap.

Für 14 Kinder ... geschieht: Paraphrase eines Artikels aus der *Roten Fahne* vom 29. Dezember 1927.

Zentrumministers Hirtsiefer: Heinrich H. (1876–1941) hatte 1921 das Amt des preußischen Wohlfahrtsministers übernommen. Er gehörte zum linken Flügel der Zentrumspartei und profilierte sich als Sozialpolitiker.

Heil dir im Siegerkranz, Kartoffeln mit Heringsschwanz: Parodie auf die preußische Königshymne von Heinrich Harries (1790): »Heil dir im Siegerkranz, / Herrscher des Vaterlands, / Heil, König, dir!«

97 (83) *Walterchens Ballhaus:* von G. Walter geführte Gastwirtschaft.

ein Sonntagsblatt, der Friedensbote: wöchentlich erscheinende Zeitschrift, herausgegeben von der »Christ-

Döblin beim Radiobasteln, um 1930

lichen Traktatgesellschaft« in Kassel. Die im folgenden zitierte Schlagzeile »Durch Unglück zum Glück« stammt aus der Ausgabe Nr. 25 (68. Jg.) vom 17. Juni 1928.

Es geht sich besser zu zweien: Die im folgenden zitierten vier (von sechs) Strophen des Gedichts finden sich in jener Ausgabe des *Friedensboten*; der Zeitungsausschnitt liegt dem Romanmanuskript bei.

98 (84) *Erinnyen:* Nach der griechischen Mythologie waren diese Rachegöttinnen ursprünglich die Seelen der Verstorbenen, die für einen Mord Rache fordern. Sie strafen den Frevler durch unermüdliche Verfolgung und treiben insbesondere den Verwandtenmörder in Wahnsinn und Tod. Ihr berühmtestes Opfer war Orest(es).

Orestes, hat Klytämnestra totgeschlagen: Döblin referiert hier in Kurzform eine der berühmtesten Geschichten aus der griechischen Mythologie, die von Aischylos in seiner *Orestie* dramatisch bearbeitet wurde: Orestes, der Sohn Agamemnons und Klytämnestras, tötet seine Mutter und ihren Liebhaber Ägist, weil die beiden seinen Vater nach der Rückkehr aus dem Trojanischen Krieg gemeinsam ermordet hatten; nach dieser Tat wird O. von den Erinnyen grimmig verfolgt. Döblins Quelle war die deutsche Übertragung von Hans von Wolzogen, die in zahlreichen Auflagen erschien (Leipzig [1]1877). Döblins Aischylos-Rezeption ist in vielen Werken nachweisbar (z. B. WK 40) und spiegelt sich auch in autobiographischen Berichten über Theaterbesuche (z. B. SPG 134) wider.

Bestien, Zottelweiber mit Schlangen: Gemeint sind die Erinnyen, die häufig mit verzerrten Gesichtszügen und schlangenbedeckten Häuptern dargestellt wurden.

Harfenlos, wie es im Liede heißt, der Erinnyentanz: leicht abgewandeltes Zitat eines Chorverses der *Eumeniden*, der lautet: »Harfenlos der Erinnyen Tanz«.

99 (85) *Das erste Newtonsche (njutensche) Gesetz:* Das folgende Zitat (inkl. Formel) stammt aus einem physikalischen Lehrbuch unbekannter Herkunft.

100 f. (86 f.) *»Hoi ho hatz« ... Agamemnon kommt!:* weitere Paraphrasen aus der *Orestie*, d. h. aus den *Eumeniden* und *Agamemnon*.

101 (87) *Versuchen von Heinrich Hertz:* Dem Physiker H. (1857–94) gelang es 1888, die Ausbreitung elektromagnetischer Wellen experimentell nachzuweisen und zu erzeugen. Damit wurde er zum Pionier der modernen Funktechnik. – Wie eine zeitgenössische Photographie dokumentiert, gehörte die Radiotechnik zu Döblins Hobbys (s. Abb. S. 25).

(87 f.) *Weh mir, getroffen! ... Kühnheit an:* weitere Teilzitate aus Wolzogens Übertragung von Aischylos' *Agamemnon*.

102 (88) *Empyem:* medizinischer Fachausdruck: Eiteransammlung.
Mein Papagei frißt keine harten Eier: nach dem Anfangsvers eines beliebten Schlagers von Walter Kollo (Musik) und Hermann Frey (Text).
103 (89) *Einer in Einzelhaft schreibt ... vorliegt:* nicht ermittelbar, ob es sich um die Wiedergabe authentischer Briefdokumente von Strafgefangenen oder um fiktionale Texte handelt.

Drittes Buch

107 (91) *Gestern noch auf stolzen Rossen:* Vers aus dem – auf einem schwäbischen Volkslied beruhenden – Gedicht *Reiters Morgengesang* (1824) von Wilhelm Hauff. Vgl. 111 (95), 116 (99) und 443 (400).
111 (95) *Heute durch die Brust geschossen:* Fortsetzung des Zitats der zweiten Strophe von Hauffs Gedicht.
Es war das wunderbare Paradies ... sprechen: weitere Genesis-Paraphrase (nach 1. Mose 1 und 3,1).
Geschäft ist Geschäft: Die Redensart geht zurück auf den Titel der Komödie *Les affaires sont les affaires* von Octave Mirbeau (1903).
114 (98) *Menkenke:* (berlin.) turbulente Umstände, dumme Geschichten, Unsinn, Aufheben.
116 (99) *Morgen in das kühle Grab:* Zitat des letzten Verses der zweiten Strophe von Hauffs *Reiters Morgengesang.*
119 (102) *Von Erde bist du gekommen ... werden:* nach 1. Mose 3,19.
(103) *trippt:* drippen/trippen (niederdt./berlin.): tropfen.
120 (103) *Herzberge:* Name einer Berliner Irrenanstalt.
(104) *Pichel:* (berlin.) (Eß-)Latz für kleine Kinder.

Viertes Buch

123 (105) *Deutsche Volksgenossen ... gehalten!:* vermutlich Zitat aus einer nationalistischen Zeitung oder dem Aufruf einer rechten, republikfeindlichen Partei.

(105 f.) *Das Mieterschutzgesetz ... Kleingewerbetreibenden:* Das Zitat unbekannter Herkunft bezieht sich auf das am 17. Februar 1928 vom Reichstag verabschiedete neue Mieterschutzgesetz, um das es heftige politische Debatten gab.

124 (106) *Wach- und Schutzdienst ... Nachbarorte:* Döblin listet hier nach dem Berliner Adreßbuch von 1928 die dort eingetragenen Wach- und Schließgesellschaften auf.

Sherlock Holmes gesammelte Werke von Conan Doyle: Der englische Autor Arthur Conan Doyle (1859–1930) wurde weltberühmt durch seine Detektivromane mit der Hauptfigur Sherlock Holmes.

Flachsmann als Erzieher: Titel einer 1901 uraufgeführten, danach auf vielen Bühnen gespielten Komödie bzw. pädagogischen Satire von Otto Ernst (1862–1926). Der Stoff wurde 1920 von Willy Achsel erstmals verfilmt.

124 f. (107) *Gehört das wilde Kaninchen ... mitgenannt:* Döblins Quellen für diesen vermutlich authentischen juristischen Text, der sich auf ein Urteil des Berliner Kammergerichts vom 14. Juni 1927 bezieht, sowie für die folgenden Zitate aus Gerichtsakten bzw. aus rechtsanwaltlichen Korrespondenzen sind unbekannt. Unter den Materialien zum Roman finden sich verschiedene Abschriften von Berichten zu diversen Gerichtsurteilen, so auch zum Thema »Geschlechtskrankheiten als verschuldetes Unglück« (126 / 108).

126 (108) *wie Staub sagt:* Der Jurist Hermann St. (1856–1904) war Verfasser des in zahlreichen Auflagen erschienenen Buches *Staubs Kommentar zum Handelsgesetzbuch*.

Planck: Gottlob P. (1824–1910) war Herausgeber von *Plancks Kommentar zum Bürgerlichen Gesetzbuch*, der viele Auflagen und Bearbeitungen erlebte.
Coronarsclerose, Myodegeneratio cordis: medizinische Fachtermini: Verkalkung der Herzkranzgefäße, Herzmuskelschwund.

128 f. (110 f.) *Verlorst du dein Herz ... mumifizieren?:* Die Passage beruht vermutlich auf einem – bislang nicht identifizierten – Fremdtext.

129 (111) *des Deklamatoriums »Paulus«:* Oratorium (1836) von Felix Mendelssohn Bartholdy.
Dem Karl Liebknecht haben wirs geschworen, der Rosa Luxemburg reichen wir die Hand: nach dem Refrain des Arbeiterliedes: »Auf, auf zum Kampf, zum Kampf! / Zum Kampf sind wir geboren«.
hoch weht die Flagge schwarz-weiß-rot: Paraphrase des Flaggenliedes der Kriegsmarine: »Stolz weht die Flagge«. – Zu den Farben vgl. Anm. zu 83 (70) *ne schwarzweißrote*.

130 (112) *Bollen:* (berlin.) Zwiebeln.

131 (112) *son Nulpe:* (berlin.) energieloser, einfältiger Mensch, Dummkopf (eigentlich Femininum!).
(113) *polkte:* (niederdt./berlin.) herumstocherte, bohrte.
Hast du gelebt am schönen Rhein: Der Titel des am 7. November 1927 uraufgeführten Films (Regie: James Bauer) lautet korrekt: *Hast du geliebt am schönen Rhein* (so auch Hs.).
Der König der Mittelstürmer: Der Film über einen Fußballhelden (Regie: Fritz Freisler) wurde am 24. November 1927 in Berlin erstmals gezeigt.

132 (113) *Das sind wir Arbeitsleuheute, das Proletariat:* Paraphrase des Refrains zum Lied *Die Arbeitsmänner.*
(114) *Pixavon:* Haarwaschmittel. Vgl. 278 (249) *Pixavonkönigin*.
Eile mit Keile: Verballhornung des Sprichworts »Eile mit Weile«.

133 (115) *Schabbes:* (jidd.) Sabbat.
134 (116) *Die Schlange ... essen:* nach 1. Mose 3,14–19.
135 (116) *Mariechen saß ... allein:* Beginn eines Volks- bzw. Liebesliedes.
Sauerkraut mit Rüben ... geblieben: nach einem ironischen Reimspruch.
Häseken ... im Spinde: nach einem Kinderspruch.
bregenklütrig: (berlin.) benommen, wirr, verrückt (zusammengesetzt aus *Bregen/Brejen* ›Kopf‹ und *klüt[e]rig* ›klumpig‹). Vgl. 15 (9) *Brägen.*
(117) *So sprach Menelaos ... gleich:* ironische Paraphrase einer Episode aus Homers *Odyssee* (IV, 113 ff.).
in Brehms Tierleben ... Abend: leicht abgewandeltes Zitat aus dem zweiten Band über »Vögel« von *Brehms Tierleben* (Leipzig/Wien 1913).
136 (117) *Sikkam und Bhutan:* In der Vorlage (*Brehms Tierleben*) sowie in der Hs. heißt es korrekt: »Sikkim und B(h)utan«. Sikkim ist ein Fürstentum, Bhutan ein Bergstaat im südlichen Himalaya.
Denn es geht dem Menschen ... auch: nach Prediger Salomo (Kohelet) 3,19.
136–143 (117–124) *Der Schlachthof in Berlin ... umwikkelt:* Für diese Kapitelabschnitte griff Döblin zum einen auf authentisches Informationsmaterial zurück – eine seiner Quellen war eine »Denkschrift zur Eröffnung des neuen Fleisch-Großmarktes der Stadt Berlin« vom Oktober 1925 –, zum andern stützte er sich auf persönliche Beobachtungen. – Vgl. den autobiographischen Essay *Zwei Seelen in meiner Brust* vom 8. April 1928 (s. Kap. II,2).
142 (123) *Wenn ein Stein fallen will, gib ihm einen Stoß:* Anspielung auf Friedrich Nietzsches Schrift *Also sprach Zarathustra*, in der der Protagonist verkündet: »Aber ich sage: was fällt, das soll man auch noch stoßen!« (3. Teil, »Von alten und neuen Tafeln«, 20. Abschnitt).

Im Schlachthof, 1928

143–146 (124–127) *Als Hiob alles verloren hatte ... Geschwüre:* freie Nacherzählung und Umdeutung der alttestamentlichen Hiob-Erzählung, die später wieder aufgegriffen wird (379 f. / 341 f.).

146 (127) *Und haben alle einerlei Odem ... Vieh:* Fortsetzung der Kohelet-Paraphrase (Pred. 3,19).

150 (131) *Und so hat Eva dem Adam ... gekommen:* nach 1. Mose 3,6.
Stralau: Stadtteil im Osten Berlins.

158 (138) *Hopp hopp hopp, Pferdchen macht wieder Galopp:* nach den Anfangsversen des bekannten Kinderliedes.

(139) *den grünen Heinrich:* (berlin.) Polizeiwagen.

Abfahrt Seefe, schrumm: berlin. *Seefe* ›Seife‹; *schrumm* ›fertig‹; hier wohl in der Bedeutung der Berliner Redewendung *abjemacht Seefe* ›verbindlich verabredet; es bleibt dabei‹ (vielleicht abgeleitet aus frz. *c'est fait*).

159 (140) *die Schürzen hat sie nicht angenommen:* textinterne Unstimmigkeit (vgl. 40 / 32 *hat drei Schürzen gewählt*).

160 (140) *Und wer den NSU-6-Zylinder ... begeistert:* nach einem zeitgenössischen Reklametext. Vgl. 193 (171).

Dahin, dahin laß mich ... ziehn: leicht abgewandeltes Zitat zweier Verse aus dem berühmten Italien-Gedicht der Mignon in Goethes Roman *Wilhelm Meisters Lehrjahre* (3. Buch, Kap. 1). – Vgl. WK 147.

160 (140) / 161 (141) *wenn ein Mädchen einen Herrn hat:* weitere Zitate des Refrains zu Walter Kollos Marschduett aus der Posse *Der Juxbaron*. Vgl. Anm. zu 35 (27).

160 (141) *großpratschig:* (berlin.) angeberisch.

161 (141) *in Rasche:* (berlin.) in Wut, Aufregung, Stimmung, Schwung oder Hast (zu frz. *rage*). Vgl. 185 (163).

Fünftes Buch

163 (144) *er muß müssen:* vielleicht Anspielung auf Lessings Drama *Nathan der Weise* (1779), in dem die Titelfigur behauptet: »Kein Mensch muß müssen« (1,3).

165 (144) *Die Berolina stand vor Tietz ... ein kolossales Weib:* Die zum »Wahrbild Berlins« (SLW 278) gewordene Bronzestatue von Emil Hundrieser wurde 1895

auf dem Alexanderplatz aufgestellt, mußte dann aber wegen der – Mitte der zwanziger Jahre begonnenen – Umgestaltung des Platzes abgebaut werden und konnte erst 1933 wieder an ihren alten Platz zurückkehren; 1944 wurde sie eingeschmolzen. Vgl. den Beitrag »Abschreibungsmythos Alexanderplatz« in: *Die Metropole* (1986), S. 126–137. – Zum Warenhaus Tietz s. Anm. zu 16 (9).

(145) *Prälaten:* Gemeint ist die Gaststätte »Zum Prälaten«. – Vgl. SLW 278 bzw. Sch 345 (s. Kap. II,2).

166 (145) *Loeser und Wolff:* Zigarren- und Tabakhandlung am Alexanderplatz (Alexanderstraße 1).

Ich schlage alles ... er schlägt alles: vielleicht inspiriert von einem Reklamespruch für die Weinbrandmarke Hamm: »Hamm schlägt alles.«

167 (146) *Magazin:* Die Zeitschrift *Das Magazin* erschien 1925 bis 1938.

Von Erde bist du gekommen ... werden: nach 1. Mose 3,19. Vgl. 119 (102).

wir haben gebauet ein herrliches Haus ... raus: Parodie auf ein Burschenschaftler-Gedicht von August Daniel von Binzer (1793–1868), das folgendermaßen beginnt: »Wir haben gebauet ein stattliches Haus / Und drin auf Gott vertrauet / Trotz Wetter, Sturm und Graus«.

So ist kaputt Rom, Babylon, Ninive: In biblischen bzw. mythologischen Texten wurden die genannten Städte zu Sinnbildern der Dekadenz und des Hochmuts gegenüber Gott stilisiert. Nach christlich-jüdischer Deutung erlebten diese ›Sündenpfuhle‹ ihre gerechte Strafe für ihre Gottlosigkeit, indem sie der totalen Zerstörung anheimfielen. Die Stadtmythen Ninive und insbesondere Babylon gewinnen im weiteren leitmotivische Bedeutung; sie spielen auch im übrigen Werk Döblins eine besondere Rolle (vgl. z. B. die Romane *Berge Meere und Giganten* und *Babylonische Wandrung*).

daß man diese Städte jetzt wieder ausgräbt, wie die Abbildungen in der letzten Sonntagsausgabe zeigen: Auf welchen Zeitungsbericht sich Döblin hier konkret bezieht, konnte bislang nicht eruiert werden. Die sensationellen Ausgrabungen großer Teile Babylons aus der Zeit Nebukadnezars durch die Deutsche Orient-Gesellschaft unter Leitung von Robert Koldewey hatten bereits zwischen 1899 und 1917 stattgefunden; die Grabungen wurden aber auch danach intensiv weitergeführt.

169 (148) *wer kann es nennen und wer bekennen:* weiteres parodistisch verfremdetes Zitat aus Goethes *Faust* (1. Teil), diesmal aus dem Religionsgespräch zwischen Gretchen und Faust: »Wer darf ihn nennen? / Und wer bekennen« (V. 3432 f.).

drei Worte nenn ich dir inhaltschwer: nach dem Anfangsvers von Friedrich Schillers Gedicht *Die Worte des Glaubens* (1797): »Drei Worte nenn ich euch, inhaltschwer«.

Krisenalarm im Reichstag . . . Aprilwahlen wahrscheinlich: Der schon seit längerem schwelende Streit um das Reichsschulgesetz führte zu einem offenen Konflikt zwischen den Parteien der großen Koalition, der am 9. Februar 1928 eskalierte. Trotz der Aufforderung Hindenburgs an Reichskanzler Marx, eine Regierungskrise wegen des gescheiterten Schulgesetzentwurfes zu verhindern, konnte keine Einigung erzielt werden, so daß die Regierungskoalition endgültig zerbrach und Neuwahlen angesetzt werden mußten; diese fanden am 20. Mai 1928 statt.

wohin, Josef Wirth: Der promovierte Mathematiker und Zentrumspolitiker W. (1879–1956) wurde im März 1920 Reichsfinanzminister und im Mai 1921 zum jüngsten deutschen Reichskanzler gewählt, scheiterte jedoch in diesem Amt an seinen Bemühungen, eine große Koalition zu bilden; er demissionierte am 14. November

1922. Sein besonderes Engagement galt der Verteidigung der parlamentarischen Demokratie gegen ihre Feinde vom rechten Flügel. Berühmt wurden seine Worte, die er nach der Ermordung des Außenministers Walther Rathenau am 25. Juni 1922 im Reichstag an die Adresse der Deutschnationalen gerichtet hatte: »Da steht der Feind, der sein Gift in die Wunde eines Volkes träufelt. Da steht der Feind – und darüber ist kein Zweifel: Dieser Feind steht rechts.« Ende der zwanziger Jahre übernahm der eigenbrötlerische und als unberechenbar geltende Politiker wiederum Regierungsverantwortung: Am 13. April 1929 wurde er unter Hermann Müller (SPD) Minister der besetzten Gebiete.

der mitteldeutsche Kampf geht weiter: Vermutlich bezieht sich diese – bislang nicht belegbare – Schlagzeile auf die Streikbewegungen in Magdeburg Mitte Januar oder die republikanische Protestkundgebung gegen den Reichsschulgesetzentwurf in Dresden am 22. Januar 1928.

170 (149) *Haus Hebbelstraße 17 geräumt wegen Einsturzgefahr:* nach einer Meldung aus dem *Berliner Tageblatt* vom 19. Januar 1928.

Attentat auf das Mieterschutzgesetz: vgl. 123 (105).

171 (150) *Mauke:* eigtl.: Hauterkrankung bei Tieren; hier (berlin.): (Fuß-)Gicht.

Eberts Tod: Der populäre sozialdemokratische Politiker Friedrich E. (geb. 1871), erster republikanischer Reichskanzler und ab Februar 1919 Reichspräsident, starb am 28. Februar 1925 an den Folgen einer Blinddarmentzündung. Vgl. Anm. zu 91 (77) *die haben …*

Die Quittung für Zörgiebel: Der Sozialdemokrat Karl Z. (1878–1961) war bis November 1930 Berliner Polizeipräsident. Er verhängte wegen der sich häufenden Straßenunruhen am 13. Dezember 1928 ein allgemeines Demonstrationsverbot; er war verantwortlich für den

»Berliner Blutmai« 1929, bei dem sieben Menschen zu Tode kamen.
Partei des Prinzipienverrats: s. Anm. zu 91 (77) *die haben . . .*
Englische Zensur über Amanullah, Indien darf nichts erfahren: Der afghanische König Amanullah befand sich Anfang 1928 auf einer Europareise; am 23. Februar traf er in Berlin ein. Woher die zitierten Schlagzeilen stammen und worauf sie sich konkret beziehen, konnte nicht ermittelt werden.
Häuschen von Radio Web: Filiale der Firma Radio-Web GmbH am Alexanderplatz.
Zweistreifer: Die umgangssprachliche Bezeichnung für Autodroschken bezieht sich auf den schwarzweiß gemusterten Doppelstreifen um die Karosserie.

172 (150) *Am Abend des 9. Februar 1928:* Döblin geht mit den im folgenden aufgeführten Ereignissen und Fakten, die unter diesem Tagesdatum subsumiert werden, sehr großzügig um. Tatsächlich handelte es sich auch nicht um einen Dienstag, wie behauptet wird, sondern um einen Donnerstag.
in Oslo die Arbeiterregierung gestürzt wurde: Das Ereignis fand bereits am 7. Februar 1928 statt.
die letzte Nacht im Stuttgarter Sechstagerennen . . . 2440 Kilometer: Das entscheidende Rennen fand in der Nacht vom 8. auf den 9. Februar 1928 statt.
die Lage im Saargebiet verschärft: Die auf der Pariser Friedenskonferenz 1919 getroffene Regelung, das Saarland für 15 Jahre dem Völkerbund zu unterstellen, die saarländischen Kohlengruben jedoch Frankreich zu überlassen, führte in der Folgezeit immer wieder zu Konflikten und Unruhen.
(151) *Siehste woll, da kimmt er . . . nimmt er:* nach den Anfangsversen der Berliner Kreuzpolka (1887).

173 (152) *Lude:* (berlin.) Zuhälter. Vgl. 312 (279) *Ludewig.*
eine Molle Engelhardt: Biersorte.

Friedrichstraße, Ecke Georgenstraße, 1930

177 (156) *Beelitz:* B. bei Potsdam war bekannt für seine Sanatorien und Lungenheilstätten.

179 (157) *Judaslohn ... zehn Schillinge:* Im Matthäus-Evangelium (26,15) läßt sich Judas den Verrat an Jesus mit dreißig Silberlingen entgelten.

182 (160) *Walterchen:* vgl. 97 (83) *Walterchens Ballhaus.*

183 (161) *Lorke:* (berlin.) minderwertiges Getränk, insbesondere: schlechter, dünner Kaffee.

Daß Milch ... Hammelfleisch: parodistisch verfremdetes Zitat aus einem diätetischen Text unbekannter Herkunft.

184 (162) *Charité:* Berliner Krankenhaus im Osten der Stadt.

(163) *Es ist ein Schnitter ... erleiden:* leicht abgewandeltes Zitat der Eingangsstrophe (ohne Refrain) eines

geistlichen Liedes, das von Clemens Brentano für die Sammlung *Des Knaben Wunderhorn* bearbeitet wurde. Der erste Vers dieses *Ernteliedes* gewinnt im folgenden leitmotivischen Charakter und tritt stets im Kontext der Reinhold-Figur auf (vgl. 227 f. / 201 f., 241 / 214, 270 / 242, 345 / 310, 352 / 317, 371 / 333, 383 / 345, 445 / 402 und 452 / 408 f.).

186 (164) *sich steinachen lassen:* Das Verb ist abgeleitet vom Namen des österreichischen Physiologen Eugen Steinach (1861–1944), der medikamentöse und operative Verfahren zur Verjüngung entwickelt hatte, und bedeutet demnach ›sich einer Verjüngungskur unterziehen‹.

Schwör mir keine Treue ... wie du: vermutlich nach einem zeitgenössischen Schlager.

(165) *Mit dir, mit dir da möcht ich angeln gehn:* So beginnt der Text zu einem von Walter Kollo komponierten Foxtrott aus der Revue *An und aus* (1926). Das Lied wurde durch die Interpretation von Trude Hesterberg populär.

189 (167) *In Berlin erschoß ... nicht zu:* Über diese Affäre berichtete die *Berliner Zeitung* am 18. April 1928.

Weiterhin sind die Ermittelungen ... veranlaßte: Döblin zitiert hier aus einem Artikel der *Berliner Zeitung* vom 17. April 1928, in dem die »Schuldfragen an der Straßenbahnkatastrophe« vom 15. April 1928 aufgeworfen werden.

An der Börse ... Interesse: nach dem Börsenbericht der *Berliner Zeitung* vom 18. April 1928.

189 f. (168) *Schon am 11. April ... fortgesetzt:* Döblin folgt hier einem tagesaktuellen Bericht der *Berliner Zeitung* über die Befreiung Otto Brauns, des Chefs des kommunistischen Nachrichtendienstes, aus der Haftanstalt Moabit.

190 (168) *In der Hardenbergstraße ... verhelfen:* Zitat nach einem Plakat des Renaissance-Theaters. Der spöt-

tisch-sprachkritische »Exkurs«, den der Erzähler diesem Werbetext folgen läßt, erinnert an Döblins »Linke Poot«-Glossen bzw. an seine Theaterberichte für das *Prager Tagblatt.*

das Stück »Cœur-Bube«: Die Komödie von J. Natanson erlebte am Renaissance-Theater zahlreiche Aufführungen; die – im Text angesprochene – hundertste Aufführung fand am 8. April 1928 statt.

191 (169) *Karthago:* Wie die bereits zuvor erwähnten Städte Rom, Babylon und Ninive (167 / 146) ist auch K. Sinnbild von Untergang und Zerstörung. Die Stadt wurde im dritten Punischen Krieg (149–146 v. Chr.) von den Römern dem Erdboden gleichgemacht.

192 (170) *Juni 1928:* Widerspruch zum Anfang des Kapitels, wo von der »zweiten Aprilwoche« die Rede war, und auch zum folgenden Text (vgl. 198 / 176 *Sonntag den 8. April 1928*). In der Hs. ist an dieser Stelle »Frühjahr 1928« zu lesen.

193 (171) *Doch mit des Geschickes Mächten ... schnell:* parodistisch verfremdetes Zitat dreier Verse aus Schillers Ballade *Das Lied von der Glocke* (1800): »Doch mit des Geschickes Mächten / Ist kein ew'ger Bund zu flechten, / Und das Unglück schreitet schnell.«

präpelt: präpeln/prepeln (berlin.): essen, genießerisch schmausen. Vgl. 257 (230) *Präpelstube.*

194 (172) *Lobt froh, ihr Kehlen, ihr jugendlichen Chöre:* abgewandeltes Zitat des Anfangsverses eines katholischen Kirchenliedes von Georg Gessner (Text) und Hans-Georg Nägeli (Musik): »Lobt froh den Herrn, ihr jugendlichen Chöre«.

es geht ein Rundgesang ... sieben: freie Wiedergabe eines bekannten »Studentenliedes«. Vgl. 399 (360).

eins, zwei, drei ... Rüben: bekannter Abzählreim, der auch im *Richtigen Berliner* (s. Literaturhinweise) zitiert wird.

König von England ... zur Parlamentseröffnung fährt:

Das Ereignis fand am 7. Februar 1928 statt; damaliger englischer König war Georg V.

195 (172) *Kellog[g]pakt:* Der nach dem amerikanischen Staatssekretär Frank Billings Kellogg benannte Kriegsächtungspakt wurde am 27. August 1928 von 15 Staaten, darunter Deutschland, in Paris unterzeichnet. Auf das Zeitgerüst des Romans bezogen (April 1928), handelt es sich hier entweder um einen bewußten Vorgriff des Erzählers oder um eine Inkonsequenz bzw. ein Versehen des Autors, der mit diesem historischen Ereignis einen Hinweis auf die Entstehungszeit des Textabschnittes gibt.

(173) *Sèvresgarnitur:* Die nahe Paris gelegene Stadt Sèvres beheimatet die berühmteste französische Porzellanmanufaktur.

Beileibe nicht Dr. Luppe ... verhindert: Die offizielle Feier zum 400. Geburtstag Albrecht Dürers fand am 10. April 1928 in Nürnberg statt und begann – einem Bericht des *Berliner Tageblatts* vom 11. April zufolge – mit einer Begrüßungsansprache von Oberbürgermeister Luppe. Die weiterhin erwähnten Reden Keudells und Goldenbergers wurden hingegen erst bei der Eröffnung einer Dürer-Ausstellung am folgenden Tag gehalten. Döblin vermischt hier also verschiedene Ereignisse bzw. Zeitungsberichte.

Wrigley P. R. Kaubonbons ... Verdauung: nach einem Werbetext des amerikanischen Kaugummi-Herstellers Wrigley.

196 (173) *Ein reuiger Sünder ist besser als 999 Gerechte:* nach Luk. 15,7; allerdings sind es dort nur 99 Gerechte.

197 f. (175) *Verflucht ist der Mann, spricht Jeremia ... kennen:* nach dem Propheten Jeremia 17,5–9. Die Bibelparaphrase wird im folgenden noch einmal wiederholt (211 f. / 189).

198 (176) *Sonntag[,] den 8. April 1928:* Ostersonntag; vgl. das im folgenden beschriebene Glockenläuten.

199 (177) *Montag Morgen:* unklar, welche Zeitung gemeint ist, vielleicht die als Sonderausgabe des Berliner Lokal-Anzeigers erscheinende Zeitung *Der Montag*.

200 (178) *Welt am Montag*: Die Zeitung mit dem Untertitel »Unabhängige Zeitung für Politik und Kultur« erschien von 1895 bis 1933 in Berlin. Die im folgenden referierten Meldungen konnten allerdings in der fraglichen Ausgabe nicht nachgewiesen werden.
an dem strahlenden Haus von Tietz: Das Kaufhaus am Alexanderplatz mit der prachtvollen hellen Gründerzeitfassade trug eine große gläserne Weltkugel auf dem Dach, die nachts beleuchtet war. – Vgl. die Photopostkarte aus Döblins Besitz im Marbacher Katalog (1978), S. 240, oder das Photo bei Bucovich, S. 70 (s. Abb. S. 9 und 99).

202 (180) *Janzer Schock:* eigtl.: Menge von 60 Stück; hier: sehr viele.

203 (181) *Vorwärts:* Ab 1884 gab die sozialdemokratische Partei Deutschlands eine Zeitung unter dem Titel *Berliner Volksblatt* heraus, die ab 1890 in *Vorwärts* umbenannt wurde. Nachdem die *Freiheit* am 30. September 1922 ihr Erscheinen eingestellt hatte, wurde der *Vorwärts* zum publizistischen Zentralorgan der Vereinigten SPD.
Mottenpost: Spottname für die Ullstein-Zeitung *Berliner Morgenpost* (1898–1945).

206 f. (184) *in einer B. Z. ... Lastwagen:* Die teilweise wörtlich zitierten Meldungen stammen aus der *Berliner Zeitung* vom 11. April 1928.

207 (184) *Lania »Konjunktur«, Pis[c]atorbühne im Lessingtheater:* Leo Lania war ein Mitarbeiter des Regisseurs und Theaterdirektors Erwin Piscator, an dessen wegweisenden Inszenierungen Döblin in den zwanziger Jahren regen Anteil nahm. Piscator brachte Anfang 1928 Lanias Komödie *Konjunktur* auf die Bühne des Berliner Lessing-Theaters. Döblin hatte über die »Gruppe

1925«, einen kleinen Kreis von Linksintellektuellen, Piscator persönlich kennengelernt und empfing von ihm Anregungen zu seinem Lehrstück *Die Ehe*. Das Stück trug ihm nach der Uraufführung am 29. November 1930 in München seitens Piscators und Brechts sogar Plagiatsvorwürfe ein.

Bruno Walter: Der berühmte Dirigent, der eigentlich Bruno Walter Schlesinger (1876–1962) hieß, war 1925–1929 Direktor der Städtischen Oper in Berlin-Charlottenburg.

208 (186) *Das Leben in der Wüste ... Knochen:* Der Exkurs geht zurück auf einen Abschnitt aus *Brehms Tierleben* über Säugetiere (Leipzig/Wien 1916; Bd. 4, S. 51).

212 f. (189 f.) *Freuen wir uns, wenn die Sonne aufgeht ... eine Freude:* Dieser Exkurs verweist auf Döblins naturphilosophische Essays, die er in den zehner und zwanziger Jahren sporadisch veröffentlichte und in seiner 1927 erschienenen Schrift *Das Ich über der Natur* bündelte. Mit der positiven »Wirkung des Lichtes auf den Menschen« hatte er sich bereits in einem am 1. Februar 1914 publizierten Aufsatz auseinandergesetzt (KS I 156–161).

212 (189) *Wenn vorher der 8. April war, ist jetzt der 9.:* In den ersten beiden Auflagen des Romans sowie in vielen späteren Nachdrucken und auch in der dtv-Ausgabe finden sich an dieser Stelle falsche Datumsangaben (11. und 12. April). Der Fehler geht auf einen Irrtum Döblins in der Hs. zurück.

213 (190) *Nun ist sie soeben ... Stadt:* Weder die Quelle dieses Exkurses noch die angeblich »berühmte Frau« namens Raquil konnte bislang verifiziert werden.

Sechstes Buch

218 (192) *Wie wohl ist mir . . . tulli, tulli:* Das hier auszugsweise zitierte Chanson von Hans Pflanzer (Text) und Arthur Marcell Werau (Musik) wurde durch die Interpretation von Claire Waldoff bekannt.

220 (194) *Sie trägt schon frei nach Schiller den Dolch im Gewande:* ironisches Zitat aus Schillers Ballade *Die Bürgschaft* (1799), die folgendermaßen beginnt: »Zu Dionys, dem Tyrannen, schlich / Möros, den Dolch im Gewande«.

zwei rote Rosen, ein kalter Kuß: nach einem zeitgenössischen Schlager von Walter Kollo und Kurt Robitschek: *Zwei rote Rosen, ein zarter Kuß* (1926).

221 (195) *Orestes und Klytämnestra:* s. Anm. zu 98 (84).

Reinhold, oh Reinhold . . . nur dir: vielleicht eine Parodie auf den Schlager *Puppchen, du bist mein Augenstern* (s. Anm. zu 436 / 394).

222 (196) *Kampfer und Skopolaminmorphium:* Während Kampfer Herz und Atmung stimuliert, hat das Kombinationspräparat Skopolaminmorphium eine krampflösende und schmerzstillende Wirkung. Vgl. 424 (382) *Kampferspritzen.*

reseziert: medizinischer Fachausdruck: operativ entfernt.

226 (200) *Sonnenburg:* Berliner Haftanstalt. Vgl. 399 (360).

231 (205) *Altheide:* Kurort in der Nähe von Breslau.

232 (206) *Grüne Post:* wöchentlich erscheinende Boulevardzeitung mit dem Untertitel »Sonntagsblatt für Stadt und Land«. Die beiden im folgenden referierten Artikel stammen aus Nr. 34 vom 27. November 1927.

233 (206) *der neue Schwager des Exkaisers . . . doch nicht:* Gemeint ist der russische Emigrant Alexander Subkow/Zoubkoff, der im Alter von 27 Jahren die verwitwete 61jährige Prinzessin Viktoria Margarete zu Schaumburg-Lippe heiratete. Die spätere Kennzeich-

nung »der Bulgare« (234 / 207) beruht auf einem Irrtum Döblins.

Kugelsichere Panzerwesten für Kriminalbeamte: Zitat einer Bildunterschrift aus der *Grünen Post* (s. o.).

234 (208) *Evas Zustände:* Die vorhergehende Beschreibung ihres Schreianfalls deutet darauf hin, daß Eva eine Hysterikerin ist. Der Kommentar der Wirtin (»Sind bloß die Nerven und die Plage mit dem kranken Mann«) zeigt, daß Döblin, der als Psychiater mit derartigen Symptomen bestens vertraut war, wie Freud die Ursache der Hysterie in einem traumatischen Erlebnis sah.

235 (208) *Viele Dinge gehen in der Welt vor:* Döblin stützt sich bei den im folgenden referierten Nachrichten auf die *Berliner Zeitung* vom 9. Juni 1928.

Das Luftschiff Italia ... ranzukommen ist: General Umberto Nobile war am 24. Mai 1928 auf seinem Nordpolarflug abgestürzt und konnte erst am 24. Juni gerettet werden.

(208 f.) *Ein anderes Flugzeug ... gelandet:* Gemeint ist der am 3. Juni 1928 gestartete erfolgreiche Flug der Fokker FVII »Southern Crown« über den Pazifik.

(209) *Dann der König von Spanien, der streitet sich mit seinem Diktator Primo:* Zwischen König Alfons XIII. und dem General Miguel Primo de Rivera kam es wiederholt zu Konflikten, nachdem dieser im September 1923 nach einem Militärputsch in Spanien eine Diktatur errichtet hatte. 1925 wurde die Militärregierung in ein ziviles Kabinett unter Ministerpräsident Primo umgewandelt, der wegen seiner Politik von verschiedenen gesellschaftlichen Gruppen – den Adligen ebenso wie den Intellektuellen – angefeindet wurde. 1930 mußte er zurücktreten.

eine badisch-schwedische Verlobung: Am 8. Juni 1928 verlobten sich Prinz Berthold von Baden und die schwedische Prinzessin Ingrid, Tochter des Kronprinzen Gustav Adolf.

Ja, die Frauen sind meine schwache Seite ... Herzenstür: nach dem Titelchanson eines am 12. Juni 1928 in Berlin uraufgeführten Films mit Hans Albers in der Hauptrolle.

235 f. (209) *Und Charlie Amberg fügt hinzu: Ich reiß mir eine Wimper aus ... Spinat:* Nach dem Refrain eines Foxtrotts von Charles Amberg (Text) und Fred Raymond (Melodie).

236 (209) *Es bleibt also warm ... Celsius:* Die Angaben entsprechen dem Wetterbericht der *Berliner Zeitung* vom 9. Juni 1928.

der Mädchenmörder Rutowski ... machen: nach einem Artikel der *Berliner Zeitung* vom gleichen Tag über die Gerichtsverhandlung gegen den Mädchenmörder Gutkowski; Döblin änderte also den Namen geringfügig ab.

Es liegt in der Luft eine Sachlichkeit ... aus der Luft: parodistisches Zitat des Titelchansons einer am 15. Mai 1928 in Berlin uraufgeführten Revue; der Text stammt von Marcellus Schiffer, die Musik von Mischa Spoliansky.

Am nächsten Montag ... strafbar: nach einem weiteren Artikel der *Berliner Zeitung* vom 9. Juni 1928; in dem von Döblin seiner Montage zugrunde gelegten Bericht über die bevorstehende Eröffnung der elektrischen Stadtbahn wurden auch die Warnhinweise der Reichsbahndirektion referiert.

(210) *Erhebe dich, du schwacher Geist, und stell dich auf die Beine:* Berliner Redensart, die den Anfang eines evangelischen Kirchenliedes (1642) von Johann Rist parodiert: »Ermuntre dich, mein schwacher Geist / Und trage groß Verlangen«. Döblin wählte diesen humorigen Imperativ auch als Titel für einen Beitrag im *Berliner Tageblatt* vom 25. Dezember 1927.

Grieneisen: noch heute existierendes Berliner Bestattungsunternehmen.

DEM MUTIGEN
DEUTSCHLANDS-
REISENDEN
EINE GLÜCKLICHE
REISE U. HEIMKEHR!
DIE FREUNDE u. GÖNNER
Beide Beine
vollständig gelähmt
reise ich allein durch
Deutschland
(Ohne Rente)
…ann Kirbach

Weltreisender!

Joh. Kirbach, geb. 20. Februar 1874 zu M.Gladbach, bis zum Ausbruch des Weltkrieges gesund und schaffensfreudig, wurde meinem arbeitsreichen Streben durch einen rechtsseitigen Schlaganfall ein Ziel gesetzt. Jedoch erholte ich mich wieder soweit, daß ich allein stundenweit gehen konnte, um meinen Beruf auszuführen. Dadurch wurde meine Familie vor der größten Not geschützt. Im Nov. 1924 jauchzte die ganze rheinische Bevölkerung als die Staatsbahn von der drückenden belg. Besatzung befreit wurde. Viele deutsche Brüder hatten sich vor Freude einen Rausch angetrunken, was für mich das Verhängnis wurde. Ich befand mich an dem Tage auf dem Heimwege als keine 300m von meiner Wohnung entfernt ich von einem aus der Wirtschaft kommenden Trupp Männer umgeworfen wurde. Der Fall war so unglüklich, daß ich lebzeiten ein Krüppel bin und nie wieder gehen kann. Der Urheber meines Unglückes (Peter Paulußen zu M.Gladbach) wurde im Juni 1925 zu zwei Monaten Gefängnis verurteilt. Was nutzte es mir nun, wenn derselbe (ein armer Bahnarbeiter) die Strafe verbüßte und habe ich auf meine persönliche Fürsprache hin veranlaßt, daß ihm die Strafe erlassen wurde. Vollständig gelähmt auf beiden Beinen, habe ich mich entschlossen eine Reise mit meinem Handfahrwerk durch Deutschland zu machen um durch den Verkauf meiner Ansichtskarte meinen Lebensunterhalt zu bestreiten.

Ich beziehe keine Rente oder sonstige Unterstützung.

Johann Kirbach

Postkarte des »Weltreisenden« Johann Kirbach
(Vorder- und Rückseite)

237 (210) *Zoppot:* Seebad an der Danziger Bucht.

(211) *Die große Hure, die Hure Babylon ... Heiligen:* nach der Offenbarung des Apostels Johannes 17,1–6. Diese Passage aus der Apokalypse gewinnt im folgenden leitmotivische Funktion; vgl. 253 (226), 291 (262), 380 (342), 385 (347), 423 f. (381 f.), 430 (388) und 443 f. (400 f.).

239 (212) *Wohlfahrt:* umgangssprachliche Abkürzung für: Wohlfahrtsamt (im heutigen Sprachgebrauch: Sozialamt).

240 (213) *Klappe:* (berlin.) Bett.

241 (215) *Kleider machen Leute:* sprichwörtlich gewordener Titel einer Novelle von Gottfried Keller aus dem Zyklus *Die Leute von Seldwyla* (1856/74).

243 (216) *der Schild des Achilles:* Nach der griechischen Mythologie galt der heldenmütige Achille(u)s aufgrund seiner von Hephaistos, dem Gott des Feuers, geschmiedeten Rüstung als unverwundbar – bis auf seine Ferse. An dieser verletzlichen Stelle wurde er in der Schlacht um Troja vom Pfeil des Paris tödlich getroffen. Mit der Figur des Achilles war Döblin durch Homers *Ilias* seit der Schule vertraut. In seinem *Bekenntnis zum Naturalismus* (ED 24. 12. 1920) spricht er der ausführlichen homerischen Beschreibung des Schildes (18./19. Gesang) sogar Vorbildcharakter zu (KS I 291 f.).

Bowel: (berlin.) Plunder, Ramschware. Vgl. 261 (233).

Münzhof: Name einer Gastwirtschaft an der Münzstraße.

245 (218) *Es ist die Schlacht geschlagen ... tätä:* Liedzitat unbekannter Herkunft.

(219) *Nur wer arbeitet, soll essen. Wer nicht arbeitet, soll Hunger leiden:* Paraphrasen des Sprichworts »Wer nicht arbeitet, soll auch nicht essen«, das in Anlehnung an eine Briefstelle des Apostels Paulus (2. Thess. 3,10) geprägt wurde.

246 (219) *Weltreisender ... Johann Kirbach:* Döblin zitiert hier in gekürzter Form den Text einer Photopostkarte, der der Hs. beiliegt (s. Abb. S. 46/47).

250 (222) *Tablo:* abgeleitet von frz. *tableau* ›Gemälde, Bild‹; hier in eingedeutschter Schreibung mit der Bedeutung eines Ausrufs: Was für ein Bild/Anblick!

(223) *knaut:* gnauen/knauen (niederdt./berlin.): knabbern, nagen; hier: mit weinerlicher Stimme klagen, jammern, quengeln.

etscht: ätschen/etschen (berlin.): jdn. verspotten, indem man mit dem Finger auf ihn weist und »ätsch« ruft.

festgemauert in der Erden steht die Form aus Mehl gebrannt: weitere Parodie auf Schillers *Lied von der Glocke* (1800), dessen Anfangsverse eigentlich lauten: »Fest gemauert in der Erden / Steht die Form aus Lehm gebrannt.« Vgl. 193 (171).

Mein Johannes ... Inbegriff des Mannes: frivoles Lied unbekannter Herkunft.

251 (223) *Entsetzliche Familientragödie in Westdeutschland:* Aus welcher Ausgabe der *Berliner Zeitung* diese Schlagzeile und die folgenden Details stammen, konnte bislang nicht eruiert werden.

252 (225) *Wenn Sie das erste Loch ... brauchen:* vermutlich nach dem Reklametext eines Textilgeschäfts.

253 (226) *Manoli links rum:* Die Berliner Redewendung mit der Bedeutung ›verrückt, verdreht‹ ist abgeleitet von der sich gegen den Urzeigersinn drehenden Lichtreklame der Zigarettenfirma Manoli.

254 (226) *eisernes Kreuz:* Der 1813 vom preußischen König Friedrich Wilhelm III. während der Befreiungskriege gestiftete Orden wurde 1870 und 1914 jeweils für Kriegsdauer erneuert. Im Ersten Weltkrieg verlieh Kaiser Wilhelm II. besonders tapferen Soldaten diese Auszeichnung.

1922 bei den Unruhen umgekommen: Gemeint sind möglicherweise die blutigen Zusammenstöße zwischen

Anhängern der KPD und der Polizei am 2. Mai vor dem Berliner Rathaus.

255 (227) *das E. K.:* Abk. für: Eisernes Kreuz; s. Anm. zu 254 (226).

257 (229) *Damals fährt Stresemann nach Paris, oder fährt er vielleicht nicht hin:* Außenminister Stresemann kündigte am 25. Juli 1928 an, er werde trotz der Anwesenheit französischer Besatzungstruppen in Deutschland zur Unterzeichnung des Kellogg-Paktes (s. Anm. zu 195 / 172) nach Paris reisen; am 30. Juli erfolgte die offizielle Einladung durch den französischen Botschafter.

(229 f.) *in Weimar stürzt die Decke vom Telegraphenamt ein:* Eine entsprechende Meldung findet sich im *Vorwärts* vom 25. Juli 1928.

(230) *das große Fischsterben in der Weißen Elster:* Das *Berliner Tageblatt* vom 26. Juli 1928 enthält einen Bericht über das »Fischsterben in der Spree«.

vor der Pfandkammer Alte Schönhauser Straße: Die Adressenangabe beruht vermutlich auf einem Irrtum Döblins, da sich dort keine der etwa 100 Pfandkammern nachweisen läßt. Wahrscheinlich meinte Döblin eine der beiden Pfandleihen oder die Pfandkammerverwaltung in der Neuen Schönhauser Straße.

Präpelstube: s. Anm. zu 193 (171) *präpelt.*

259 (231) *Allasch:* Kümmellikör.

263 (235) *Reichspartei für Gewerbetreibende und Kaufleute:* Gemeint ist wohl die Reichspartei des Deutschen Mittelstandes bzw. die Wirtschaftspartei, die nach den Reichstagswahlen am 20. Mai 1928 über 23 Sitze verfügte.

264 (236) *Swinemünde:* Seebad auf der Insel Usedom, heute polnisch (Świnoujście).

265 (237) *Das Deutsche Reich ist eine Republik . . . Genick:* Spottvers auf Artikel 1 der Verfassung der Weimarer Republik, die 1928 ihren zehnten Geburtstag feierte.

265–268 (237–239) *Schließlicherweise . . . Gesetzlosigkeit und Selbsthilfe:* Die Hs. zeigt, daß Döblin bei dieser agitatorischen Rede eines Anarchisten auf einen Text zurückgriff, der als Einleitung zu einer politischen Versammlung gedient hatte. Dabei könnte es sich um eine Wahlrede aus der Zeit vor den Reichstagswahlen am 20. Mai 1928 handeln. Döblin war mit den wichtigsten Theoretikern des politischen Anarchismus wie Bakunin, Kropotkin, Landauer u. a. vertraut, deren Ideen deutliche Spuren in seinem Werk hinterließen. Besonders einflußreich war Peter Fürst Kropotkins Buch *Gegenseitige Hilfe in der Tier- und Menschenwelt*, das in deutscher Übersetzung von Gustav Landauer zuerst 1904 erschien. Döblins in den frühen zwanziger Jahren gewachsenes Interesse an den Schriften der Vertreter des humanistischen Anarchismus steht in Zusammenhang mit seiner Enttäuschung über die politische Entwicklung nach 1918. Ausdruck seines Unmuts sind die überaus scharfen verbalen Attacken auf die junge Republik, in der obrigkeitsstaatliche Strukturen zwar formal liquidiert waren, in der aber der Feudalstaat mit seinen Hauptstützen Armee, Verwaltung und Großkapital im Grunde weiterexistierte. Diese Sichtweise kommt bildhaft im Titel des 1921 erschienenen Sammelbandes mit seinen politischen Glossen zum Ausdruck: *Der deutsche Maskenball.* Döblin stellte der »kaiserlich deutschen Republik« (DM 24) sein Postulat eines pluralistischen, dezentralisierten, demokratischen Staates entgegen. In den ersten Nachkriegsjahren war er noch Anhänger des Revolutionsideals einer Räteherrschaft gewesen, hatte aber bald erkennen müssen, daß dies nicht zu verwirklichen war. – Vgl. Anm. zu 91 (77) *die haben ...*

267 (239) *Aller Segen kommt von oben:* weitere Paraphrase eines sprichwörtlich gewordenen Verses aus Schillers *Lied von der Glocke*, dessen erste Strophe folgendermaßen endet: »Doch der Segen kommt von oben.«

268 (239) *Alle Räder stehen still:* Zitat eines Verses aus Georg Herweghs *Bundeslied für den Allgemeinen deutschen Arbeiterverein* (1863).
(240) *Die bestehende Gesellschaftsordnung ... Wacht auf!:* Zitat einer anarchistischen Agitationsschrift unbekannter Herkunft.

269 (241) *den Pfaffenspiegel:* Diese »Wochenzeitung gegen den sozialreaktionären Klerikalismus«, so ihr Untertitel, erschien in Berlin von 1927 bis 1929.
Schwarze Fahne: Die pazifistische Zeitung erschien in Berlin in den Jahren 1925–29.
Atheist: Die in Leipzig von 1905 bis 1933 erschienene Zeitung wurde laut Untertitel vom »Freidenkerbund Österreichs« und der »Gemeinschaft Proletarischer Freidenker Deutschlands« herausgegeben.
Kultur und Technik ... für wen?: vermutlich Zitat eines Artikels aus einer der oben angeführten Zeitungen.
Krupp in Essen oder Borsig: Die beiden zuvor als »Schlotbarone« bezeichneten Hüttenbesitzer gehörten zu den reichsten deutschen Unternehmern. Friedrich Krupp hatte 1811 in Essen eine Gußstahlfabrik gegründet, die unter seinem Sohn Alfred Weltruf erlangte. Die von August Borsig 1837 in Berlin begründete Eisengießerei wurde vor allem als Lokomotivenbaufabrik bedeutend. Die Borsig-Werke in Berlin-Tegel gehörten in den zwanziger Jahren zu den größten Arbeitgebern der Stadt (deshalb die Titulierung als »Berliner König«). Vgl. 387 (349) *Borsig hämmert.*

270 (242) *ich muß auf den Bergen weinen ... alles weg:* nach Jer. 9,9.
Ich will Jerusalem zum Steinhaufen ... wohnen soll: nach Jer. 9,10.

271 (243) *Wacht auf, Verdammte dieser Erde ... zwingt:* Zitat der ersten Verse der *Internationale* (s. Anm. zu 89/75); vgl. die Wiederholung 398 (359) und 422 (380).

272 (243) *Es rettet uns kein höheres Wesen ... selber tun:* nach der zweiten Strophe der *Internationale*.

273 (244) *Mokka-fix in der Münzstraße:* Die Adressenangabe beruht wahrscheinlich auf einem Irrtum Döblins, da sich das genannte Berliner Lokal an der Friedrichstraße befand. Vgl. 398 (359) *»Mokka fix«, Alexanderstraße* und 449 (405) *Unser altes »Mokka-fix« ist geschlossen.*

seine Hände: Dieser Fehler findet sich bereits in der Hs. und wurde in keiner BA-Ausgabe korrigiert.

(245) *Roten Fahne:* Das von Rosa Luxemburg und Karl Liebknecht begründete »Zentralorgan der Kommunistischen Partei Deutschlands (Spartakusbund)«, das von 1918 bis 1933 als Tageszeitung erschien, diente an früherer Stelle bereits als Zitatquelle (vgl. 95 / 81 und 96 / 82).

Arbeitslosen: Der Arbeitslose nannte sich eine von der anarchistischen »Freien Arbeiter-Union« herausgegebene, in Dresden erscheinende Zeitschrift (1921–32).

278 (249) *Träumen Sie von der schönen Stunde, in der man Sie zur Pixavonkönigin krönt?:* nach einem im Sommer 1928 verbreiteten Reklametext für das Haarwaschmittel Pixavon (vgl. 96 / 82), in dem die Kundinnen zum Wettbewerb um die Krönung zur Pixavon-Königin aufgerufen wurden.

Ich bin erstaunt ... gestehen: vermutlich Anspielung auf einen zeitgenössischen Werbetext.

Der wundervolle Duft der weißen Rose ... entwickeln: parodistisches Zitat eines Werbetextes unbekannter Herkunft.

Ach, das Leben der amerikanischen Filmdiva ... lassen: wahrscheinlich nach einem Bericht aus einer Illustrierten, vielleicht aus der *Grünen Post*; vgl. 232 (206).

278 f. (249 f.) *Bei Abrudpanta trieb ihr Wesen ... verklärt:* Die Quelle dieses komplett wiedergegebenen Bänkelsangs konnte bislang nicht eruiert werden.

279 (250) *ein vernünftiger Mensch gloobt nur an Nietzsche und Stirner und tut, was ihm Spaß macht:* Die Philosophen Friedrich N. (1844–1900) und Max St. (1806–56) werden hier – aus der Perspektive von Biberkopfs Begleiter Willi – als Verkünder einer hedonistischen, ichbezogenen Lebensweise in Anspruch genommen. Während Stirner in seiner Hauptschrift *Der Einzige und sein Eigentum* (1845) einen extremen Individualismus bzw. »Solipsismus« (KS I 34) propagierte, entwikkelte Nietzsche in seinen Schriften u. a. die Fiktion des von traditionellen Wertvorstellungen freien »Übermenschen«. Insbesondere mit Nietzsches »Morallehren« setzte sich Döblin schon früh (1902/03) in zwei großen Essays überaus kritisch auseinander. Im Unterschied zu den Ideen Stirners, die von Döblin nicht ernstgenommen wurden (vgl. KS II 232), bildet die (kritische) Nietzsche-Rezeption eine Konstante in seinem Werk.

281 (252) *Marxismus:* eine nach dem deutschen Philosophen Karl Marx (1818–63) benannte, zusammen mit Friedrich Engels (1820–95) entwickelte Gesellschaftslehre, die eine politisch-ökonomische Theorie und ein Aktionsprogramm der sozialistischen Arbeiterbewegung umfaßt. Die ausführlichste Auseinandersetzung Döblins mit der marxistischen Lehre findet sich in seiner Anfang 1931 erschienenen Schrift *Wissen und Verändern!*, in der er sich vom Klassenkampf distanziert und eine vormarxistische, »urkommunistische« Position »der menschlichen individuellen Freiheit, der spontanen Solidarität« (WuV 142) vertritt. Zwischen 1929 und 1933 nahm er regelmäßig an dem von Karl Korsch abgehaltenen »Studienzirkel Kritischer Marxismus« teil.

Lenin: s. Anm. zu 86 (73).

Stalin: Jossif W. St. (1879–1953) kämpfte gemeinsam mit Lenin in der Oktoberrevolution, entwickelte sich nach dessen Tod aber zu einem skrupellosen Diktator, der ein Terrorregime errichtete und brutale »Säuberungsaktionen« durchführen ließ. In einem Text von 1940 warf Döblin Stalin »Verrat am Sozialismus« vor (SPG 414).

krumme Beine von der englischen Krankheit: Gemeint ist die Rachitis, eine durch Mangel an Vitamin D und Sonnenlicht hervorgerufene, bei Kleinkindern auftretende Stoffwechselkrankheit, für die Schädelerweichung und Krümmung der Beine typisch sind.

(253) *Marx:* s. Anm. zu 281 (252).

Warte warte nur ein Weilchen ... zu dir: Das makabre Lied auf den Massenmörder Fritz Haarmann, der 1925 hingerichtet worden war, ist in Analogie zu einem Schlager von Walter Kollo aus der Operette *Marietta* (1924) entstanden; dessen Refrain lautet: »Warte, warte nur ein Weilchen, / Bald kommt auch das Glück zu dir.«

Berliner Arbeiter-Zeitung: Herausgeber der wöchentlich erscheinenden *Berliner Arbeiterzeitung* war die »Nationalsozialistische deutsche Arbeiterpartei«.

Marxistische Feme, ein tschechischer Jude als Knabenschänder ... keine Verhaftung: Die Schlagzeilen aus der *Berliner Arbeiterzeitung* vom 19. August 1928 veranschaulichen die politische Stoßrichtung des Blattes.

(254) *das grüne Hakenkreuz an der Spitze:* Ab Ende September war die *Berliner Arbeiterzeitung* nicht mehr am schwarzen, sondern am grünen Hakenkreuz-Emblem auf dem Titel zu erkennen.

Neue Welt: s. Anm. zu 78 (65) *Hasenheide, Neue Welt.*

283 (255) *Baba:* (berlin.) (Kinder-)Bett, Wiege.

284 f. (255 f.) *Und da ist ein Gebirge ... hallelujah:* sehr freie Nacherzählung der alttestamentlichen Geschichte von Abraham und Isaak (nach 1. Mose 22,3–12), die an späterer Stelle in verkürzter Form wieder aufgegriffen wird (312 / 280).

285 (256) *Mulleken:* Diminutivform des Berliner Kosenamens »Mulle« für: Katze, aber auch für die (Ehe-)Frau.

287 (258) *Pimperlinge:* (berlin.) Geld(stücke).

292 (262) *Wenn die Soldaten ... Tschingdaradada:* Paraphrase eines Liedes aus der Posse *Die Seeräuber* (1839) von A. Cosmar. Vgl. 298 (269), 385 (347) und 392 (354).

der Wind weht wo er will: Nach Joh. 3,8.

(263) *liest von den Olympischen Spielen:* Diese fanden vom 28. Juli bis 12. August 1928 in Amsterdam statt.

Skatkongreß in Altenburg: vermutlich nach einer Schlagzeile.

Eine Weltreise, sämtliche Unkosten nur 30 Pfennig pro Woche: nach einem Werbetext der *Grünen Post* vom November 1927 für das neue Wochenblatt *Durch alle Welt.*

294 (264) *Es waren drei Könige ... sie den:* nach Matth. 2,1.

(265) *Schlappjeh:* (berlin.) schlaffer, energie- und willenloser Mensch, Schlappschwanz. Vgl. 353 (317) *Schlappier.*

295 (265) *Hahnepampen:* Berliner Schimpfwort für: dummer Mensch, Mensch mit schwachen Körperkräften (eigtl.: Hannepampe[l]). Vgl. 359 (322).

297 (267) *Tragödie auf dem Meeresgrund, U-Boot gesunken. Besatzung erstickt:* Über diesen Unfall eines italienischen U-Boots berichteten die Zeitungen am 8. August 1928.

Zwei Militärflugzeuge abgestürzt: Die Meldung konnte bislang nicht belegt werden.

Siebentes Buch

303 f. (271 f.) *Kennen Sie die Schicksalstragödie des Fliegers Beese-Arnim? ... Zuchthaus:* freie Nacherzählung eines aufsehenerregenden Kriminalfalles nach einem Bericht in der *Berliner Zeitung* vom 15. August 1928.

304 f. (272 f.) *Die Hochflut der Berlin besuchenden Amerikaner . . . Hotel Esplanade:* wörtliche Übernahme eines Artikels aus der *Berliner Zeitung* vom 14. August 1928; Döblin klebte den Zeitungsausschnitt direkt in sein Manuskript.

306 (273) *im Warenhaus bei der Weißen Woche:* In dieser Woche werden Weißwaren besonders günstig angeboten.

306 f. (274 f.) *Hausangestellte Wilma . . . herkommen:* Döblins Quelle für die hier referierten Gerichtsfälle ist unbekannt. – Vgl. den Vorabdruck *Berlin. Arbeitsgericht* vom 9. Juni 1929 in der *Frankfurter Zeitung.*

307 (275) *Lieber Ferdinand . . . Gruß Anna:* Zitat eines Originalbriefes, der der Hs. beiliegt.

307–309 (275 f.) *Seit gestern Nachmittag . . . in mir aussieht:* Die Tagebucheintragungen basieren auf dem Brief einer depressiven Patientin an Döblin; das Schreiben ist der Hs. beigefügt. Döblin veränderte neben der Gattung auch die Daten.

309 (276) *ich küsse Ihre Hand, Madame:* So beginnt ein von Ralph Erwin 1928 komponierter Tango (Text: Fritz Rotter), der durch den Tenor Richard Tauber populär wurde. Am 17. Januar 1929 hatte ein Film gleichen Titels – mit Marlene Dietrich in einer der Hauptrollen – in Berlin Premiere.

(277) *Sigrid Onegin:* schwedische Opernsängerin (1891–1943), die u. a. im April 1928 ein Gastkonzert in Berlin gegeben hatte.

311 (279) *Tante Paula liegt im Bett und ißt Tomaten . . . zugeraten:* nach dem Refrain zu einem Foxtrott von Walter Kollo (Musik) und Hermann Frey (Text). Vgl. 102 (88) *Mein Papagei frißt keine harten Eier.*

312 (279) *brammsige:* bram(m)sig (berlin.): prahlerisch, aufgeblasen.

sich mausig . . . machen: (ugs.) sich wichtig machen, frech werden. Vgl. 351 (315).

313 (280) *Komm, Sünder, zu Jesu ... mit mächtiger Hand:* nach einem auch heute noch gebräuchlichen Lied aus dem Gesangbuch der Heilsarmee; die englische Originalfassung stammt von William Jefferson.

315 (282) *Franz Kirsch zum Beispiel, der bekannte Geldschrankknacker ... aus ists mit der Erholung:* Der Einbrecher K. war Anfang Juli 1928 aus der Haft geflohen, Ende August jedoch wieder gefaßt worden.

Allgemeine Wetterlage ... Wiedererwärmung: Wie der in die Hs. eingeklebte Zeitungsausschnitt bezeugt, griff Döblin auch hier auf einen Originaltext zurück, dessen Herkunft aber bislang nicht ermittelt werden konnte (s. Marbacher Katalog, 1978, S. 242).

316 (283) *keene Verstehste:* (berlin.) kein Verständnis.

Leben und leben lassen: Im Briefwechsel zwischen Goethe und Zelter wird diese Redewendung Christoph Martin Wieland zugeschrieben; die auch im Französischen gebräuchliche Lebensregel findet sich u. a. in Schillers dramatischer Dichtung *Wallensteins Lager* (1798; 6. Auftritt).

319 (286) *wer weiß, wann wir uns wiedersehen am grünen Strand der Spree:* Zitat aus dem Refrain zum Lied *Am grünen Strand der Spree* von H. Wilken (Text) und R. Bial (Musik).

320 (286) *wenn ich sie Herbert geben soll für Magdeburg:* textinterner Widerspruch, denn laut 264 (236) hatte Franz »seine ganze Schuld an Herbert [...] schon abgetragen«.

Für wen, für wen hab ich mein Herze rein gehalten? ... uns allein: nach einem Lied- oder Schlagertext unbekannter Herkunft.

322 (289) *Baltikumhotel:* Gemeint ist wohl das »Hotel Baltic« am Stettiner Bahnhof in Berlin. Vgl. 447 (403).

323 (290) *o welche Lust, Soldat zu sein:* vielleicht in Anlehnung an das populäre Lied *Es ist so schön Soldat zu sein, Rosemarie.*

324 f. (290 f.) *In Potsdam, da bei Potsdam ist einer gewesen … nicht verwandt:* Diese Episode über einen zeitgenössischen Kriminalfall brachte Döblin und seinem Verlag wegen der verwendeten Personen- und Ortsnamen eine Entschädigungsklage ein. Nach der Bezahlung von 1300,– RM wurden in der letzten Vorkriegsauflage (1933) entsprechende Namensänderungen vorgenommen: Bornemann → Sülze(mann); Anklam, Gorke → Verden, Berghof; Neugard → Celle; Spree → Aller; Ottochen → Walterchen; Otto Finke → Walter Frieder; Stettin → Hannover.

324 (290) *bei Anklam, Gorke hieß das Nest*: Gemeint ist Görke. Vgl. 330 (296), 331 (297) und 333 (298).

328 (294) *Pankow, Pankow, kille kille hoppsassa:* nach dem Refrain zu der von Carl Wappaus komponierten Polka *Komm Karline, komm Karline* (Text: Seelig/Latz).

329 f. (295) *Ich hab mein Herz in Heidelberg verloren … Neckarstrand:* Paraphrase eines 1925 von Beda und Ernst Neubach geschriebenen Liedes (Musik: Fred Raymond), das rasch große Popularität erlangte. Bereits 1926 entstand ein Film gleichen Titels, ein Jahr später wurde ein gleichnamiges Singspiel in Wien uraufgeführt.

332 (298) *lesen Sie die Mode für Sie:* unklar, welche Zeitschrift hier gemeint ist; eine Zeitschrift »Die Mode für Sie« ist nicht nachweisbar.

337 (302) *kriegt … die Platze:* (berlin.) ärgert sich stark, bekommt einen Wutanfall.

338 (303) *Mittwoch, den 29. August:* weitere Unstimmigkeit in der Chronologie (vgl. 326 / 292 *ist ja heut … Donnerstag, den 3. September*; 344 / 309 *Sonnabend, den 1. September*; 357 / 320 *Am dritten [September], am Montag*); außerdem war der 29. August 1928 ein Sonntag.

Erkner: kleiner Ort am östlichen Stadtrand Berlins.

Rahnsdorf: ehemaliges Fischerdorf am Müggelsee.

Müggelhort: Name einer Gaststätte.

339 (304) *Karelein, Karelein, du, du sollst mein Schönster sein:* vermutlich nach einem zeitgenössischen Lied- oder Schlagertext. Vgl. 342 (307) und 345 (309).

340 (305) *Freienwalde:* Gemeint ist Bad Freienwalde an der Oder, ein nordöstlich von Berlin gelegener Kurort.

341 (306) *Sag mir oui, mein Kind ... ist da:* Schlager unbekannter Herkunft.

341 f. (306 f.) *In der Schweiz und in Tirol ... Holoroidi:* ironisches Zitat eines volkstümlichen Liedes, dessen Autoren hier korrekt benannt werden. Vgl. 374 (336).

343 (308) *die Vöglein, ach ... wunderschön:* nach einer – seit dem Ersten Weltkrieg gesungenen – Erweiterungsstrophe zu Uhlands Gedicht *Der gute Kamerad* (s. Anm. zu 91 / 77 *Ich hatt ...*).

346 (311) *Ein Jegliches, ein Jegliches hat seine Zeit ... fröhlich sein:* nach Pred. 3,1–7 und 12. Vgl. 442 (399).

347 (311) *und in der Nacht ... wenn der Mondschein erwacht:* nach den Anfangsversen eines Wiener Liedes: »In der Nacht, in der Nacht, / wenn der Mond schelmisch lacht«.

348 (312) *Kute:* (niederdt./berlin.) (Erd-)Vertiefung, Grube.

Achtes Buch

361 (324) *Tunney ist Weltmeister geblieben ... 23. September 1928:* Der Boxkampf zwischen Gene Tunney und Jack Dempsey fand in Wahrheit genau zwei Jahre früher statt. Döblins Vermischung der Daten rührt wahrscheinlich daher, daß die *Berliner Zeitung* in der Ausgabe vom 26. Juli 1928 – am gleichen Tag konnte Tunney seinen Weltmeistertitel gegen Tom Heeney in New York erfolgreich verteidigen – an die spektakuläre Niederlage Dempseys am 23. September 1926 erinnerte.

Flugrekord Strecke Köln–Leipzig ... Wirtschaftskrieg

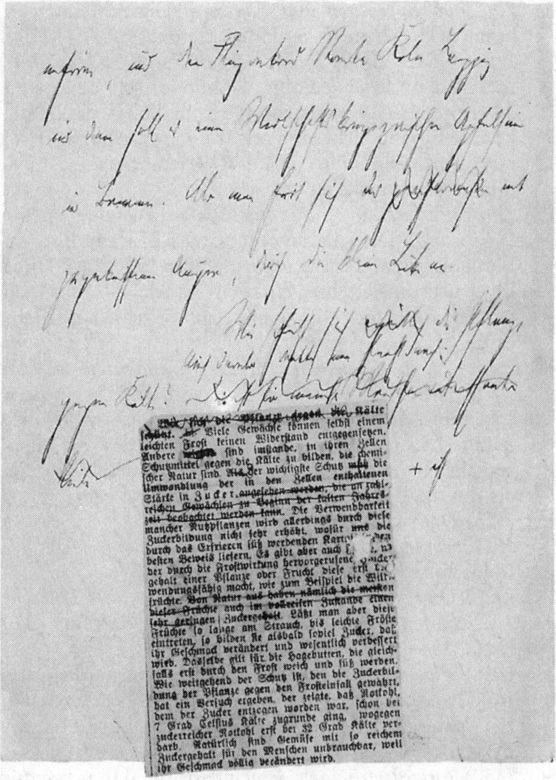

Wie schützt sich die Pflanze gegen die Kälte schützt. Viele Gewächse können selbst einem leichten Frost keinen Widerstand entgegensetzen. Andere [illegible] sind imstande, in ihren Zellen Schutzmittel gegen die Kälte zu bilden, die chemischer Natur sind. Der wichtigste Schutz [illegible] die Umwandlung der in den Zellen enthaltenen Stärke in Zucker angesehen werden, die an zahlreichen Gewächsen zu Beginn der kalten Jahreszeit beobachtet werden kann. Die Verwendbarkeit mancher Nutzpflanzen wird allerdings durch diese Zuckerbildung nicht sehr erhöht, wofür und die durch das Erfrieren süß werdenden Kartoffeln den besten Beweis liefern. Es gibt aber auch [illegible], der durch die Frostwirkung hervorgerufene Zuckergehalt einer Pflanze oder Frucht diese erst verwendungsfähig macht, wie zum Beispiel die Wildfrüchte. Von Natur aus haben nämlich die meisten dieser Früchte auch im vollreifen Zustande einen sehr geringen Zuckergehalt. Läßt man aber diese Früchte so lange am Strauch, bis leichte Fröste eintreten, so bilden sie alsbald soviel Zucker, daß ihr Geschmack verändert und wesentlich verbessert wird. Dasselbe gilt für die Hagebutten, die gleichfalls erst durch den Frost weich und süß werden. Wie weitgehend der Schutz ist, den die Zuckerbildung der Pflanze gegen den Frosteinfall gewährt, hat ein Versuch ergeben, der zeigte, daß Rotkohl, dem der Zucker entzogen worden war, schon bei 7 Grad Celsius Kälte zugrunde ging, wogegen zuckerreicher Rotkohl erst bei 32 Grad Kälte verdarb. Natürlich sind Gemüse mit so reichem Zuckergehalt für den Menschen unbrauchbar, weil ihr Geschmack völlig verändert wird.

Manuskriptseite mit eingeklebtem Zeitungsausschnitt

zwischen Apfelsinen und Bananen: Diese Meldungen konnten bisher nicht verifiziert werden.
Wie schützt sich die Pflanze gegen Kälte ... Hagebutten: Aus welcher Zeitung Döblin diesen Text vom 28. September 1928 ausschnitt und in die Hs. einklebte, konnte bislang nicht ermittelt werden (s. Abb. S. 61).
zwei Berliner Paddler in der Donau ertrunken: Meldung bislang nicht zu belegen.
Nungesser ist abgestürzt mit seinem »Weißen Vogel« bei Irland: Der Absturz des französischen Fliegers Nungesser fand bereits im September 1927 statt. Döblin synchronisiert hier ein weiteres Mal – absichtlich oder unabsichtlich – Ereignisse aus verschiedenen Jahren.

361 f. (324) *Den ungarischen Ministerpräsidenten wollten sie lynchen ... überfahren hat:* Von einer versuchten Lynchung des Grafen Istvàn Bethlen ist nichts bekannt. Die nachfolgenden Reflexionen des Erzählers signalisieren, daß es ihm hier weniger um reale Vorfälle als um die Praktiken der Boulevardpresse geht.

362 (325) *Dobrin:* Name einer Konditorei.
Knallprotzen: (berlin.) dicker, zur Angeberei neigender Mensch.

363 (326) *Und ich wandte mich und sah an alles Unrecht ... schlafen:* nach Pred. 4,1 f. und 3,1/5/7. Vgl. 379 (341), 384 (346) und 386 (348).

366 (328) *Alexanderquelle:* Gemeint ist vermutlich das Lokal »Aschingers Bierquelle« an der Alexanderstraße. An späterer Stelle findet sich die Schreibung *Alexander-Quelle* (410 / 370).

367 (330) *Augustherberge:* Gemeint ist die »Herberge zur Heimat« in der Auguststraße 82. Vgl. 391 (352).

368 (331) *geschippt:* (niederdt./berlin.) geschaufelt.

369 (331) *Soren-Auto:* Transportfahrzeug für gestohlene Ware (von Gaunersprache/Rotwelsch *Sore* ›Diebesgut, Hehlerware‹).

374 f. (337) *Es kamen Männer über das Land geritten ... diese Männer:* Parodie auf einen Indianer-Roman, vielleicht auf ein Werk Karl Mays.

377 f. (339 f.) *Das furchtbare Prager Unglück ... Bremse:* Döblins Quelle für die Schilderung dieses tragischen Ereignisses vom Oktober 1928 ist bislang unbekannt.

378 (340) *Über dem Atlantik ... festgehalten werden:* vermutlich Zitat eines zeitgenössischen Wetterberichts.

Artikel über den »Graf Zeppelin« ... gefährden: Noch bevor Hugo Eckener, der ehemalige Mitarbeiter des Luftschiff-Konstrukteurs Ferdinand Graf von Zeppelin (1838–1917) und Leiter der Zeppelin-Werke, mit dem neuen Modell LZ 127 am 11. Oktober 1928 von Friedrichshafen aus zum Flug in die USA startete, berichteten viele Zeitungen über dieses Unternehmen, das die Tauglichkeit des Luftschiffs für den Passagierverkehr unter Beweis stellen sollte. Die *Berliner Illustrirte Zeitung* z. B. brachte am 14. Oktober 1928 (37. Jg., Nr. 42) eine Titelstory über Eckener. Vgl. 391 (352).

Lestmann: Das Tanzlokal »Lestmann's Salon« befand sich an der Chausseestraße 19.

379 (341) *Moulage:* farbiges anatomisches Wachsmodell.

379 f. (341 f.) *Wieviel hat Hiob ... Gesinde:* Wiederaufnahme der Hiob-Paraphrase (Kap. 1 f.); vgl. 143–146 (124–127).

382 (344) *Hinterm Ofen sitzt ne Maus, die muß raus:* Refrain zu dem von Robert Steidl geschriebenen Schlager »Vater, Mutter, Tochter, Bruder«, der Kindern auch als Abzählreim dient(e).

383 (345) *Gesicht, als obs ihn lächert:* lächern (berlin.): zum Lachen reizen.

dann nimmt er die Posaune: Anspielung auf die Apokalypse (Offb. 1,10; 4,1; 8,2); vgl. 420 (378) *die Posaune vom Jüngsten Gericht bläst.*

384 (346) *Es gingen immer zwei Engel neben ihm zur*

Rechten und zur Linken: Waren zuvor die »sieben Engel« der Apokalypse in Begleitung der »Hure Babylon« erschienen, so treten hier erstmals – als eine Art Kontrastbild – zwei Schutzengel an die Seite Biberkopfs. Wie an späterer Stelle deutlicher wird, handelt es sich um ein aus der Genesis entliehenes Motiv; s. Anm. zu 394 (355). – Vgl. aber auch die Bemerkung in Döblins Buch *Reise in Polen* über die Kabbala: »Es steht drin von den Engeln, die jeden Menschen bewachen« (RP 252).

386 f. (348 f.) *Fünf Sperlinge fliegen ... schimpfen weiter:* Diese märchenhaft-surreale Passage erinnert an das »Totenfeld«-Kapitel in Döblins indischem Epos *Manas* (1927). Auch dort verkörpern Vögel – nach traditioneller mythischer Vorstellung – die Seelen von Verstorbenen.

387 (349) *Tauentzienpalast:* Kino in der Nähe der Kaiser-Wilhelm-Gedächtniskirche, am sog. Berliner Broadway.

die »Letzten Tage von Franzisko«: Über diesen Film von Ludwig Klopfer berichtete das *Berliner Tageblatt* vom 12. Oktober 1928.

Jägerkasino: Tanzlokal an der Jägerstraße.

für einen Fliederstrauß darfst du mich küssen: nach einer Liedzeile unbekannter Herkunft.

388 (350) *Für die Ruhe unserer Toten ... 42 696 Menschen:* nach einem der Hs. beigelegten Zeitungsausschnitt ohne bibliographische Angaben.

388 f. (350) *Ich kann nicht mehr leben ... geworden:* Döblin zitiert hier – mit kleinen Änderungen – nach einem originalen Abschiedsbrief, der der Hs. beigefügt ist.

389 (351) *Ich hab mir aus Platon vorlesen lassen, das große Gastmahl:* Gemeint ist das vom griechischen Philosophen Plato(n) (427–347 v. Chr.) verfaßte Gespräch *Symposion / Das Gastmahl.* Döblins Vertrautheit mit der platonischen Philosophie und Kunst der Ge-

sprächsführung zeigt sich bereits in seinem Frühwerk *Gespräche mit Kalypso. Über die Musik* (1910). – Vgl. KdZ 161–163.

390 f. (352) *Das Gericht verhandelt gegen Bergmann ... skrupellos war:* nach einem Bericht der *Berliner Zeitung* vom 5. November 1928.

391 (352) *Der Graf Zeppelin ... Landungsseil:* Paraphrase eines Berichts aus der *Berliner Zeitung* vom 5. November 1928 über die glückliche Heimkehr des Luftschiffes aus den USA nach Deutschland. Vgl. 378 (340).

(352 f.) *Sie singen Liederbuch Nr. 66 ... für dich spricht:* Das zitierte Lied von George Frederick Root ist der Hs. in Form eines Zettels, den Döblin aus einer Publikation der Heilsarmee ausschnitt, beigefügt.

393 (354) *Geh nach Wuhlgarten, hast ein Nervenklapps:* Wuhlgarten war eine im Berliner Osten gelegene städtische Anstalt für Epilepsie-Kranke.

394 (355) *Da gehen die beiden Engel neben ihm, Sarug und Terah sind ihre Namen:* Die Namensgebung ist wohl alttestamentlich inspiriert: 1. Mose 11,20 nennt Serug aus dem Geschlecht Sems (Sohn Noahs); 11,24–26 erscheint Tharah, der Erzeuger Abrahams. Vgl. 384 (346) und 404 (364).

396 (357) *Adalin ... Phanodorm:* Beruhigungs- und Schlafmittel.

397 (358) *Wenn ich ein Vöglein war, nähm ich ein Haufen Dreck ... flieg weg:* Parodie auf das bekannte Volkslied aus *Des Knaben Wunderhorn*, das von Franz Abt und Carl Maria von Weber vertont wurde.

399 (360) *Polizeischiens:* aus dem Jidd. (*schin*) bzw. Rotwelschen (*schien* ›Gefangenenaufseher, Schließer‹) entlehnte (tautologische) Berliner Bezeichnung für: Polizist.

o du fröhliche, o du selige: nach dem Anfang des berühmten Weihnachtsliedes von Heinrich Holzschuher.

O Sonnenburg, o Sonnenburg, wie grün sind deine Blätter: Über die Haftanstalt S. gibt es diverse Gefangenenlieder, die mit der Klage »O Sonnenburg, o Sonnenburg« beginnen; Döblin greift hier parodistisch auf das bekannte Weihnachtslied »O Tannenbaum ...« zurück.

401 f. (362 f.) *Der tote Sträfling ... in dem Zuchthaus sterben muß:* Das hier in extenso zitierte moritatenhafte Gedicht stammt – nach Döblins eigener Angabe in der Hs. – von Walter Eckart (oder: Eckert) aus Salzwedel. Wie der Autor an diesen Text gelangte, ist unbekannt.

404 (365) *Rückerdiele:* Ein Lokal dieses Namens ist in zeitgenössischen Adreß- und Telefonbüchern nicht eingetragen.

Wer hat bloß den Käse zum Bahnhof gerollt: nach dem Refrain eines Schlagers von Franz Straßmann (1926).

407 (367) *Wenn du einmal eine Braut hast ... küssen kann:* vielleicht eine Variation zu Walter Kollos Schlager *Wenn ein Mädel einen Herrn hat* (vgl. 35 / 27).

(368) *Du bist mir vom Lenz gesendet ... verschwendet:* vermutlich nach einem zeitgenössischen Schlager.

409 (369) *Polizeiamt, 4 K pv:* Das Polizeiamt IV war für den Bezirk Prenzlauer Berg zuständig. Wofür die Abkürzung steht, die entsprechend der von Döblin benutzten Vorlage »K. p. w.« lauten müßte, konnte nicht ermittelt werden. Wie ein der Hs. beigefügtes Dokument belegt, ist der folgende Text eine Montage aus einem polizeilichen Formular (»Einlieferungsanzeige«).

Polizeipräsident, Abteilung 4: Kriminalpolizei.

410 (370) *und so ziehn wir ... von das eine in das andere Restaurant:* nach einem Berliner Lied.

Neuntes Buch

413 (371) *Moabit:* Von dieser Berliner Haftanstalt war bereits im Zusammenhang mit der Affäre Otto Braun die Rede (vgl. 189 f. / 168).

414 (372) *sitzt . . . in Brandenburg:* Gemeint ist hier die Strafanstalt in der Neuendorfer Straße 90 (vgl. 416 / 375).
Der Mensch denkt und Gott lenkt: Das häufig zitierte und variierte deutsche Sprichwort geht zurück auf einen Spruch Salomos (Spr. 16,9): »Des Menschen Herz erdenkt sich seinen Weg; aber der Herr allein lenkt seinen Schritt.«

419 (377) *Irrenanstalt Buch, festes Haus:* Die psychiatrische Anstalt Buch im Nordosten Berlins kannte Döblin aus seiner Tätigkeit als Assistenzarzt in der Zeit vom Oktober 1906 bis Juni 1908. Das außerhalb der Hauptgebäude gelegene sog. »feste Haus« beherbergte die geschlossene Abteilung für Strafgefangene in psychiatrischer Behandlung.

421 (379) *pliert:* (berlin.) trieft, schluchzt.

422 (380) *Home, sweet home:* nach der sprichwörtlich gewordenen Titelzeile eines Liedes aus der Oper *Clari the Maid of Milan* von Howard Payne (1823).
Die Mikrozephalen: ein aus dem Griechischen abgeleiteter medizinischer Fachausdruck für Menschen mit abnorm kleinem Kopf.
Troglodyten: Der Sprecher gibt im folgenden die korrekte Übersetzung der aus dem Griechischen stammenden Vokabel: »Höhlenwesen«.
In prunkvollen Räumen schmaust der Despot . . . üppigen Tafel: (Lied-?)Zitat unbekannter Herkunft.
Es kommt eine Zeit, und das Volk erwacht: (Lied-?)Zitat unbekannter Herkunft.
Tod euch, den Henkern, den Despoten, stimmt an: nach dem Anfang eines aus Polen stammenden Arbeiterliedes mit dem Titel *Rote Fahne*.

423 (381) *Pachulken:* (berlin.) Tölpel, ungehobelte Burschen (aus dem Polnischen entlehnt).

425 (383) *des Menschen Wille ist sein Himmelreich:* deutsches Sprichwort, das schon im Wörterbuch von Justus Georg Schottel (1663) verzeichnet ist und häufig zitiert (z. B. von Weckherlin und Goethe), variiert (z. B. in Schillers *Wallenstein*, 1798/99: »Des Menschen Wille, das ist sein Glück«) und parodiert worden ist.

Stuporzustand: Die Symptomatik dieses krankhaften Zustandes ist zuvor bereits plastisch beschrieben worden: völlige geistige und körperliche Regungslosigkeit, verursacht durch ein traumatisches Erlebnis (vgl. 428 / 385 *Sperrung [. . .] durch seelische Momente bedingt* und 445 / 402 *Es war ein psychisches Trauma*). Döblin war durch seine nervenärztliche Praxis mit solchen Phänomenen vertraut.

eine Analyse schon klären würde, vielleicht als Rückgang auf älteste Seelenstufen: Gemeint ist hier zweifelsfrei die von Sigmund Freud (1856–1939) bei seelischen Störungen angewandte Psychoanalyse, deren Ziel die Aufdeckung unbewußter psychischer Prozesse ist. Der Psychiater Döblin setzte sich vor allem in den zwanziger Jahren intensiv mit diesem Verfahren auseinander, das er grundsätzlich bejahte. Seine kritisch-konstruktive Freud-Rezeption hinterließ in vielen seiner Werke tiefe Spuren.

Die jüngeren Herren haben mit Franz Biberkopf ein Locarno im Auge: Auf der vom deutschen Außenminister Stresemann initiierten Konferenz von Locarno im Oktober 1925 wurden verschiedene Schiedsabkommen mit den Nachbarländern geschlossen, die den Verzicht Deutschlands auf gewaltsame Änderungen der Ost- und Westgrenzen beinhalteten. Diese Vereinbarung wird hier zur Metapher für die Behandlungsmethode der Ärzte, die die »Sperre« Biberkopfs zunächst ohne Gewaltanwendung zu durchbrechen versuchen.

426 (383) *man Franz Biberkopf faradisiert:* psychiatrische Heilmethode, bei der dem Patienten elektrische, d. h. faradische (Wechsel-)Stromstöße verabreicht werden, um Verkrampfungen u. ä. zu lösen.

(384) *Protokoll vom letzten Kongreß in Baden-Baden:* Gemeint ist der »Kongreß für Psychotherapie«, der vom 20. bis 22. April 1928 stattfand.

Paralyse: medizinischer Fachausdruck: vollständige Bewegungslähmung, (fortschreitende) Gehirnerweichung als Spätfolge der Syphilis.

Spirochäten: Erreger der Syphilis, die zur Paralyse (s. o.) führen.

Medizin auf Flügeln des Gesanges: Anspielung auf Heinrich Heines Gedicht *Auf Flügeln des Gesanges* aus dem *Lyrischen Intermezzo* (1822/23) im *Buch der Lieder*; populär wurde es durch die Vertonung von Felix Mendelssohn Bartholdy.

427 (385) *katatoner Stupor:* Stupor (s. Anm. zu 425 / 383 *Stuporzustand*) bedingt durch Katatonie (›Spannungsirresein‹) – eine Spielart der Schizophrenie, die sich in Muskelkrämpfen und Wahnideen äußert.

428 (386) *Huldigungstelegramm an Freud nach Wien:* s. Anm. zu 425 (383) *eine Analyse ...*

wer nur den lieben Gott läßt walten: nach einem – Mitte des 17. Jh.s entstandenen – Kirchenlied von Georg Neumark.

Azeton: ältere Schreibung für Aceton, eine als Lösungs- und Desinfektionsmittel dienende Flüssigkeit.

429 (387) *Der Tod singt sein langsames, langsames Lied:* Die Kapitelüberschrift evoziert die Vorstellung vom Totentanz bzw. vom Tod als Spielmann, wie er aus spätmittelalterlichen Dichtungen und bildlichen Darstellungen bekannt ist.

430 (388) *Schubert hat ähnliche Lieder komponiert, der Tod und das Mädchen:* Schuberts berühmtes Lied entstand 1817 nach einem Gedicht von Matthias Claudius.

1824 komponierte er sein gleichnamiges d-Moll-Streichquartett.

430 f. (388) *Du hast dich dein ganzes Leben bewahrt ... du willst dich endlich, endlich nicht mehr bewahren:* Die Formulierung erinnert an Nietzsches Schrift *Also sprach Zarathustra*, wo es in der »Vorrede« heißt: »Ich liebe den, dessen Seele sich verschwendet [...]; denn er schenkt immer und will sich nicht bewahren« (Kap. 4.).

431 (388) *Ich bin das Leben und die wahre Kraft:* vielleicht eine Anspielung auf das Wort Jesu im Johannes-Evangelium: »Ich bin der Weg und die Wahrheit und das Leben« (Joh. 14,6).

436 (394) *Puppchen, so ein oller Schlager:* Der populäre Schlager *Puppchen, du bist mein Augenstern* stammt aus der Posse *Puppchen* (1912) von Alfred Schönfeld (Text) und Jean Gilbert (Musik). Vgl. die Parodie 221 (195) *Reinhold, oh Reinhold ...*

Madonna, du bist schöner: Zitat der ersten Zeile aus dem Refrain eines Slow Fox von Robert Katscher aus der Revue *Küsse um Mitternacht* (1924).

Ramona: Gemeint ist wohl der von Mabel Wayne komponierte Titelsong zu dem gleichnamigen amerikanischen Stummfilm (1927/28), der auf einem 1884 erschienenen Roman von Helen Hunt Jackson basiert.

443 (400) *die Beresina, marschierende Legionen ... der große Napoleon führt sie an:* Anspielung auf das katastrophale Ende des Rußlandfeldzuges Napoleons. Der Rückzug seiner Truppen von Moskau über die Beresina, einem Nebenfluß des Dnjepr, führte im November 1812 zur Auflösung der »Großen Armee«.

Chemin des dames: Die nordöstlich von Paris an der Aisne gelegene Ortschaft war besonders im Frühjahr 1917 Schauplatz schwerer Kämpfe zwischen deutschen und französischen Truppen.

Langemarck: Die westflämische Stadt bei Ypern gehört zu den legendären Schlachtfeldern des Ersten Weltkriegs. Vor allem die verlustreiche Eroberung der Stadt im November 1914 ließ den Ortsnamen in rechts-nationalen Kreisen zum Synonym für den heldenhaften Opfertod werden. L. ging aber auch dadurch in die Geschichte ein, daß die deutschen Truppen im April/Mai 1915 entlang der Frontlinie erstmals Giftgas einsetzten.

Wir ziehen in den Krieg mit festem Schritt, es gehen mit uns 100 Spielleute mit: vermutlich nach einem Soldatenlied. Vgl. 444 (401) und 454 f. (410 f.).

Morgenrot, Abendrot, leuchtest uns zum frühen Tod: Paraphrase der Eingangsverse von Hauffs Gedicht *Reiters Morgengesang* (vgl. 107 / 91 *Gestern noch auf stolzen Rossen*); erneut 454 (410).

444 (400 f.) *Ein Ofen brennt ... erleidet die Qualen:* Das schon vorher ausgeführte Ofen-Motiv (436 / 394, 439 / 396 und 441 / 398) wird hier verbunden mit der (apokryphen) alttestamentlichen Erzählung vom Martyrium der sieben Brüder und ihrer Mutter, die sich gegen ihren König Antiochus auflehnen und für die Verteidigung der »Vätergesetze« den Opfertod auf sich nehmen (2. Makk. 7).

(401) *Brüder, zu Sonne ... Zukunft hervor:* s. Anm. zu 89 (75) *Brüder, zum Lichte, zur Freiheit.*

445 (402) *Paragraph 51:* Dieser Abschnitt des *Strafgesetzbuchs für das Deutsche Reich* enthält die Regelungen über die Unzurechnungsfähigkeit von Straftätern.

448 (405) *Berlin, 52 Grad ... 7 Rangierbahn*: Die Angaben, die Döblin bereits im Vorwort zu Bucovichs Photo-Band *Berlin* verwendete (s. Kap. II,1), stammen aus dem *Statistischen Jahrbuch der Stadt Berlin* von 1927.

es gibt nur a Kaiserstadt, es gibt nur a Wien: nach den Anfangsversen eines Wiener Liedes von Fritz Lang.

Frauensehnsucht in drei Worten: nach dem Anfang eines Gedichts unbekannter Herkunft, das Döblin aus einem – der Hs. beigefügten – Zeitungsausschnitt mit Filmnachrichten übernahm.

eine Neuyorker Firma ein neues kosmetisches Mittel ankündigt ... Pelzreinigung ausgeben: vermutlich eine Paraphrase zeitgenössischer Reklametexte.

449 (405) *Bewunderung ein Schuh erregt, der ständig mit Ägü gepflegt:* Werbespruch für ein Schuhputzmittel, dessen korrekter Name »Eg-gü« lautet.

(406) *Laß das Gewettere, hab Sonne im Herzen:* Das »berühmte Sonnengedicht« des zuvor genannten Autors Cäsar Flaischlen beginnt mit den Versen: »Hab Sonne im Herzen, / Ob's stürmt oder schneit« und wird nach der Melodie des Liedes *Der Mai ist gekommen* gesungen.

450 (406) *Mit diesen Zeilen erlaube ich mir ... zurücknehme:* Die Quelle dieses Zitates aus dem Werbebrief eines Weinhändlers konnte bislang nicht ermittelt werden.

Dijodyl bei Arteriosklerose: Medikament zur Behandlung von Bluthochdruck und Infektionen der Blutgefäße.

Magnetopathen: Heilkundige, die die Ursache von Krankheiten in der Störung magnetischer Kraftfelder sehen und ihre Patienten mit »magnetischen Strichen« behandeln. Das umstrittene Verfahren geht zurück auf den Arzt Franz Anton Mesmer (1734–1815) und ist eine Art Vorform der Hypnose.

(407) *es wär so schön gewesen, es hat nicht sollen sein:* Paraphrase von Versen aus dem Abschiedslied in Viktor Nesslers Singspiel *Der Trompeter von Säckingen*, das auf Joseph Viktor von Scheffels gleichnamigem Epos (1854) beruht: »Behüt dich Gott! es wär' zu schön gewesen, / Behüt dich Gott! es hat nicht sollen sein!«

454 (410) *paßt du nicht auf auf den Autobus, fährt er dich zu Appelmus:* scherzhafter Berliner [?] Warnspruch, für den sich kein anderweitiger schriftlicher Beleg finden ließ.
Wenn sie Gasbomben werfen: Anspielung auf den Giftgas-Einsatz im Ersten Weltkrieg.

II. Zur Entstehungsgeschichte des Romans

1. Berlin im Leben und Schaffen Döblins

Mehr als die Hälfte seines Lebens verbrachte Alfred Döblin in Berlin, in der Stadt, die dem 1878 in Stettin (heute polnisch Szczecin) gebürtigen Autor zum eigentlichen »Mutterboden« (SLW 182) seiner Kreativität wurde. Der Übersiedelung nach Berlin im Jahre 1888 ging ein traumatisches Erlebnis voraus, das Kindheit und Jugend überschattete: der Verlust des Vaters Max, der seine Familie wegen einer Geliebten verließ und mit dieser nach Amerika ging. Seine Mutter Sophie sah sich daraufhin zur Auflösung des Schneiderateliers gezwungen und zog mit den fünf Kindern nach Berlin, wo sie auf Almosen ihrer Verwandten angewiesen war.

Im *Ersten Rückblick*, einem autobiographischen Text, der in unmittelbarer zeitlicher Nachbarschaft zu *Berlin Alexanderplatz* entstand und zum 50. Geburtstag im August 1928 zuerst veröffentlicht wurde, erinnert sich Döblin an den durch jene »Familienkatastrophe« (SLW 139) herbeigeführten Neuanfang in Berlin (SLW 110 f.): »Also, ich bin vor vierzig Jahren nach Berlin gekommen [...]. Ich kam in Berlin in einem Zustand an, der sich nicht sehr unterscheidet von meiner Geburt, zehn Jahre vorher, in Stettin. Es war gewissermaßen eine Nachgeburt. [...] Wir hatten den Staub, ich auch das Wasser Stettins von uns geschüttelt. Denn da war uns etwas geschehen. Wir waren aus einem kleinen Paradiese vertrieben worden.«

Der Umzug nach Berlin bedeutete für die »entwurzelte Familie« (SLW 127) den gesellschaftlichen Abstieg in eine Außenseiter- und Bettlerexistenz, aus der sie sich nur mit großer Mühe befreien konnte. Das kindliche Erlebnis der Deklassierung und ökonomischen Unsicherheit schärfte beim jungen Alfred schon früh das Bewußtsein für soziale Ungerech-

tigkeiten und Mißstände. Obwohl ihm in der Folgezeit durch Abitur, Medizinstudium, Promotion, Heirat mit der Fabrikantentochter Erna Reiss und Praxisgründung der gesellschaftliche Aufstieg gelang und seine ersten künstlerischen Erfolge ihm den Zugang zur Berliner Bohème eröffneten, verlor er nie das Gefühl der Zugehörigkeit zu den ›niederen Ständen‹[1] und das Interesse an sozialpolitischen Problemen in der rasant expandierenden Metropole. Trotz der teilweise exotischen Schauplätze und historischen Stoffe verweisen seine Werke doch alle auf den Ort ihrer Entstehung zurück, sind sie deutlich vom geistigen Klima Berlins geprägt.
Wiederholt brachte Döblin seine geradezu existentielle Abhängigkeit vom großstädtischen Ambiente zum Ausdruck, so in seinem Essay *Berlin und die Künstler* (ED 16. 4. 1922; abgedr. in SLW 37–39) und in einem Sendemanuskript für den 21. April 1930 (SLW 182 f.): »[...] mein Denken und Arbeiten geistiger Art gehört, ob ausgesprochen oder nicht ausgesprochen[,] zu Berlin. Von hier hat es empfangen und empfängt es dauernd seine entscheidenden Einflüsse und seine Richtung[;] in diesem großen nüchternen strengen Berlin bin ich aufgewachsen, dies ist der Mutterboden, dieses Steinmeer der Mutterboden aller meiner Gedanken. [...] Ich weiß nur, daß diese Stadt, in der man in den schrecklichsten Mietskasernen der Welt wohnt, fast nur Arbeit und Arbeit und Arbeit kennt [...]. Diese Mietskasernen und Fabriken sind durch Jahrzehnte mein Anschauungs- und Denkmaterial gewesen, und ob ich von China, Indien und Grönland sprach,[2] ich habe immer von Berlin gesprochen, von diesem großen starken und nüchternen Berlin, [...] das eine eigene fabelhaft ausdrucksreiche Mundart besitzt, derer sich aber lächerlicherweise die eigenen gebildeten Bürger der Stadt schämen.«

1 Im *Ersten Rückblick* (1928) bekennt Döblin: »Ich bin ein Arbeitsmann und ein Proletarier« (SLW 110).

2 Gemeint sind die Romane *Die drei Sprünge des Wang-lun*, *Manas* und *Berge Meere und Giganten*.

Lange bevor Döblin mit der Niederschrift von *Berlin Alexanderplatz* begann, hatte der Autor in verschiedenen Werken die Stadt Berlin porträtiert, die den räumlich-atmosphärischen Hintergrund vieler seiner Prosaarbeiten bildete. Bereits in Döblins frühestem, noch zur Schülerzeit entstandenen Text *Modern. Ein Bild aus der Gegenwart* (Manuskriptdatierung: 6. 10. 1896) ist der Flaneur erkennbar, der mit offenen Augen durch die Berliner Straßen schlendert und seine Beobachtungen festhält (JR 7): »Geschäftiges Leben flutete in der Leipzigerstraße. Auf dem Trottoir drängte sich ein Pêle-mêle von allen Ständen, allen Berufen. Naserümpfend betrachtete da die ›Weltdame‹ die Erzeugnisse der Hutindustrie und wies ihrer Begleiterin die ungeschickte Form dieser oder jener eleganten Kapotte. Über ihrer Schulter schaute kritischen Blicks ein junger Mann, anscheinend vom Fach, auf die Dekorationen und die Anordnung der Sorten. Er blies mit zufriedener Miene den Rauch einer schlechten Cigarre der Dame ins Gesicht, die sofort indigniert und empörter Miene vorbeirauschte. Hübsche Geschäftsmädchen mit beweglicher Figur eilten Arm in Arm vorüber; sie stießen und drängten kichernd, ungeniert jedem Herrn ins Gesicht sehend. Da trottete schweren Schritts der Bankbeamte mit seiner großen Ledermappe, – Ausläufer bekannter Firmen, – Bummler, der Deutsche nennt sie Flaneurs, in der Hand die lange Cigarette, mit der andern einen dünnen Stock wirbelnd, Leute, die bei jedem Schaufenster stehen bleiben, – Commis, Soldaten – – alles das wogte auf dem Trottoir nebeneinander; keiner sieht auf den andern in dem Gedränge, jeder hat genug mit sich zu thun. Vor manchen Läden war es geradezu beängstigend, bei Wertheim mußte man sich fast jeden Schritt erobern, Damen waren fast hilflos in solchem Getriebe und gar den Damm zu überschreiten, war ein Wagnis, das sich mit Recht nicht jeder zutraute. Dann konnte ganz hinten am Dönhoffsplatz ein Heuwagen, bis zum Umfallen beladen, nicht vorwärtskommen – bis zur Friedrichstraße standen die

Pferdebahnen, eine hinter der andern. Und an dem Hindernisse, da nun ein Lärm! Dick alles ringsum von Menschen besät; alles ist neugierig und fragt, schreit.«

Diese von einem Achtzehnjährigen verfaßte Schilderung läßt bereits das Bemühen erkennen, das Fluidum der Großstadt einzufangen und der Fülle an Eindrücken sprachlich Herr zu werden. Die naturalistische Straßenszene bildet den Auftakt zu einer kolportagehaften, mit Berliner Dialekt durchsetzten Erzählung von einem ›gefallenen‹ Mädchen aus der Arbeiterklasse. Dieser Passage schließt sich ein – von August Bebels Schrift *Die Frau und der Sozialismus* deutlich beeinflußter – Traktat über die Unterdrückung der Frau in der wilhelminischen Klassengesellschaft an. Zwar ist die Argumentation äußerst plakativ (»die Hauptursache alles Übels: der Kapitalismus«, JR 19), doch ist in diesem Jugendwerk bereits erkennbar, daß sich Döblins Hauptinteresse bzw. Schreibimpuls auf die »Schäden unsrer Gesellschaftsordnung« (JR 10) richtet.

Das Thema Großstadt tritt in Döblins Frühwerk, etwa in den Romanen *Jagende Rosse* (1900) und *Der schwarze Vorhang* (1902/03) sowie in dem Novellenzyklus *Die Ermordung einer Butterblume* (entstanden zwischen 1904 und 1911), stark in den Hintergrund. Der erste Text, der sich ausschließlich mit Berlin beschäftigt, ist das ins Allegorisch-Mythologische ausgreifende Stadtporträt *Das märkische Ninive* (ED 10. 3. 1910):

»Aus dem unvermeidlichen, vielberufenen Sande dieser Landschaft erhebt sich, nicht gelegen nahe einem südlichen Meere, dem die Schaumgeborene entstieg, nicht tauchend in den tiefen Azur eines gnadenreichen Himmels, welcher Raum für unzählige Götter hatte, nicht an der Brust von Pinienhainen, von Oliven, ja von Palmen, sondern durchflossen ganz und gar von der Spree und Panke – Berlin, eine sonderbare Lust- und Sündenstadt, unterwühlt von Eisenbahnen, mit dem Gewimmel gehetzter Arbeitstiere, die keine betenden Hände heben mögen, röchelnd aus Lungen voll giftiger Fabrikdämpfe, und statt unzähliger Götter schleichen unzählige Krankheiten herum und mischen sich erbarmungsvoll unter das arme Volk. Dieser Himmelsstrich kennt nicht die überlieferten Süßigkeiten antiker Bäder, nicht die vorderasiatischen Ekstasen, die Tanzfreuden von Korinth und Tanagra. Hier war von Anfang an alles verdorben. Unfromme Religionen wirtschaften, jede Art Zank, Erwerbsneid meistert die Seelen, Durst und Durst, und Hunger, Hunger – man betet nur zur Gottheit Zeit; unfähig, die Zeit zu erschöpfen, windet man sich nach Unsterblichkeit.

[...] Berlin selbst hat keine, fast keine Lustbedürfnisse, auch weder Auge noch Ohr für sie. Diese scharfe, sehnentüchtige und gedankenvolle Stadt könnte die abnormsten und verwegensten Vergnügungen erzeugen, wenn ihr Ingenium darauf gerichtet wäre. [...] Ganz Norddeutsche, entwickeln die Berliner keinen sozialen Sinn, nichts von Volksfesten; sie halten sich in ihren Wohnungen, pflegen Familie, schmücken sich für und gegeneinander; ihr Öffentlichkeitssinn befriedigt sich in Zeitungslesen, in Kränzchen, Theater- und Paradebesuchen. Und so gliedert sich Berlin keine Luststadt an. Der Fremde watet hoffnungslos in dem Sande: der Sand ist da, doch Berlin sieht er nicht. Er sieht gigantische Dimensionen, aber nur von Banalität, sieht Originalität fast nur in der Massenhaftigkeit der Unternehmungen, statt Geist Berechnung, statt Ordnung Nüchternheit und dreißigmal Nüchternheit, das stillose Zusammenwürfeln als Surrogat einer Phantasie. Hie und da ein Licht, eine kleine Fackel, eine Kerze.

Zuerst will ich reden von der Avantgarde der Lust, von den schweifenden Priesterinnen der Venus.

Laß mich Atem holen.«

KS I 77 f. –

Zum Schauplatz fiktionaler Handlungen wird Berlin nur in einigen wenigen Erzählungen aus der Vorkriegszeit, so z. B. in *Die Nachtwandlerin* (ED April 1914) und *Der Kaplan* (ED Juni 1914). An den Anfang dieser Novellen stellte Döblin skizzenhafte, aus der Perspektive der Hauptfigur entwickelte Berlin-Schilderungen, die sowohl naturalistische wie expressionistische Stilelemente enthalten. *Der Kaplan* beginnt folgendermaßen (Erz 121): »Weich dünstete der Nebel über den Potsdamer Platz und schwoll vom Tiergarten her. Die Bogenlampen auf den hohen Kandelabern schienen weiß in der Luft; kleine schwarze Fahrräder tauchten auf, klingelten und verschwanden; zögernd schwirrten die Autos über den Asphalt. Im Spiegel des Asphalts erschienen Pferdebeine, Röcke, von denen der Regen troff, verzerrte Konturen von lackierten Droschken; Stimmen, Traben, Klirren, Rollen über dem Platz, in regelmäßigen Intervallen ein Pfiff. Der Kaplan stieg aus der Untergrundbahn herauf und stand vor Stillers Schuhgeschäft. Über das regenblanke Trottoir zog er, den Schirm aufgespannt. Viele Menschen kamen hinter ihm her, überholten ihn. Eine kleine Schlanke huschte ihm zur Seite über die Bordschwelle, in einem himbeerroten Mantel glitt sie über den Fahrdamm, den Rock raffend, eine Pfütze umgehend; das schwarze Haar wippte in einem Knoten unter der runden Kappe. Die kleinen braunen Augen des Kaplans verfolgten die Bewegungen. Dies war die Gestalt zu einer Stimme, die er in der Beichte gehört hatte. [. . .] An den erleuchteten Läden vorbei folgte er, an Schnittmustern, Schaufenstern mit Fischbassins, stummen Antiquariaten, flimmernden Similibrillanten. Zigarettenreklame erlosch, grellte auf. Als sie in die Uferpromenade einbog an der Potsdamer Brücke, war er neben ihr mit langem drehenden Hals, vorgebeugtem Kopf.«

Die Erzählweise ist geprägt von der Reihung disparater Eindrücke und simultaner Wahrnehmungen einzelner Realitätsausschnitte sowie von raschen ›filmischen‹ Schnitten und weist damit auf die Montagetechnik von *Berlin Alexanderplatz* voraus. Die Erzählung *Der Kaplan* bildet »die erste Darstellung einer prinzipiellen Konfrontation zwischen der Subjektivität eines Helden und dem Kollektiv der Stadt« (Ribbat, 1970, S. 82). Im übrigen zeigt sie eine interessante motivische Parallele zu *Berlin Alexanderplatz* insofern, als der Kaplan die frühere Geliebte Roberts als Stellvertreter übernehmen soll, so daß das Verhältnis zwischen Reinhold und Franz »hier präformiert« ist (ebd.).

Döblins erster Berlin-Roman mit dem Titel *Wadzeks Kampf mit der Dampfturbine* (ED 1918) entstand in der zweiten Hälfte des Jahres 1914 und folgte auf den im Mai 1913 beendeten »chinesischen Roman« *Die drei Sprünge des Wang-lun* (ED 1915/16). Er wurde vom Autor als »*komisches* Buch« beschrieben, »natürlich schwankend zwischen dem Schmerzlichkomischen, dem Menschlichernsten und Reinkomischen« (Br 77). Diese »berlinische Donquichotterie«[3] kann in mancherlei Hinsicht als Vorstufe zu *Berlin Alexanderplatz* gelten. Die Schilderung einer Droschkenfahrt durch Berlin z. B. gewinnt Exkurscharakter, indem der Erzähler sie von der Wahrnehmung der Protagonisten ablöst und die Stadt als autonome Wirklichkeit lebendig werden läßt:

»Zwischen den Steinmassen der Häuser, den fensteraufsperrenden Fronten der Friedrichstraße. Eingesenkt zwischen die steilen Wände die langgedehnte Friedrichstraße. Die Granitplatten des Trottoirs pressen, undurchdringlich für den Regen, ihre Kanten aneinander. In Strömen der schwarzbraune Asphalt aus den Gruben von Ragusa und Caserta über den Damm ausgestürzt, auf den grauen Zementboden gestampft, mit heißen Bügelrollen geplättet. Die Pferdehufe hallen darüber. Menschen zwischen den Häusern, über den Granitplatten, Menschen neben den Wagenrädern, Menschen auf den Sicherheitsinseln. Über den nas-

3 Oskar Loerke, zit. nach: Ribbat (1970), S. 172.

sen Rücken des Asphalts, der Riesenrampe, rollen die Kutschen. Pneumatiks, zum Platzen gebläht, schaukeln den Oberbau leichter Autos, die sich wie ein Einfall nähern; aus unsichtbaren Auspuffrohren hauchen blaugraue Wolken rückwärts; giftige Gase, erstickendes Kohlenoxyd, stinkendes Akrolein schütten sie in die Luft. Die Donnertürme der Autobusse torkeln heran; um ihre Galerien ziehen sich weithin sichtbare Plakatschilder: Manolizigaretten, Luhns Seife, Niveakreme, die beste Glühlampe der A. E. G. Um diese stampfenden Gebäude schwirrt die Luft; ihre hunderttonnige Last, Scheiben, Holzrahmen, Schnitzbleche beben; schief auf die Seite gelegt walzen sie den Asphalt mit armdicken Rädern. Über den Köpfen der wimmelnden Tiere und Menschen, über den aufgeregten Schädeln, den flatternden Schalen, dem Wust von Flüstern, Schreien, Zeitungsrufen und Schimpfworten, Polizeipfeifen: die alabasterweißen Lichtkugeln unter winzigen schwarzen Hüten. Der Abgrund zwischen den Häusern überspannt von metallenen Drähten, Bogenlampe hinter Bogenlampe, eine schwebende endlose Flammenlast. An Straßenecken gußeiserne Kandelaber auf Steinblöcken montiert; die Wogen der Menschen prallen dagegen, teilen sich.

Vom Murren dieser Menschen ist das Tal dieser Straße erfüllt, von ihrem wonnigen Streifen Arm an Arm, Schulter an Schulter. Sie sehen rechts und links in die beschlagenen Scheiben, lächeln, eilen. Die Häuserfronten auseinandergerissen, durch Glasplatten durchsichtig gemacht; zwischen den Pfeilern laden die Häuser ihren Inhalt aus. Auf den wenigen Mauerresten zuckende grelle Ankündigungen.

In den Schauläden steht bereit: für den Prunk der Damen hellblonde Zöpfe, rote und grüne Frisuren, schwarze pikante Ponys. Flaschen zum Umfärben der Haare, Kämme, Bürsten, um sie zu striegeln, Öle, Pomaden, um sie geschmeidig zu machen. Für die Füße Schuhe aus Seide, aus Segeltuch, aus Leder. Leichte Goldschuhe für die jungen Weiber in der Zeit der Geschlechtsreife, sporenbesetzte

Kavalleriestiefel, hoch für das Mannesbein; an schweißige Pferdeflanken. Flaschen mit grünen, gelben, roten Bäuchen, kleine versiegelte Kristallkaraffen mit Kognaks, Likören. Sie gießen Feuerung, Hitze in die gewundenen Kesselrohre der Leiber, in die Gedärme. Seidenstoffe, Schlipse, Korbmöbel, Handschuhe, aus feinen Zickelfellen gefertigt, über viele Tage gewalkt, in Kleie gebadet und mit Eichenlohe, Eiern und Ölen gegerbt. Vollgestopft von oben bis unten die Häuser wie Regale. Hinter den Scheiben die Dinge, auf die Menschen losgelassen. An ihnen vorbei waten die regsamen Geschöpfe, gebunden, sich losreißend, schlüpfend in Seitenstraßen.

Gaby ließ ihren linken Arm zum Wagen heraushängen, um ihn die Luft kosten zu lassen. Wadzek krümmte sich über seine Knie zusammen, warf einen Blick hinaus [. . .].«

WK 314 f. –

Gewiß erreicht diese Schilderung großstädtischen Lebens noch nicht die sprachliche Virtuosität von *Berlin Alexanderplatz*, doch stellt dieser Textausschnitt eine wichtige Etappe dar auf dem Weg zum späteren Meisterwerk. Über solche Parallelen hinaus finden sich auch motivische Analogien zwischen den beiden jeweiligen Protagonisten. So gibt bereits Franz Wadzek die Parole aus: »Wir wollen wieder anständig werden« (WK 222), und zeigt auf einer Irrfahrt durch Berlin – wenngleich aus ganz anderen Gründen – ähnliche Zustände von Desorientierung wie Franz Biberkopf (WK 22 f.): »Wadzek fuhr bis zur Rosenthaler Straße in der Elektrischen. Unterwegs machte er mehrfach Bewegungen zum Schaffner, daß er halten solle; aus der Ecke, in der Wadzek saß, verstand der Mann auf dem Perron aber nicht; schließlich stürmte Wadzek hinaus, sprang im Fahren ab: ›So halten Sie doch!‹ rief er hinterher, während oben die Leute den Kopf schüttelten. Er suchte an der ihm unbekannten Häuserfront entlang; unklar flüsterte er fünfmal vor sich: ›Hier ist es ja gar nicht!‹ Er stellte sich wieder an der Haltestelle der Elektrischen auf, schielte dabei mit einem Auge nach den Häusern, ob nicht doch etwas kommen wollte; bevor ein Wagen kam, lief er quer über den Damm in ein Zigarrengeschäft.«

Nach Beendigung der Niederschrift des *Wadzek* im Dezember 1914 wurde Döblin ins lothringische Saargemünd einberufen und nahm dort im Januar 1915 seinen Dienst als Militärarzt auf. Im Spätsommer 1916 begann er mit Vorarbeiten zum historischen Roman *Wallenstein*, der im Oktober 1920 in zwei Bänden erschien. Im August 1917 wurde er nach Hagenau im Elsaß versetzt, wo er bis Kriegsende stationiert war. Anfang 1919 bezog er eine Wohnung in Berlin, wiederum in der Frankfurter Allee, und gründete dort erneut eine nervenärztliche Kassenpraxis. Sowohl der Krieg als auch die Novemberrevolution schärften Döblins politisches Bewußtsein, wie sich in den zahlreichen zeitkritischen Essays und satirischen Texten (publiziert unter dem Pseudonym »Linke Poot«) der ersten Nachkriegsjahre dokumentiert. Döblin profilierte sich als unerbittlicher Kritiker der Weimarer Republik, deren Entwicklung ihn zunehmend enttäuschte, und wurde zum engagierten Kämpfer »gegen alle reaktionären Kräfte« (Beyer, 1971, S. 398).

Seine journalistischen Beiträge dieser Zeit zeichnen sich nicht nur durch ihren Esprit, Humor und – nicht selten – Sarkasmus aus, sondern auch durch ihre Volks- und Alltagsnähe. Den zornigen Attacken auf die neuen Machthaber stehen uneingeschränkte Sympathie- und Mitleidsbekundungen für die Verlierer der Gesellschaft gegenüber. Dies bezeugt eine Reihe von Texten, die sich teilweise wie Vorstudien zu *Berlin Alexanderplatz* lesen. Die größte räumliche und atmosphärische Affinität zum Roman hat wohl der Essay *Östlich um den Alexanderplatz* (ED 29. 9. 1923), der Döblin beim Flanieren durch die Straßen seiner unmittelbaren Umgebung zeigt:

»Ein sonniger Vormittag; ich mache mich auf zu einer Umzingelung des Alexanderplatzes. Der verlockt mich sonst, menschenstrudelnd, wie er ist, geradewegs auf ihn zuzustoßen; ich will einmal die Peripherie dieses mächtigen Wesens abtasten. Breite, oft boulevardartige Straßen führen in ihn ein; ich trippele von der Lichtenberger Seite an. In der Frankfurter Allee hat man die grünen Rasenstreifen in der Mitte eingehen lassen: die Straße ist ganz sachlich geworden. Es gibt Warenhäuser; schematische Aufmachung für Ärmere, auch viel Plunder. Aus einem Hausflur kommt Gesang; man sucht; ich gehe hinein. Da agiert auf dem Hof mit drolliger Theatralik ein schäbiger jüngerer Mann herum und singt – singt, ja was? Heil dir im Siegerkranz. Mit allen Strophen; ich höre es zum ersten Male seit 1918 und glaube es nicht. Die Leute kichern, einige sind betreten; der brüllt weiter. Und hat sich nicht verspekuliert mit diesem Appell an die Sentimentalität. Wie er herauskommt, entschuldigt er sich rechts und links, ist plötzlich gar nicht verdreht: ›Regt euch bloß nicht auf. Ich muß mein Geschäft machen wie jeder andere. Der Arbeiter gibt mir nichts; der hat nichts.‹ Eine blutrote Plakathand an vielen Häusern: ›Du! Bist du schon ein Kämpfer in deiner Sache?‹ Kleine Zettel mit einem Rettungsring auf dem Meere preisen eine Arbeiterpartei. Die Beklebung der Häuser ist ein Barometer für die politische Erregung: man sieht hier einigermaßen Farben. Ich stecke den Kopf in zahlreiche Kneipen: schwacher Besuch. Ein Wirt sagt mir, was ich schon weiß: die hohen Preise, und eine Brauerei hätte schon einen Teil ihrer Pferde verkauft und stelle sich auf Nährmittel um. Was kein Schade ist: Brot ist besser als Bier. Am Strausberger Platz vor einer Zeitungsfiliale eine Menschenansammlung; in der Mitte ein langhaariger kleiner Jüngling mit Schillerkragen debattiert mit einem ruhigen älteren Arbeiter. Der Ältere sagt: ›Ihr schützt die Juden.‹ Der heftige Kleine, unter Assistenz anderer: ›Nein, wir stellen uns nicht vor die Juden. Aber wir wissen, daß der Kapitalismus in der Klasse und nicht in der

Gewerbehöfe in der Alexanderstraße, um 1930

Rasse steckt.‹ Es ist die erste Straßendebatte unter Arbeitern, die ich höre, die sich mit Antisemitismus befaßt. Aber er wurde nicht angenommen; die Leute sind geschult. Drollig ein Zeitungshändler; er hat an seinem Stand ein Schild: ›Zeitung einsehen 50 Prozent des Kaufpreises.‹ An einem Gartengitter drängen sich Menschen, ich denke: ein Unglück oder (was dasselbe ist) eine politische Ansprache. Aber es sind illustrierte Kriminalzeitungen: man betrachtet die Mutter, ›von einem Bären zerfleischt‹, und eine ›italienische Liebestragödie‹.
Nun biege ich in die Weberstraße ein, eine enge Straße. Viele niedrige Häuser, alle verwahrlost; Mörtel fällt von den Fronten. Der linke Straßendamm ist weit hinauf mit Wagen kleiner Händler besetzt; eine Masse ärmlicher Frauen bewegt sich mit Kindern und Handgepäck davor; es gibt Blumenkohl, Fettheringe, Käse in Kästen, Fische auf Eis, prima Dauerbollen. Drüben ist ein ›Zentrallogierhaus‹; Händler erhalten Extrapreise, man verkauft und kauft im Haus Stampfpapier. Zahlreiche Produktenkeller mit Preistafeln vor der Tür, mit Kreide geschrieben, ein ›Einkaufsbureau für Edelmetalle‹ (welcher Stolz). In einem Schaufenster sitzt ein Schneider und näht: eine ›Expreßschneiderei‹. Alles handelt und kauft noch etwas anderes; überall besteht Nachfrage nach Säcken, Bindfäden. In einem ›Kommissionshaus‹ stehen aus: Bierseidel, abgeschnittene Telephonhörer, eine Staffelei, ein Rauchservice, Militärstiefel. Eine Leihbibliothek; ein ganzes Schaufenster mit buntem Schund: ›Die Warenhausdiebe‹, ›Sittlichkeitsdelikte in der Großstadt‹, Serie ›Wildtöter‹, ›Winoga, der letzte Mohikaner‹. Die Titelbilder tragen Unterschriften: ›Ein Blitz, ein Knall, der Oberhäuptling sank zu Boden‹, ›Da hast du deinen Lohn, Verräter‹. Eine ernste Arbeiterbuchhandlung; die eine Ladenflanke ist bemalt mit einer Hand, die auf einem offenen Buch liegt, mit einer Ähre und Sichel; darunter: ›Um mehr zu produzieren, mußt du mehr wissen.‹
Ich überschreite die Landsberger Straße. An der Ecke sitzt

ein nettes Fräulein bei einem Gummiabsatzhändler; sie sitzt in bloßen Strümpfen, völlig ernst; er wetzt sein Messer, schneidet ihre Stiefelhacken zurecht; hämmert. Die Gollnowstraße. Die Straße ist noch finsterer und teilweise bröckliger als die Weberstraße. Proletarier und Lumpenproletarier. Wieder Produktenkeller, ›Sortieranstalten‹. Ein Kaffeelokal trägt hetzerische Bilder: ›Der Wannsee verschoben‹. Ein Schild ruft: ›Sie haben einen Schatz und wissen es nicht‹; es ist ein Briefmarkenladen. Der Schatz sind alte Briefe auf dem Boden. Galizische Typen treten auf; jenseits der Neuen Königstraße, in der Linienstraße, werden es mehr. Es gibt Häuser von abenteuerlichem Schmutz und phantastischer Gebrechlichkeit. Trotzdem verheißt ein Barbier in einem ganz unglaublich kümmerlichen Haus: ›Kein Warten! Gute, saubere Bedienung.‹ Weißbärtige, elende Männer im zerrissenen Kaftan gehen vorbei. Lebensmittelverkauf in Hausfluren. Vor Möbelgeschäften, Altkleiderhandlungen stehen die Besitzer und blicken unter die Passanten.

Der Bülowplatz trägt die pompöse ›Volksbühne‹; umringt ist er von wüsten Lagerplätzen für Alteisen, Schienen. Sehr lebhafter Wagenverkehr; es wimmelt von Menschen. Und immer ›Gelegenheitskäufe‹, Tuchläden, Uhrmachergeschäfte, Stiefel. – Links die Grenadierstraße. Hier scheint ein Dauerauflauf zu sein. Der Damm ist von Menschen besetzt; sie kommen und gehen aus den winkligen, uralten Häusern. Das ist ein ganz östliches Quartier, das gutturale Jiddisch dominiert. Die nicht zahlreichen Läden tragen hebräische Inschriften: ich treffe Vornamen: Schaja, Uscher, Chanaine. In Schaufenstern zeigt ein jüdisches Theater an: ›Jüdele, der Blinde, fünf Akte von Joseph Lat[t]einer.‹ Jüdische Fleischereien, Handwerkerstuben, Buchläden. Das bewegt sich in unaufhörlicher Unruhe, blickt aus den Fenstern, ruft, bildet Gruppen und tuschelt in finsteren Hausfluren. An einer Ecke steht alles um einen gut berlinischen Ausrufer, einen Eulenspiegel: eine weiße Maus läuft ihm

über die Mütze, er zeigt Kunststücke mit falschen Millionenscheinen, um dann Seife zu verkaufen: ›Klares Wasser, das ist der beste Beweis, meine Herrschaften.‹
Ich mache mir Platz. Schlängele mich durch zur Münzstraße. Passiere die Kinos, die am hellen Tage dauernd spielen, mit Jahrmarktsorgeln, die über die Straße toben; sie locken zu ›Marko, der Mann der Kraft‹ und ›Das Schicksal einer anständigen Frau‹. Ein Menschenstrom, Wagenstrom; der Alexanderplatz ist nahe. Zwischen zahlreichen sehr billigen Damen, unter den hastenden Leuten suchend, wandern sonderbare langsame Menschen, die sich offenbar kennen, erkennen, beiseite treten, Kleiderköfferchen tragen. Ein Hinundherlungern. Viele unbeschäftigte Burschen mit kessen Mützen. Die Alexanderkaserne mit Schupo kommt, der endlos lange Bau des Warenhauses Tietz; er setzt eine neue, etwas puppige Ecke an. Dann die breite Öffnung, grüner Rasen, der Alexanderplatz, die Gulaschkanone der Heilsarmee, umlagert von Neugierigen und Ketten Armer und Alter, das finstere rote Polizeipräsidium.«

KS II 298–302. –

Ebenfalls unter dem Pseudonym »Linke Poot« veröffentlichte Döblin in kurzen Abständen weitere Milieustudien mit den Titeln *Vorstoß nach dem Westen* (7. 11. 1923) und *Die nördliche Friedrichstraße* (28. 2. 1924), die beide beredten Ausdruck geben von seinem geschärften Blick für die »eigene Umgebung« (SLW 215), speziell den Berliner Osten. In der gleichen Zeit, als Döblin diese ästhetisch unambitionierten Feuilletontexte verfaßte, schrieb er an dem utopistischen Roman *Berge Meere und Giganten* (1924 erschienen), dessen drittes und viertes Buch in der »repräsentativen Stadtschaft« Berlin (SLW 56) spielen, wo im 27. Jahrhundert ein Tyrann namens Marduk herrscht. Indem Döblin den Namen eines babylonischen Stadtgottes wählt, impliziert er eine Analogie zwischen Berlin und Babylon, die allerdings nur ansatzweise ausgeführt wird.[4] Der babylonische Stadtmythos findet sich jedoch in ganz anderer Akzentuierung sowohl in *Berlin Alexanderplatz* (»Hure Babylon«) als auch in dem Exilroman *Babylonische Wandrung* (1934) wieder.

Obwohl Döblin in *Berge Meere und Giganten* insbesondere für die ausführlichen Naturbeschreibungen auf Fremdtexte zurückgriff, bemühte er sich hier noch – im Gegensatz zu *Berlin Alexanderplatz* – um eine vollständige Assimilation der exzerpierten Passagen in den Roman, so daß die Nahtstellen ohne Kenntnis der Quellen nicht mehr erkennbar sind und die Montagetechnik verdeckt bleibt. Die wissenschaftlich fundierten Naturbeschreibungen bilden in diesem Werk eine Art Gegengewicht zur visionär-phantastischen Handlung, so z. B. der an nüchternen geographischen Fakten orientierte Exkurs über die gewaltig expandierte märkische »Stadtlandschaft« (BMG 121 f.): »Berlin erstreckte sich über die meilenweite wellige Ebene zwischen dem unteren Elbetal und der Oder. Es überlagerte die lehmige tonige sandige Fläche, die die letzte Eiszeit bereitet hatte, vom roggentreibenden Fläming, dem Lausitzer Wall im Süden bis zu den wiesenreichen seenbestandenen baltischen Landrücken an der Ostsee. Es schloß Sümpfe Wälder Flußläufe in sich ein, Forsten Talzüge, die Baruth-Brücker Niederung, die Duberower Berge, die Kiefern Eichen Birken hochtrieben, das Höhenland der Havel, die dürre Zauche mit dem Schwielow[-] und Rietzer See. Den Oderbruch und Küstrin erreichte es im Osten. Das flache Rhinluch, das Havelländische Luch umzogen seine Anlagen, Schwedt und Prenzlau im Nordosten, die das sumpfige Höhenland der Uckermark im Nordosten trug, überlief es mit seinen Außenmarken.«

4 Vgl. dazu Gabriele Sander, *»An die Grenzen des Wirklichen und Möglichen ...« Studien zu Alfred Döblins Roman »Berge Meere und Giganten«*, Frankfurt a. M. [u. a.]: Lang, 1988, S. 272 ff.

Die Integration wissenschaftlicher Exkurse in die Romanhandlung ist in *Berge Meere und Giganten* ebenso vorgeprägt wie die Einbeziehung naturphilosophischer Reflexionen, die Döblin unter dem Titel *Das Ich über der Natur* 1927 gebündelt publizierte. Beispielhaft sei hier auf die Passage in *Berlin Alexanderplatz* verwiesen, in der Döblin die positive Wirkung des Lichtes auf den Menschen beschreibt (BA 212 f. / 189 f. *Freuen wir uns, wenn die Sonne aufgeht [. . .]*).

Wahrscheinlich kurz nach Abschluß des *Giganten*-Romans im Sommer 1923 begann Döblin mit der Niederschrift seiner erzählerischen Rekonstruktion des spektakulären Kriminalfalles Klein–Nebbe, der im März 1923 vor dem Berliner Landgericht verhandelt worden war. Die subtile psychologische Studie, für die Döblin die Prozeßunterlagen heranzog, erschien 1924 unter dem Titel *Die beiden Freundinnen und ihr Giftmord* in der Reihe »Außenseiter der Gesellschaft«. Sie stellt den Versuch dar, sich den komplexen sozialen und individuellen Ursachen kriminellen Handelns literarisch anzunähern; im »Epilog« schreibt Döblin: »Die Schwierigkeiten des Falles wollte ich zeigen, den Eindruck verwischen, als verstünde man alles oder das meiste an solchem massiven Stück Leben« (BF 91). Daß er sich in der Folgezeit verstärkt für normwidrige Verhaltensformen und insbesondere für Kriminalfälle interessierte, bezeugt gerade auch *Berlin Alexanderplatz*, in dem bekanntlich nicht nur ein Straftäter im Mittelpunkt steht und das Hehler- und Zuhältermilieu breit geschildert wird, sondern in dem auch eine Vielzahl von Prozeßgeschichten integriert wird. Döblin bemerkte dazu retrospektiv (15. 2. 1932, SLW 215): »Es wäre eine lange Geschichte zu erzählen, wie ich zum Stoff und zu dem Grundmotiv des Buches kam. Hier will ich nur sagen: mein ärztlicher Beruf hat mich viel mit Kriminellen zusammengebracht. Ich hatte auch vor Jahren eine Beobachtungsstation für Kriminelle.[5] [. . .] Und wenn ich diesen Menschen und vielen ähnlichen da draußen begegnete, so hatte ich ein eigentümliches Bild von dieser unserer Gesellschaft: wie es da keine so straffe formulierbare Grenze zwischen Kriminellen und Nichtkriminellen gibt, wie an allen möglichen Stellen die Gesellschaft – oder besser das, was ich sah – von Kriminalität unterwühlt war. Schon das war eine eigentümliche Perspektive.«

Zu dieser »eigentümlichen Perspektive« war Döblin durch seine berufsbedingte Vertrautheit mit den Existenznöten der im Berliner Osten lebenden Arbeiter und Kleinbürger gekommen, die in den wirtschaftlichen Krisenjahren nach dem Ersten Weltkrieg besonders zu leiden hatten. In seinem (vermutlich kurz nach Beginn der Arbeit an *Berlin Alexanderplatz* entstandenen) Essay *Eine kassenärztliche Sprechstunde* (ED 6. 1. 1928) schilderte er einige Fälle aus seiner Praxis; sein Fazit lautete (SLW 101 f.): »Ist das nun, oder das Ganze, Seelsorge oder Sozialfürsorge? Es geht Hand in Hand. Ich kann ihnen keine Kohlen verschaffen oder nicht zu einer anderen Wohnung oder Frau oder zur Arbeit verhelfen. (Ach, die Wohnungsfrage. Es könnten ganze Abhandlungen geschrieben werden über die Wirkung der Wohnungsnot auf den Verlauf der Ehen, auf den Alkoholismus, auf die Abtreibung und ihre Folgen, auf den Bevölkerungszuwachs, also auf die Kriminalität.) Sie wollten etwas von der sozialen Fürsorge und den Ärzten wissen; ich habe Ihnen etwas aus meiner heutigen Nachmittags-Sprechstunde erzählt. Es geht so Tag um Tag. Wir sind alle nur so private Sozialbeamte mit ärztlicher Erfahrung. Wir sind, wenn ich es recht sehe, an einem kritischen, wenn auch öffentlich nicht sichtbaren Punkt als leise Puffer zwischen den jedem bekannten gesellschaftlichen Gewalten eingefügt. –«

5 Gemeint ist wohl die Zeit, in der Döblin als Assistenzarzt in der Anstalt Buch arbeitete: Oktober 1906 bis Juni 1908.

Aufgrund seiner intimen Kenntnisse des Berliner Ostens und seiner Menschen war Döblin wie kaum ein anderer Autor dazu prädestiniert, dieses besondere Milieu zum Gegenstand eines Romans zu machen. Döblin erklärte dazu im Rückblick (SLW 215 f.): »Ich kenne den Berliner Osten seit Jahrzehnten, weil ich hier aufgewachsen bin, zur Schule ging, später auch hier meine Praxis begann. Während ich früher sehr viel von der Phantasie hielt, und zwar von einer möglichst schrankenlosen Phantasie, wurde im letzten Jahrzehnt der Blick, eigentlich mehr die Aufmerksamkeit, für meine eigene Umgebung und für die Landschaft, in der ich mich bewegte, den Berliner Osten, geschärft. Hier sah ich nun einen interessanten und so überaus wahren und noch nicht ausgeschriebenen Schlag von Menschen. Ich habe diesen Menschenschlag zu den verschiedensten Zeiten und in den verschiedensten Lagen beobachten können, und zwar beobachten in der Weise, die die einzig wahre ist, nämlich indem man mitlebt, mithandelt, mitleidet. Ich habe den Frieden hier gesehen, im Krieg sah ich sie gelegentlich, wenn ich auf Urlaub kam, und dann war ich wieder mitten zwischen ihnen beim Spartakusaufstand 1919, in der Inflation und in der Folgezeit. Wie ich die Menschen sah, davon gibt das Buch eine Probe.«
Eine »Probe« davon, daß sich Döblin seit Beginn der zwanziger Jahre in zunehmendem Maße auch für das jüdische Milieu des Berliner Ostens interessierte, gibt u. a. das Eingangskapitel von *Berlin Alexanderplatz*. Als Theaterkorrespondent für das *Prager Tagblatt* (1921–24) hatte er mit großer Anteilnahme über Gastspiele ostjüdischer Künstler berichtet, insbesondere des Wilnaer Jiddischen Theaters,[6] und u. a. eine Rezension über ostjüdische Erzähler (ED 24. 8. 1924; KS II 421–424) geschrieben. Nach eigenem Bekunden gaben die antisemitischen Ausschreitungen in der

6 Vgl. KS I 362–367 (*Deutsches und jüdisches Theater*); KS II 20–22 und 406–408.

Gegend nordwestlich vom Alexanderplatz, dem sog. Scheunenviertel, im November 1923 einen wichtigen Anstoß, Ende September 1924 eine Reise durch Polen zu unternehmen. In seinem autobiographischen Buch *Schicksalsreise* (1949) erinnert sich Döblin (Sch 132): »In der ersten Hälfte der zwanziger Jahre ereigneten sich in Berlin pogromartige Vorgänge, im Osten der Stadt, in der Gollnowstraße und Umgebung. Das geschah auf dem Landsknechtshintergrund dieser Jahre; der Nazismus stieß seinen ersten Schrei aus. [. . .] Ich fand, ich kannte eigentlich Juden nicht. Ich konnte meine Bekannten, die sich Juden nannten, nicht Juden nennen. Sie waren es dem Glauben nach nicht, ihrer Sprache nach nicht, sie waren vielleicht Reste eines untergegangenen Volkes, die längst in die neue Umgebung eingegangen waren. Ich fragte also mich und fragte andere: Wo gibt es Juden? Man sagte mir: In Polen. Ich bin darauf nach Polen gefahren. In einem Buch habe ich darüber berichtet. Ja, ich war da und habe zum ersten Mal in meinem Leben Juden gesehen. Ihr Anblick rührte mich tief. [. . .] Sie waren ein eigenes Volk, überhaupt eine andere Welt. Sie hatten ihre Religion, ihre Sprache, ihre Umgebung. So wenig ich mich zu ihnen rechnete, rechneten sie mich zu sich. Nach diesem Besuch wurde mein Interesse am jüdischen Schicksal rege.«

Über seinen zweimonatigen Aufenthalt, der ihn zu den nichtassimilierten Ostjuden führte und mit den Wurzeln der eigenen Religion konfrontierte, verfaßte Döblin den Bericht *Reise in Polen*, der im November 1925 erschien. Die darin dokumentierte Hinwendung zu jüdischer Mentalität und Historie wirkte sich auf die Konzeption des *Alexanderplatz*-Romans insofern aus, als Döblin in der lehrhaften Zannowich-Geschichte bewußt auf ostjüdische Erzähltraditionen zurückgriff und seinem Glauben an die heilsame Kraft des Erzählens Ausdruck verlieh. Das Polenbuch ist aber nicht nur bedeutsam für Döblins spirituelle bzw. religiöse Biographie, sondern ist – nach Hans-Peter Bayerdör-

– in: A. D., Autobiograph. Schriften u. letzte Aufzeichn. Olten u. a., 1977 – S. 211 f.

fer (1986) – auch als »Schlüsselwerk in der Entwicklung der Döblinschen Schreibweise« anzusehen: »Die Collagen aus Zeitung und Reklame, die Notation von Eindrücken, oft auf Stichwortreihen reduziert, die a-szenische Erfassung von simultanen Abläufen und Geschehnissen – diese Verfahren, die man aus *Berlin Alexanderplatz* kennt, sind keimhaft vorhanden« (S. 165).

Diesem Reisebericht folgte ein unter dem Einfluß altindischer Poesie entstandenes, »in freien Rhythmen gestaltetes Versepos« mit dem Titel *Manas*, das als »das eigenwilligste und esoterischste Werk Döblins« (Prangel, 1987, S. 60) gelten kann. Die experimentelle Form dieses im Mai 1927 erschienenen Buches, das »die erste dichterische Vermittlung von Döblins gewandelter, den Einzelmenschen aufwertenden Weltanschauung« bildet (ebd.), steht in Zusammenhang mit seinen poetologischen Reflexionen der zwanziger Jahre. Die Wiederbelebung des Epos antiker Tradition war Döblins Antwort auf die sog. Romankrise[7], die sich für ihn in der »feuilletonistischen, essayistischen Degeneration des Romans« (SLW 295) manifestierte. In seinem am 10. Dezember 1928 gehaltenen Vortrag *Der Bau des epischen Werks* forderte er programmatisch, noch »hinter Homer« zu gehen (SÄPL 227).

Trotz aller oberflächlichen Verschiedenheit zwischen *Manas* und *Berlin Alexanderplatz* gibt es doch einige substantielle Berührungspunkte. So findet nicht nur die lyrisch überhöhte, spätexpressionistische Sprache des indischen Epos in vielen Passagen von Döblins Großstadtroman ein Echo, sondern es sind auch thematisch-motivische Parallelen zu erkennen, auf die Döblin selbst mehrfach hinwies; auf den »befremdenden und scheinbar angeklebten Schluß« von *Berlin Alexanderplatz* bezogen, schrieb er in einem Brief an Julius Petersen vom 18. September 1931 (Br 166): »Ich emp-

7 Vgl. dazu das Buch von Dietrich Scheunemann, *Romankrise*, Heidelberg: Quelle & Meyer, 1978.

fehle [. . .] zur Vertiefung noch mein vorletztes Buch *Manas*, dies Versepos, zu lesen; der Biberkopf ist da vorgebildet, – und die Kluft ist auf indisch-mystische Weise, eine Wiedergeburt, überbrückt.«

Wie eng die beiden Werke aus der Sicht des Autors verflochten sind, wird auch im *Epilog* von 1948 deutlich. Zwar ist diese späte Rekonstruktion der Werkchronologie und ihrer inneren Logik insofern mit Vorsicht zu genießen, als sie vom Standpunkt des Konvertiten aus verfaßt ist, doch werfen diese retrospektiven Äußerungen ein besonderes Licht auf die lebens- und entstehungsgeschichtlichen Hintergründe dieser Schaffensphase (SLW 312 f.): »Der *Manas*, auch er entließ mich, obwohl ich ihn in seine myt[h]ische Landschaft als Halbgott zurückkehren ließ, unbefriedigt. Die Frage, die mir der *Manas* zuwarf, lautete: Wie geht es einem guten Menschen in unserer Gesellschaft? Laß sehen, wie er sich verhält und wie von ihm aus unsere Existenz aussieht. Es wurde *Berlin Alexanderplatz* (ein Titel, den mein Verleger absolut nicht akzeptieren wollte, es sei doch einfach eine Bahnstation, und ich mußte als Untertitel dazusetzen *Die Geschichte vom Franz Biberkopf*.) Natürlich schrieb ich dies Buch, besser, schrieb sich dies Buch nicht in freien Rhythmen, sondern im Berliner Tonfall. [. . .] ›Das Opfer‹ war das Thema des *Alexanderplatz*. Die Bilder vom Schlachthof, von der Opferung Isaaks, das durchlaufende Zitat: ›Es ist ein Schnitter, der heißt Tod‹ hätten aufmerksam machen sollen. Der ›gute‹ Franz Biberkopf mit seinen Ansprüchen an das Leben läßt sich bis zu seinem Tod nicht brechen. Aber er sollte gebrochen werden, er mußte sich aufgeben, nicht bloß äußerlich. Ich wußte freilich selbst nicht wie.«

Während die bislang angesprochenen oder zitierten Texte – mit Ausnahme der autobiographischen und brieflichen Äußerungen – alle vor Beginn der Niederschrift von *Berlin Alexanderplatz* entstanden sind, ist das »Geleitwort« zu dem Photoband von Mario von Bucovich, der den Titel *Berlin* trägt und 1928 erschien, wahrscheinlich parallel zum

Roman geschrieben worden. Ein Indiz dafür ist die Benutzung der gleichen Quelle für die in beiden Texten verwendeten Daten (vgl. 448 / 405 *Berlin, 52 Grad [. . .] 7 Rangierbahn*), nämlich das *Statistische Jahrbuch der Stadt Berlin* von 1927. Obgleich der Text einige faktische Übereinstimmungen mit *Berlin Alexanderplatz* aufweist und von lokalpatriotischem Stolz und Pathos getragen ist, steht er doch in stilistischer Hinsicht in krassem Gegensatz zum Sprachduktus des Romans:

»[. . .] Berlin ist eine unpoetische, sehr wenig bunte, aber sehr wahre Stadt. [. . .]
Ich habe zu berichten von der fast unsichtbaren heutigen Stadt Berlin, die geographisch in der Mark Brandenburg liegt, unter 52 Grad 31 nördlicher Breite und 13 Grad 25 östlicher Länge, 36 Meter überm m [sic], und von den Landkreisen Teltow, Zauch-Belzig, Beeskow-Storkow im Süden, Osthavelland im Westen, Niederbarnim im Osten und Norden umschlossen wird. Aus der Stadt und in die Stadt führen nach und von allen Richtungen Schienen, im Bereich der Reichseisenbahndirektion Berlin arbeiten 20 Fernbahnhöfe, 121 Vorortbahnhöfe, 27 Ringbahnhöfe, 14 Stadtbahnhöfe, 7 Rangierbahnhöfe, 7 Werkstätten.
[. . .] Diese Kapitale war 1871 noch ein Ort mit 900 000 Einwohnern. Der Ort brauchte 20 Jahre um auf 2 Millionen zu kommen. In den letzten 30 Jahren hat sich die Zahl verdoppelt.
[. . .] Will man nun wissen, wie diese neue Stadt nun aussieht, so braucht man nur durch eine einzige östliche, nördliche oder südliche Straße zu gehen, man braucht auch nur eine einzige Straße zu photographieren, Berlin hat es dem Photographen bequem gemacht: 95 Prozent aller andern Straßen sehen ebenso aus. Es ist ein Haus wie das andere, die riesigen Straßenzüge entlang ein Nutzbau, eine Mietskaserne ohne Gesicht neben der andern ohne Gesicht. Aber dennoch! Das Ganze hat ein Gesicht!

[...] man fahre einmal von Süden oder Westen mit einem Schnellzug in dieses Steinmeer hinein, etwa spät abends, und erlebe mit offenem Herzen den erschütternden Blick dieser Stadt. Man wird erfahren: es ist wahrhaft eine moderne Stadt, eine großartige Stadt, eine Siedlung heutiger Menschen. Die Straßen mäßig beleuchtet, man fliegt von Bahnhof zu Bahnhof, man ist schon längst im Stadtbereich Berlin, aber noch immer gliedert sich nichts, nur neue Straßen, Hauptstraßen. [...] Das hat die Monotonie der wahrhaft großen Wesen.

[...] in dieser Stadt auf dem Sandboden bewegt sich central, herrscherisch ein einziger ungeheurer Arbeitswille, und jeder, der in diese Atmosphäre hineintritt, er mag aus dem bequemsten Wien sein, wird in den Schwung, die Dringlichkeit, den Ernst, in die puritanische Strenge dieses Arbeitswillens hineingerissen. Hier gedeihen keine wirklichen Vergnügungsstätten, obwohl der Berliner ein zu Spaß aufgelegtes Wesen ist, er hat noch heute einen gefährlichen Witz. Aber sein Humor ist doch nicht von der Art, wie ihn Coupletsänger und Schwankautoren uns noch heute glauben vorsetzen zu dürfen, sie geben die Typen von gestern und vorgestern, historische Typen des versunkenen kleinen Mittelstandes. Die neuen Typen sind schärfer, härter, sie wachsen in der Industrie und unter Fabrikmauern auf, Politik und Klassenkampf weht um diese Typen.

In den großen und kleinen Fabriken verbringen die Arbeitervölker ihren Tag, wofern sie nicht auf der Straße liegen und stempeln gehen. Die großen Straßen aller Gegenden sind von Verkaufsgeschäften durchzogen, jedes Stadtviertel hat kleine, mittelgroße und große Warenhäuser, die geräumigsten heutigen sind die von Wertheim und Tietz.

[...] Um die volle Wahrheit der wachsenden, unsichtbaren Siedlung Berlin zu zeichnen, müßte ich Seite um Seite des statistischen Jahrbuchs der Stadt abschreiben, ihre Geburten und Todesfälle hinsetzen, von den Gründungen, Liquidationen und Konkursen berichten, von den Krankenkassen,

der Erwerbslosenfürsorge, den Rettungsstellen, den Irrenanstalten, Siechenhäusern, Asylen, von der Jugendwohlfahrt, den Kinderhorten, den Kindertagesheimen. Ich müßte zuletzt nebenbei am Rand auf die eigentümliche regionale Gliederung, die Organisierung der Stadt hinweisen. Da ballen sich Spezialitäten in einzelnen Quartieren: in der südlichen Friedrichstraße das Filmquartier, nicht weit entfernt, Koch- und Zimmerstraße, das Zeitungsviertel, das quartier latin mit den Kliniken und Instituten nördlich vom Friedrichsbahnhof von der Luisenstraße bis zur Invalidenstraße, um die Gedächtniskirche und die Tauentzienstraße das Amüsier- und Luxusviertel, dann die dunkle zweifelhafte Gegend zwischen Münzstraße und Rosenthaler Platz.
Demnach, du hast deinen Autobus zu verlassen, verehrter Fremder, stecke deine Hände in die Taschen, laß den Blick von den Bauten, es ist daran nichts zu sehen. Aber, halt still, horch auf, sieh dich um, atme, bewege dich, hier geht etwas vor, es ist eine moderne, junge, zukunftsreiche Riesensiedlung! Plötzlich wird auch Dich die Monotonie ihrer Häuser erschüttern und, Du wirst die Energie, Lebendigkeit und Tapferkeit dieses Menschenschlages hier erkennen, die Vielgestaltigkeit seiner Typen, Du siehst, hier wohnen sie, hier arbeiten und bauen sie, hier lagert es, ganz ohne Unruhe, auf dem Sandboden, das große ernste Massenwesen Berlin.«

Mario von Bucovich: Berlin. Geleitwort von Alfred Döblin. Berlin: Albertus-Verlag, 1928. S. VII–XII. –

Ebenfalls parallel zur Romanniederschrift dürfte auch folgender Text entstanden sein, der deutliche inhaltliche und stilistische Affinitäten zum Roman aufweist. Es handelt sich dabei um Döblins Beitrag zu einer »Dichterstafette auf dem Autobus«, veröffentlicht im *Berliner Tageblatt* vom 1. Januar 1929 unter dem Titel *Alexanderplatz*, der sich wie ein Nebenprodukt bzw. eine Variante zum Roman liest:

Der Alexanderplatz um 1925
(Photopostkarte aus Döblins Sammlung)

»Kraftomnibus-Haltestelle! Numero zwo. Alexanderplatz – Königstraße – Schloßplatz – Unter den Linden – Brandenburger Tor – Friedrich-Ebert-Straße – Lennéstraße – Viktoriastraße. Abstände 4 (6) Minuten, die mit einem Stern versehenen Linien haben Nachtverkehr. Alexanderplatz, teurer Alex, wie haben sie dir zugericht, so sehe ich dir wieder. Die Berolina haben sie dir geklaut, schön grün war's in der Mitte, jetzt gibt's nur Bauzäune und Löcher. Tietz steckt vier weiße Fahnen raus, das heißt Weihnachtsverkauf, oben brennt die Weltkugel, das Polizeipräsidium ist schmutzig rot; nun laß mich in die Tasche greifen, von diesem Platz muß fort ich streifen, mein Freund kannst du nicht länger sein. Fahrschein gefällig, zwanzig Pfennig. Zerrissene, zerknitterte oder in der Erkennbarkeit der Kontrollmerkmale beeinträchtigte Fahrscheine sind ungültig, Fahrschein nicht übertragbar. Gültig am Lösungstag. Auszug aus den Beförderungsbedingungen umseitig.
Wir gondeln los, wir wackeln los, wir zittern los. Das Ding hat einen Maybachmotor, ist groß wie ein Haus und läuft wie ein Aal. Möchten Sie unter so ein Ding liegen? Ich nicht geschenkt. ›Nicht stehen bleiben, für Fußgänger verboten!‹ Wir fahren ja, laut Beförderungsbedingungen, gültig am Lösungstag. Bei Aschinger sitzen sie schon, ich setzt mich lieber bei Aschinger als hier ›nicht stehen bleiben, für Fußgänger verboten!‹, wissen wir schon, da hält er zum ersten Male, Bahnhof Alexanderplatz. Wenn man rausguckt, wundert man sich, wie die Menschen über den Damm kommen. Wo die Menschen alle herkommen, links kommen sie vom Gericht oder Präsidium, rechts von der Markthalle, dann wollen welche zum Bahnhof, bleiben Sie doch hier, ist doch ganz schön in Berlin, ich fahre ruhig die Königstraße runter, was hat man vom Leben, in Werneuchen ist auch nichts los. – Da zieht das große Ding wieder an, an dieser Brücke, das sieht ein Blinder, bauen sie seit einem Jahrhundert, sie setzen neue Pfeiler ein, sobald sie drin sind, nehmen sie sie raus und probieren andere, so entwickelt sich Berlin. Wert-

heim, grüß Gott, preiswerte Weihnachtsgeschenke, Silvesterartikel, Neujahrskarten, Scherzartikel. Und jetzt halt mal die Luft an, das Theater muß man gesehen haben: dem Schuhsalamander haben sie das Haus über dem Kopf abgerissen, der Salamander geht nicht weg, oben ist nichts und unten ist ein Laden, und wenn die Erde wackelt, er verkauft weiter seine Stiebel. Schließlich muß man ja auch bei Erdbeben Stiefel tragen. Aber drüben gibt's ja noch Leiser, der hat auch Stiefel, o Gott, da kommt Dorndorf, der hat auch Stiefel, und jetzt Stiller: was ist hier nur los? Das ist ja zauberhaft, hier treffen sich offenbar alle Barfüßler des Ostens, da will ich doch lieber mal runter, aber das Ding, das Ding fährt weiter, Gumpert und Dobrin liegen hinter mir, die meisten Zeitungen und die schönste Konditorei, amerikanische Eisgetränke, Eiskremesoda, Milk-Frappees (heiß 20 Pfennig Zuschlag), Milk- u. Egg-Frapees (heiß 20 Pfennig Zuschlag). Haltestelle Rathaus. – Es ist das Rathaus Berlins, das steht hier und wacht über alle Dinge der Stadt und hinten steht das Stadthaus, das wacht auch über alle Dinge der Stadt und dann gibt's Bezirksämter, die wachen auch über alle Dinge der Stadt. Nur nachts gehen sie schlafen. Es steigen sechs Leute aus und drei steigen ein, wir aber fahren weiter nach Berlin hinein. Das Rathaus ist links, rechts wimmeln die Leute vor Geschäften. Die Stiebel, die die hinten nicht losgeworden sind, verkloppt hier Mercedes; Spaeth hat oben Lose und unten die Sexualprobleme von Kaplan Fahsel, den großen Brockhaus in Monatsraten zu 6.50 Mark, auch behauptet er: Tiere sehn dich an, was ich aber noch nicht bemerkt habe, auf'm Autobus jedenfalls nicht. Ich werde mir bei Spaeth nachher das große Los in Monatsraten kaufen. Weiter, über die Spandauer Straße, die Ecken halten Grumach und N. Israel. Groß ist Israel! Er reicht von der Poststraße bis zur Simons-Apotheke! Gegenüber die Post mit dem Hifthorn, wie lieblich schallt. Der Autobus 12 überholt uns, er leuchtet blau durch Berlin: Hildebrandt-Kakao. Die Post, die Post, Geld müssen Sie um die Ecke einzahlen, Fernsprechstelle Ost, Betriebsstelle Berolina und Königsgraben. Störungen werden Zimmer 274, schreib mir mal, verwende die Glückspostkarte. Es geht vorwärts, der Maybachmotor arbeitet, Auszug aus den Beförderungsbedingungen umseitig, die Kurfürstenbrücke, der Marstall, der Schloßplatz. Ich werde aussteigen, ein anderer will einsteigen (edel sei der Mensch, hilfreich und gut).«

Zit. nach: Materialien. 1975. S. 21 f. – © Walter Verlag AG, Zürich/Düsseldorf.

2. Zur Entstehung von *Berlin Alexanderplatz*

In seinem am 28. Oktober 1927 veröffentlichten Selbstporträt *Arzt und Dichter* zog Döblin eine – nicht nur im ökonomischen Sinne – ernüchternde und resignative Bilanz seines Lebens und Schaffens (SLW 96, 98): »Es ist, um einfach und relativ ernst zu sein, so, daß ich nach meilenlanger medizinischer Vorbereitung, nach jahrzehntelanger literarischer Arbeit weder ärztlich noch literarisch existenzfähig bin. [. . .] Von allen meinen Büchern habe ich zuletzt eine reale Jahreseinnahme von nicht zweitausend Mark gehabt! Also weniger als ein kleiner Angestellter verdient, ein ganz kleiner. [. . .] ich werde, wenn die Umstände mich drängen, eher, lieber und von Herzen die Schriftstellerei in einer geistig refraktären und verschmockten Zeit aufgeben, als den inhaltsvollen, anständigen, wenn auch sehr ärmlichen Beruf eines Arztes.«

Der etwa ein Jahr vor seinem 50. Geburtstag geschriebene Essay spiegelt Döblins betrübte Stimmung wider, in der er sich nach Erscheinen des Versepos *Manas* im Mai trotz der überwiegend positiven Besprechungen befand.[1] Nachdem er

1 Besonders geschmeichelt haben dürften ihm die enthusiastischen Rezensionen der Schriftstellerkollegen Robert Musil und Oskar Loerke (s. die Nachdrucke in: Schuster/Bode 1973, S. 184–192).

die Texte für die naturphilosophische Schrift *Das Ich über der Natur* zusammengestellt hatte, die Ende 1927 auf den Buchmarkt kam, drängte ihn das Gefühl der schöpferischen Leere zur Rück- und Neubesinnung. Vermutlich trug der massive äußere Druck (»ich lebe auf Vorschuß«, SLW 96) zur selbstkritischen Einsicht bei, mit seinen ambitionierten und elitären Werken den Bogen überspannt und sich in eine künstlerische Sackgasse manövriert zu haben.

Obwohl seine Bücher in literarisch interessierten Kreisen durchweg Anerkennung gefunden hatten und Döblin zu den hochrangigen Autoren der Avantgarde gezählt wurde, erzielten seine Publikationen doch keinerlei Breitenwirkung und blieben allesamt kommerzielle Mißerfolge. Damit wuchs der Unmut seitens seines Verlegers Samuel Fischer, der Döblin Anfang März 1928 – nicht zuletzt aus Verärgerung über dessen Attacken auf andere seiner Hausautoren – die seit 1926 gewährte monatliche Rente sperrte.[2] Gottfried Bermann Fischer schreibt in seinem Erinnerungsbuch über die starken Spannungen zwischen seinem Schwiegervater Samuel und Döblin: »Sein eher zartes Wesen verbarg er [Döblin] hinter dieser Bissigkeit, die nichts schonte. Ob es seine Literaten- und Mediziner-Kollegen waren – nichts war vor seiner scharfen Zunge sicher. Das hatte mit der Zeit zum Zerwürfnis mit S. Fischer geführt, der zwar viel Humor hatte, auf einem Gebiet aber äußerst enpfindlich war: wenn es sich um Angriffe gegen die ihm nahestehenden Autoren-Freunde handelte, insbesondere gegen Gerhart Hauptmann und Thomas Mann. Aber das kleine, kämpferische Männchen Döblin konnte seine Zunge nicht im Zaume halten. Im Gegenteil machte es ihm einen diabolischen

2 Vgl. die Briefe Döblins an Ferdinand Lion (3. 3. 1928), ferner an Hermann Kasack (2. 8. 1928) und Wilhelm Lehmann (12. 8. 1928), abgedr. in: Br 140 f. und 147 f. Interessant sind in diesem Zusammenhang auch Döblins autobiographische Bemerkungen in seinem Essay *Reines Vergnügen am Theater* (8. 1. 1931): »Und einmal, das war vor etwa zwei Jahren, da ging es mir mit der Art zu existieren und wertlose, unverwertbare Bücher zu schreiben, ganz schlecht. Mein Verleger kündigte mir den Kredit« (SLW 198).

Spaß, den alten Fischer herauszufordern. Das Verhältnis wurde schließlich so gespannt, daß Fischer vor Ärger und Zorn beschloß, sich von Döblin zu trennen.«[3]

Es waren also verschiedene äußere und innere Faktoren, die Döblin in dieser Lebensphase zu einem Befreiungsschlag drängten. Wann genau ihm in dieser krisenhaften Situation der erlösende Einfall kam, das für ihn naheliegende Thema »Berlin« nun auch in Romanform zu behandeln und damit den Faden, den er in zahlreichen essayistischen und poetischen Texten der vergangenen Jahre bereits aufgenommen hatte, weiterzuspinnen, kann nicht mehr rekonstruiert werden, da es weder aussagekräftige Briefzeugnisse noch autobiographische Dokumente aus dem in Frage kommenden Zeitraum gibt. Anläßlich einer am 22. Januar 1927 publizierten Umfrage *Phantasie oder Vorbild?* hatte er noch apodiktisch behauptet, daß es seiner »Arbeitsmethode« fern liege, »beobachtetes Material« aus seiner Umgebung literarisch zu verwenden (SLW 79): »Ich kann viel besser schreiben – und zwar viel sicherer und realer – über das, was in China und Indien vorgeht, als das, was in Berlin vorgeht.«

Der Zeitpunkt, wann er sich von diesem Prinzip der künstlerischen »Transformation«, der »Verwandlung« (SLW 80), verabschiedete und das ihm vertraute Berliner Milieu zum Gegenstand eines neuen Romans machte, läßt sich ebensowenig eruieren wie ein unmittelbarer Schreibanlaß; ein visionäres Erlebnis, wie es z. B. der Konzeption des *Wallenstein*-Romans vorausging,[4] scheint es jedenfalls bei *Berlin Alexanderplatz* nicht gegeben zu haben. So können im folgenden nur verschiedene Hypothesen über mögliche Inspirationsquellen und Motivationsschübe formuliert werden, die die Themenwahl beeinflußten. Stimulierend könnten

3 Gottfried Bermann Fischer, *Bedroht – Bewahrt. Der Weg eines Verlegers*, Frankfurt a. M.: Fischer, 1971. S. 45.

4 Als Initialzündung bezeichnete Döblin selbst ein Zeitungsinserat über ein Gustav-Adolf-Festspiel (vgl. SLW 30).

etwa die Ratschläge verschiedener Kritiker gewirkt haben, sich einmal mit den Menschen seiner Heimatstadt in epischer Form zu beschäftigen, statt in seinen Büchern in historisch ferne Zeiten oder in exotische Gefilde auszuschweifen. So fragte z. B. Guido K. Brand am Schluß seiner *Manas*-Rezension: »Wann aber schreibt Döblin das große menschennahe Epos unserer Zeit?«[5] Denkbar ist auch, daß ihm in dieser ›Inkubationsphase‹ die Uraufführung des dokumentarischen, vom Prinzip der Montage beherrschten Stummfilmes von Walter Ruttmann *Berlin – Die Sinfonie einer Großstadt* am 23. September 1927 einen (zusätzlichen) Anstoß gegeben hat, das Berlin-Thema mit epischen Mitteln in Angriff zu nehmen. Aufgrund seines regen Interesses am Medium Film ist davon auszugehen, daß Döblin von diesem ästhetisch außerordentlich kühnen Filmexperiment wenn nicht durch eigene Anschauung, so doch aus Zeitungsberichten erfahren hat.[6]

Da präzise Entstehungsdaten bislang fehlen, kann auch im Falle des Photobandes *Berlin* von Mario von Bucovich, der 1928 mit einem »Geleitwort« von Döblin erschien (s. S. 95 ff.), nur die vage Vermutung ausgesprochen werden, daß der Autor bereits im Jahre 1927 in dieses Projekt einbezogen war. Verblüffend sind jedenfalls einige motivische und atmosphärische Übereinstimmungen zwischen einzel-

5 Zit. nach: Schuster/Bode (1973), S. 178. – Daß Döblin diese Erwartungshaltung des Publikums sehr wohl kannte, bezeugt eine selbstironische Passage aus dem dritten Entwurf des Prologs: »[. . .] das ist endlich mal von dem Autor ein gutes soziales Buch. Das tut uns bitter not, [. . .] und der Autor hat endlich einmal seine Pflicht erfüllt und sich von seinen überspannten Ideen losgemacht, die ja letzten Endes faules bourgeoises Zeug sind« (BA 819 f.).

6 Schriftliche Zeugnisse über die Rezeption des Filmes fehlen freilich, wie mir der Hauptherausgeber der Döblin-Werkausgabe, Anthony W. Riley, versicherte. Ihm sage ich an dieser Stelle meinen herzlichen Dank für seine stetige Hilfsbereitschaft. – Zur breiten Rezeption von Ruttmanns Film in den Berliner Feuilletons vgl. Jeanpaul Goergen (Hrsg.), *Walter Ruttmann. Eine Dokumentation*, Berlin: Freunde der Deutschen Kinemathek e. V., [1987], S. 26–31 und 114–121.

nen Photos und Szenen bzw. Lokalitäten aus *Berlin Alexanderplatz*.[7] So wird etwa in Bucovichs Bildband ebenso wie in Ruttmanns neusachlichem Film der Berliner Schlachthof dargestellt, wenngleich nicht in der Breite und Tiefe wie später in Döblins Roman. Des weiteren finden sich bei Bucovich Aufnahmen mit den Titeln »Jüdenhof«, »Dächer« und »Alexanderplatz, Warenhaus Tietz« (s. Abb. S. 9 und 31). Gewiß lassen sich diese Parallelen auch als künstlerische Koinzidenzen erklären, als gleichzeitige Ausformungen eines virulenten Themas, doch könnten Film und Photoband durchaus visuelle Anregungen vermittelt und – wie wenig später das Erscheinen der deutschen Übersetzung von James Joyce' Roman *Ulysses* (Oktober 1927) – gleichsam Wasser auf Döblins Mühlen geleitet haben.[8]

Ungeachtet der Frage, welches künstlerische oder biographische Erlebnis nun letztendlich den Anstoß zum neuen Romanprojekt gegeben hat, läßt sich feststellen, daß zum einen das geistige Klima der Zeit für das Großstadt-Thema außerordentlich günstig war und zum andern die innere Logik der Werkchronologie Döblin die Entscheidung nahelegte. So betrachtet, erscheint es gleichgültig, ob die »Initialzündung« nun tatsächlich, wie Klaus Müller-Salget in seinem Aufsatz *Zur Entstehung von »Berlin Alexanderplatz«* (1975, S. 121) mutmaßt, von »jener Szene« ausging, die Döblin in dem oben bereits in Gänze zitierten Essay *Östlich um den Alexanderplatz* (ED 29. 9. 1923) vier Jahre zuvor geschildert hatte (KS II 299): »Da agiert auf dem Hof mit drolliger Theatralik ein schäbiger jüngerer Mann herum und singt – singt, ja was? Heil dir im Siegerkranz. Mit allen Strophen; ich höre es zum ersten Male seit 1918 und glaube

7 Vgl. dazu den Beitrag von Eva Banchelli, »Alfred Döblin und die Photographie«, in: IADK Leiden (1995), S. 131–142, hier S. 136 f.

8 Die Frage der Abhängigkeit Döblins von Joyce ist bereits von zeitgenössischen Kritikern gestellt und später von der Forschung wieder aufgegriffen worden. Vgl. dazu Döblins im Frühjahr 1928 erschienene Joyce-Rezension (AzL 287–290), seine Selbstaussagen zum Einfluß des irischen Autors (SLW 217) und den entsprechenden Abschnitt in Kap. III.

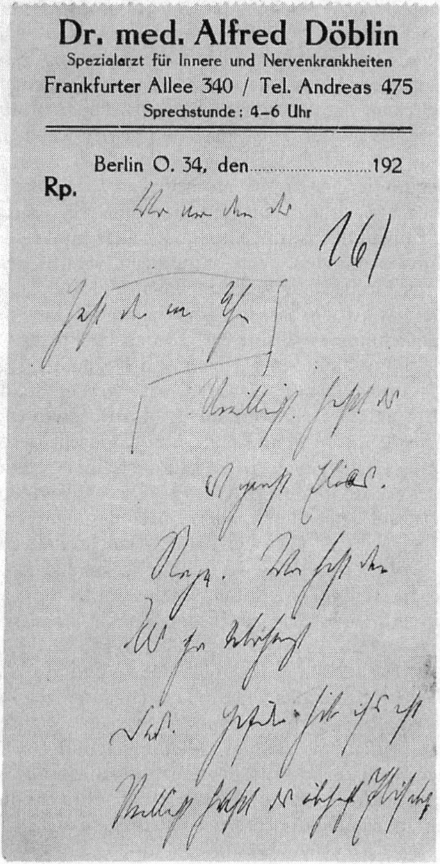

Dr. med. Alfred Döblin
Spezialarzt für Innere und Nervenkrankheiten
Frankfurter Allee 340 / Tel. Andreas 475
Sprechstunde: 4–6 Uhr

Berlin O. 34, den 192

Rp.

Rezeptformular Döblins mit Notizen zum Roman

es nicht. Die Leute kichern, einige sind betreten; der brüllt weiter.«

Die zweifellos frappierende Übereinstimmung mit einer Szene aus dem Anfangsteil des Romans läßt jedenfalls darauf schließen, daß sich dieses Erlebnis dem Autor so tief einprägte, daß er es Jahre später auf seinen Protagonisten übertrug.

Der Beginn der ersten Niederschrift von *Berlin Alexanderplatz* ist zwar zeitlich nicht genau festzumachen, da sich weder im Romanmanuskript noch andernorts konkrete Datierungshinweise finden, doch ist aufgrund verschiedener Indizien der Herbst 1927 wahrscheinlich.[9] Für die These vom Oktober als Arbeitsbeginn spricht u. a. die Tatsache, daß Döblin Zeitungsausschnitte verschiedenster Provenienz aus dem Zeitraum zwischen Oktober und Dezember 1927 aufbewahrt und teilweise verwertet hat. Werner Stauffacher, der aufgrund seiner Arbeit an der kritischen Neuedition (1996) als der wohl beste Kenner des Handschriftenkonvolutes und der Textgenese gelten kann, faßt im Nachwort seinen Befund zusammen (BA 844): »Die meisten aktuellen Hinweise auf den ersten hundert Seiten des heutigen Textes lassen sich [. . .] auf Oktober 1927 bis Januar 1928 datieren, so wie Döblin ja auch die Handlung der beiden ersten Bücher in die Zeit vor Weihnachten fallen läßt.«

Zu erinnern ist hier an die in den Roman eingearbeiteten Zeitungsartikel vom November 1927, so z. B. die Ankündigung der Messehändler (BA 60 f. / 48 f.) und die »fatalistische Rede des Reichskanzlers Marx« (BA 66 / 54). Bezeichnend für Döblins Arbeitstechnik ist es, daß er während der Niederschrift auf tagesaktuelle Meldungen und druckfrische Publikationen zurückgriff, um dem Roman ein höchstmögliches Maß an Zeitnähe und Authentizität zu verleihen. Sogar persönliche Dokumente aus der Entstehungszeit fanden

9 Vgl. dazu die Ausführungen Werner Stauffachers im Nachwort zur kritischen BA-Ausgabe, insbesondere S. 842 f.

Eingang in das Werk, etwa der an Döblin gerichtete Brief einer Patientin vom 5. Januar 1928, den er in leicht abgewandelter (Tagebuch-)Form integrierte (BA 307–309 / 275 f.). In der Regel war der zeitliche Abstand zwischen dem gesammelten Material und der montierenden Verwertung im Manuskript relativ gering. Allerdings fanden auch, wie Stauffacher feststellt, »nachträgliche Textverschiebungen, Umdatierungen und ähnliche Vorgänge« (BA 846) statt, die eine Reihe von Inkonsequenzen vor allem in der Zeitstruktur zur Folge hatten.[10]

Die Öffentlichkeit erfuhr von der Entstehung des neuen Romans erstmals durch Döblins autobiographischen Essay *Zwei Seelen in meiner Brust*, publiziert am 8. April 1928. Im Abschnitt »Der Dichter Döblin über den Nervenarzt Döblin« heißt es (SLW 105): »Ich bin eben beschäftigt mit einem Berliner Roman, ich meine, einer epischen Arbeit in normaler Sprache, die sich mit dem Osten Berlins, der Gegend um den Alexanderplatz und das Rosenthaler Tor herum beschäftigt. Da war mir Ihre Bitte, mich über den Nervenarzt meines Namens zu äußern, ein interessanter Wink. Vielleicht kann ich da noch etwas Material holen, dachte ich mir, nicht bloß bei der Heilsarmee, auf dem Viehhof, aus Kriminalakten.«

Im Sommer begann Döblin mit der systematischen Überarbeitung der Manuskriptfassung, die »Ende Juli [. . .] so weit gediehen« war, daß »Döblin es wagte, gewisse Textpartien der Öffentlichkeit vorzustellen« (Stauffacher, BA 846). Im August 1928 erschienen aus Anlaß seines 50. Geburtstages zwei Vorabdrucke, die der späteren Buchfassung schon relativ nahe kommen. Die im August-Heft der *Neuen Rundschau* abgedruckte »Erzählung« trägt bereits den Romantitel *Berlin Alexanderplatz* und bietet Passagen aus dem ersten Kapitel des ersten Buches und aus der zweiten Hälfte

10 Vgl. dazu die entsprechenden Hinweise in Kap. I und den Beitrag von Drago Grah (1978) über das Zeitgerüst des Romans.

des zweiten Buches. Der unter dem Titel *Schlacht- und Viehhof* in der *Literarischen Welt* vom 10. August 1928 erschienene Text stellt eine Vorfassung des späteren Schlachthauskapitels aus dem vierten Buch dar. Kurz nach Veröffentlichung dieser Vorabdrucke gab Döblin einen – etwa auf den September 1928 datierbaren – Bericht über seine »Zukunftspläne« (SLW 180): »Mich beschäftigt das soziale Problem der Menschen, die, aus irgendeinem Grunde aus der eigenen inneren Sphäre herausgerissen, sich nicht ohne weiteres einer anderen Klasse anschließen können, das Problem der Menschen, die ›zwischen den Klassen‹ stehen. Mein neuer Roman betitelt sich: *Berlin Alexanderplatz* und handelt von einem Mann, der, aus dem Zuchthaus kommend, ein neues Leben versucht und schließlich, hin- und hergeworfen, erkennt, daß es nicht darauf ankommt, ein sogenannter anständiger Mensch zu sein, sondern darauf, den richtigen Nebenmenschen zu finden. Diese Erkenntnis hilft ihm, sich selbst wiederzufinden. Im Anschluß an die neue Umgebung findet er auch seine Sicherheit im Leben wieder.«

Wahrscheinlich im September 1928[11] fand dann eine erste öffentliche Lesung aus dem neuen Buch statt. Sie kam durch Vermittlung von Gottfried Bermann Fischer zustande und führte zur Aussöhnung zwischen Samuel Fischer und Döblin: »Ich [G. Bermann Fischer] hatte damals Teile aus seinem neuen Roman *Berlin Alexanderplatz* im Manuskript gelesen und war so beeindruckt, daß ich alles daran setzte, eine Trennung [Döblins vom Fischer-Verlag] zu verhindern und Frieden zu stiften. Aber mein Schwiegervater war bereits zu sehr in seinen Zorn verrannt; Zureden half nichts mehr. Ich mußte zu einer List greifen und veranlaßte Frau Fischer, Döblin zu einer Vorlesung im Haus im Grunewald einzuladen. Als Fischer im letzten Augenblick mit dieser

11 Nach Erich Kleinschmidt »ist die genaue Datierung allerdings unklar«; während Jochen Meyer in seiner Chronik bereits den März 1928 angibt, findet sich bei Louis Huguet das September-Datum (SLW 606).

Tatsache konfrontiert wurde, konnte er aus Höflichkeit die Einladung nicht mehr rückgängig machen. – Der Abend wurde ein voller Erfolg. Von dem Eindruck dieser Vorlesung, der großen Konzeption des Buches, seiner neuartigen Diktion und Kraft, schwand Fischers Groll, und der Friede wurde wieder hergestellt.«[12]

Nicht nur die zahlreichen Geburtstagsartikel, in denen Döblin viel Lob und Anerkennung gezollt worden war, bedeuteten in dieser Arbeitsphase Genugtuung und Ansporn, sondern gerade auch die überaus positive Resonanz auf diese Lesung dürfte ihn motiviert haben, die Niederschrift des Romans zügig voranzutreiben. Wie Stauffacher darlegt, erstreckten sich »die entwerfenden und korrigierenden Arbeiten am Manuskript [. . .], wie ein vom Autor selber auf den Dezember datiertes Manuskriptstück zeigt, bis weit in den Winter 1928/29 hinein« (BA 847). Dieser später verworfene Text ist auch insofern interessant, als Döblin sich darin selbstironisch auf sich und sein Publikum bezieht (BA 830 f.): »Wie man sieht, ist das Kaufhaus Rudolf Karstadt jetzt im Rohbau bereits soweit fertig, daß die Eröffnung voraussichtlich im April 1929 stattfinden kann, also noch bevor dieses Buch erscheint. Wie ja überhaupt viele Angaben dieses Berichts und dieses Buches schon bei seinem Erscheinen veraltet sind, aber dagegen kann man nichts machen. Um das zu vermeiden, müßte man seine Stoffe immer in das Jahr 3000 verlegen, da kommt man so bald nicht ran, das erlebt keiner von uns und solch Buch müßte eigentlich sehr lange neu sein. Ich habe das einmal gemacht[.][13] Das Resultat war niederschmetternd. Da gehen die Leute nun wiederum auch nicht ran. Das liegt ihnen wiederum zu weit. Die richtige Mittelstraße im Umgang mit dem Publikum zu finden ist offenbar sehr schwer. [. . .] Auf diese Dinge wollte ich vorbeugend hinweisen, und ich nehme an,

12 Gottfried Bermann Fischer, *Bedroht – Bewahrt* (s. Anm. 3), S. 45.

13 Gemeint ist hier der Roman *Berge Meere und Giganten* (1924), der in der zweiten Hälfte des dritten Jahrtausends spielt.

sie sind auch noch nach Erscheinen dieses Buches im Herbst 1929 und nach Fertigstellung des jetzt (Dez. 28) errichteten Rohbaus aktuell. Ob wohl Franz Biberkopf einmal das Kaufhaus Karstadt besuchen wird? Ich bin überzeugt davon[.] Aber es hat noch gute Weile damit [...].«

Von der handschriftlichen Fassung ließ Döblin ein Typoskript anfertigen, das er nochmals stark überarbeitete.[14] Der Korrekturvorgang dauerte bis in den Spätsommer 1929 und reichte bis in die Phase der Drucklegung hinein. Am 11. September 1929 verfaßte er den Waschzettel zu *Berlin Alexanderplatz*, wie Oskar Loerke, der Cheflektor des Fischer-Verlages, in seinem Tagebuch vermerkte.[15]

Bereits am 8. September hatte der Vorabdruck des Romans in der *Frankfurter Zeitung* begonnen, die bis zum 11. Oktober täglich (außer sonntags) eine Fortsetzung in 29 Folgen brachte. Der Abdruck in einer Berliner Zeitung war zuvor gescheitert. Döblin bemerkte dazu in seinem Nachwort für die DDR-Ausgabe des Romans (1955), daß sein Manuskript »von den beiden liberalen Hauptzeitungen Berlins für den Vorabdruck abgelehnt« worden sei (SLW 464). Er hatte sein Werk zunächst der Chefredaktion der *Vossischen Zeitung* angeboten, doch der Leiter des Feuilletons, Monty Jacobs, legte Widerspruch ein. Döblin äußerte sich dazu in einem Brief an Max Krell vom 30. Juni 1929: »Der Roman erscheint ja nun bald (ich denke August) in der gekürzten Fassung in der ›Frankfurter Ztg‹. Die Sache bei der Voß[ischen] war nach dem Einspruch Jakobs [sic] aussichtslos, – und zweifellos konnte Jakobs mit dem ganzen Opus nichts Rechtes anfangen, das Buch überzeugte ihn nicht und dagegen kann man natürlich nichts sagen. (Kann übrigens sein, daß es an der radikalen Kürzung liegt, oder auch liegt). Ich selbst bin ja inzwischen wieder so weit von dem Buch entfernt und in neuen Sachen, daß ich garkeine Stellung zu dem

14 Diese unmittelbare Druckvorlage ist allerdings nicht erhalten geblieben.
15 Diesen Hinweis gibt Klaus Müller-Salget in seinem Aufsatz »Zur Entstehung von Döblins *Berlin Alexanderplatz*« (1975); vgl. S. 121 und 248.

Schutzumschlag der Erstausgabe, 1929

Buch einnehmen kann; es ist eben ein von mir mal geschriebenes Buch, jetzt gehts weiter und darum Schluß –.«[16]
Über Verhandlungen mit einer anderen Berliner Zeitung gibt es dagegen keine Zeugnisse; vermutlich waren noch mit dem *Berliner Börsen-Courier* oder mit dem *Berliner Tageblatt* über den Vorabdruck Gespräche geführt worden.
Die Vorveröffentlichung des Romans in der *Frankfurter Zeitung* umfaßte »insgesamt etwa zwei Fünftel des Textes, in einer von der Buchfassung noch in vielen Einzelheiten abweichenden Fassung und in einer Auswahl, die sichtlich auf die Gewohnheiten der Zeitungsleser Rücksicht nahm« (Stauffacher, BA 850). Die Konzentration auf die Biberkopf-Handlung und die Aussparung der Montage-Partien verhinderten nicht, daß sich einige Leser empört an die Redaktion wandten, die jedoch den Roman gegen alle Anwürfe in Schutz nahm.[17]
Die ersten fünf Folgen des Vorabdrucks wurden in einer Sonderbroschüre zusammengefaßt, »um die Leser der Zeitung zum Kauf der Fortsetzung anzuregen« (Stauffacher, in: BA 469; s. Abb. S. 139). Anfang Oktober wurde das Buch dann in einer Auflage von 10 000 Stück ausgeliefert. Es erschien unter dem Doppeltitel *Berlin Alexanderplatz. Die Geschichte vom Franz Biberkopf*. Der Untertitel ging nach Döblins Selbstaussage auf den Wunsch des Verlegers Samuel Fischer zurück.[18] Einband und Schutzumschlag beruhten auf Entwürfen des Künstlers Georg Salter (1897–1963), der eine Bild-Text-Montage herstellte und in neusachlicher Manier die Quintessenz des Romans graphisch darbot (s. Abb. S. 113).
Unklar bleibt, ob Döblin tatsächlich ernsthaft an eine Fortsetzung des Romans gedacht hat oder ob er nicht vielmehr – wie Stauffacher annimmt – aufgrund der Diskussion über

16 Zit. nach: Marbacher Katalog (1978). S. 238.
17 Zu dieser Leserbrief-Kontroverse in der *Frankfurter Zeitung* vgl. Kap. III,1.
18 Vgl. das Zitat aus dem *Epilog* in Kap. II,1 (SLW 312); s. S. 95.

den Romanschluß »zu seiner Entlastung einen zweiten Band in Aussicht stellte« (BA 851). Bezeugt ist u. a. ein kritisches Gespräch über den Roman mit Bertolt Brecht und Fritz Sternberg, bei dem Döblin von diesem Plan gesprochen haben soll: »Wir beide, Brecht und ich, hatten den Roman [BA] mehrfach gelesen. Vieles gefiel uns daran; aber wir waren in *einem* Punkt nicht einverstanden. In Döblins Buch nahm das Lumpenproletariat den entscheidenden Platz ein, Huren und ihre Zuhälter. Wir bestritten nicht, daß diese Schichten eine Rolle spielten, die ihnen Döblin gab. Nicht am Alexanderplatz und nicht in Berlin. Döblin hatte die Arbeiter *vergessen*, und das schien uns deshalb so wesentlich, weil der deutsche Roman und vor allem auch Thomas Mann *immer* die industriellen Arbeiter *vergessen* hatten. Döblin machte eine Reihe von Einwendungen – dann wurde er still und nachdenklicher. Ich hatte zunächst den Angriff gegen ihn geführt; um so mehr mußte es daher Döblin treffen, als Brecht auf eine direkte Frage kurz und eindeutig sagte: ›Ich glaube, daß Sternberg recht hat.‹ An diesem Abend meinte Döblin, er werde einen weiteren Band über den Alexanderplatz schreiben, in dessen Mittelpunkt dann die Arbeiter stünden. Leider hat er es nicht getan.«[19]

Ferner ist ein Brief an den Germanisten Julius Petersen vom 18. September 1931 überliefert, in dem Döblin den Schluß von *Berlin Alexanderplatz* als Notlösung darstellt (Br 165 f.): »Ein schärferes Urteil über den befremdenden und scheinbar angeklebten Schluß des *Berl*[*in*] *Alex*[*anderplatz*] gewinnt der Verfasser vielleicht noch aus folgender Bemerkung: 1. ist dies Buch als erstes gedacht zu einem zweibändigen. Das zweite sollte (oder soll?) den aktiven Mann, wenn auch nicht dieselbe Person, geben; der Schluß ist sozusagen eine Überbrückung, – aber das andere Ufer fehlt.

19 Fritz Sternberg, *Der Dichter und die Ratio. Erinnerungen an Bertolt Brecht*, Göttingen: Sachse & Pohl, 1963. S. 17.

Dann ist der grundlegende geistige ›Naturalismus‹ bei mir in eine besondere Concretationsphase getreten, – es tritt ein mehr passiv-receptives Element mit tragischer Färbung gegen ein aktives Element, das mehr optimistisch ist, – das ›Ich in der Natur‹ gegen das ›Ich über der Natur‹. In *Berl*[*in*] *Alex*[*anderplatz*] wollte ich durchaus den Fr[anz] Biberkopf zur zweiten Phase bringen, – es gelang mir nicht. Gegen meinen Willen, einfach aus der Logik der Handlung und des Plans endete das Buch so; es war rettungslos, mir schwammen meine Felle davon. Der Schluß müßte – eigentlich im Himmel spielen, schon wieder eine Seele gerettet, na, das war nicht möglich, aber ich ließ es mir nicht nehmen, zum Schluß Fanfaren zu blasen, es mochte psychologisch stimmen oder nicht. Bisher sehe ich: der Dualismus ist nicht aufzuheben. – Ich empfehle [...] mein vorletztes Buch *Manas*, dies Versepos, zu lesen; der Biberkopf ist da vorgebildet, – und die Kluft ist auf indisch-mystische Weise, eine Wiedergeburt, überbrückt.«

Zu einer Ausführung dieses zweiten Bandes ist es bekanntlich nicht gekommen.[20] Die Kritik am Romanschluß bildete bereits in der zeitgenössischen Rezeption[21] eine Konstante ebenso wie der Hinweis auf die angebliche Beeinflussung durch Joyce. Döblin nahm anläßlich einer Einladung des »Lesezirkels« in Zürich im Februar 1932 die Gelegenheit wahr, »zu den kritischen Äußerungen« in der Presse Stellung zu nehmen.[22] Nachdem er den Zuhörern erläutert

20 Vgl. Döblins – etwa auf Anfang bis Mitte 1930 zu datierende – Gesprächsäußerung: »Eine direkte Fortsetzung von *Berlin Alexanderplatz* plane ich nicht, aber eine indirekte. Thema ist wahrscheinlich das Berlin der Fabriken, aber Sicheres kann ich da noch nicht sagen« (SLW 193).

21 Dazu ausführlich in Kap. III.

22 In der ersten Jahreshälfte 1930 hatte Döblin in einem Gespräch (dessen Druck allerdings bislang nicht nachweisbar ist) gesagt: »Ich vermag selbst nicht zu analysieren, ob und welche Einflüsse von Joyce bei meinem letzten Buch nachweisbar sind. Ich weiß aber, daß mit wesentlichen Bestandteilen meiner Arbeit Joyce nichts zu tun hat, es kann sich nur um periphere Ähnlichkeiten handeln und es muß als bekannt gelten, daß geistige Strö-

hatte, wie er »zum Stoff und zum Grundmotiv des Buches« gekommen war, versuchte er, den philosophischen Hintergrund und die ästhetische Konzeption des Romans darzulegen:

»Ich habe weiter eine philosophische, ja metaphysische Linie zu berühren. Jedem meiner größeren epischen Werke geht eine geistige Fundamentierung voraus. Das epische Werk ist in einer künstlerischen Form, möchte ich sagen, die Weiterführung und Konkretisierung, auch die Erprobung der bei der geistigen Vorarbeit erreichten Gedankenposition. So daß in der Regel am Schluß solchen epischen Werkes meine Gedankenposition bereits wieder überwunden und erschüttert ist. Es beginnt mit einer Sicherheit und endet mit einer neuen Frage. Hier nun, als grundbetont und Fundament des Buches *Alexanderplatz*, lautet meine Position so, und ich habe sie in der vorangegangenen naturphilosophischen Schrift *Das Ich über der Natur* dargelegt: Diese Welt ist eine Welt zweier Götter. Es ist eine Welt des Aufbaus und des Zerfalls zugleich. In der Zeitlichkeit erfolgt diese Auseinandersetzung, und wir sind daran beteiligt. Jetzt erfolgt der Anschluß dieser philosophischen Gedankenreihe an die frühere von der Kriminalität. Die Gesellschaft ist von Kriminalität unterwühlt, so sagte ich.[23] Was heißt das? Es ist Ordnung und Auflösung da. Aber es ist nicht wahr, daß die Ordnung, ja auch nur die Form und die Existenz real wäre ohne die Auflösungsneigung und die faktische Zerstörung. Da geht denn also in dem Buch *Berlin Alexanderplatz* Franz Biberkopf aus dem Gefängnis. Er ist

mungen vielfach zu gleicher Zeit an verschiedenen Stellen auftauchen. Das Eindringen des Unterbewußten und Durchschlagen des Unterbewußten und seine führende Rolle wird einem Kenner meiner Arbeiten beim *Alexanderplatz* nichts Neues sein. Die Irrtümer dieser Art stammen nur von einer Unkenntnis meiner früheren, als zu schwer verschrie[e]nen Werke« (SLW 191). Vgl. auch Döblins Äußerungen zu Joyce in: *Gespräche über Gespräche* (entstanden nach Januar 1931), SLW 203 f.

23 Dazu s. Zitat in Kap. II,1, S. 90 f.

von Natur gut, was man so nennt, und obendrein ist er ein gebranntes Kind und fürchtet das Feuer. Und wie er in die Welt geht, siehe da, er will anständig sein, er will die Gesetze dieser Welt, wie er sie sich denkt, ehrlich und treu ausführen, – und – es – geht nicht! Es geht nicht. Schlag um Schlag fällt auf ihn nieder und erledigt den Mann; ich könnte auch sagen, erledigt diese Gedankenposition.
Vom Stil des Buches und den kritischen Auseinandersetzungen nur ein paar Bemerkungen. Immer wieder, besonders jetzt nach Erscheinen der englischen und amerikanischen Übersetzung, weist man auf Joyce hin. Aber ich habe Joyce nicht gekannt, als ich das erste Viertel des Buches schrieb.[24] Später hat mich ja sein Werk, wie ich auch öfter gesagt und geschrieben habe, entzückt, und es war ein guter Wind in meinen Segeln. Dieselbe Zeit kann unabhängig voneinander Ähnliches, ja Gleiches an verschiedenen Stellen erzeugen. Das ist nicht weiter schwer verständlich. Die Kritik hat das Buch teils sehr erhoben, teils halb erhoben und etwas beschimpft, teils nicht erhoben und wütend beschimpft. Sie haben alle Recht. Besonders die, die das Buch beschimpft haben und noch weiter beschimpfen, bitte ich, mich in ihr Herz zu schließen, denn ich verdiene es (sowohl das Beschimpftwerden, wie das Insherzschließen). Näheres mündlich!«

SLW 216 f. –

Döblin konnte sich seines großen Erfolges, der der erste und einzige in seinem Leben bleiben sollte, nur wenige Jahre erfreuen. Die am 28. Februar 1933, am Tag nach dem Reichstagsbrand angetretene Flucht aus Deutschland bedeutete nicht nur das abrupte Ende der außerordentlich

24 Die deutsche Übersetzung des *Ulysses* war im Oktober 1927 erschienen. Döblin las das Buch im Winter und schrieb darüber vermutlich im Februar 1928 eine Rezension, die im März/April-Heft der Zeitschrift *Das deutsche Buch* erschien.

Die Frankfurter Allee im Osten Berlins, 1928

fruchtbaren Berliner Schaffensperiode, sondern auch das Ende einer gesicherten Existenz in vertrauter Umgebung. Obwohl Döblin im November 1945 als einer der ersten exilierten Schriftsteller nach Deutschland heimkehrte, zögerte er den ersten Berlin-Besuch lange hinaus. Über diese Reise in seine alte Heimatstadt vom 5. bis zum 12. Juli 1947 schrieb Döblin die beiden Skizzen *Berlin Alexanderplatz – heute* (ED 31. 8. 1947) und *Wiedersehen mit Berlin* (ED 2. 10. 1947), die in überarbeiteter Form in das autobiographische Buch *Schicksalsreise* (1949) eingingen. Dem Wiedersehen mit dem Alexanderplatz widmete Döblin darin ein eigenes Kapitel, das viele Reminiszenzen an Lokalitäten des Romans enthält:

»Die U-Bahn brachte uns am Nachmittag zum Alexanderplatz.
[...] Diesen Platz, ich kenne ihn noch. Ich kannte ihn schon, als sich noch nicht einmal der mächtige Tietz-Palast hier erhob, derselbe Palast, den man jetzt samt seiner Kuppel niedergeboxt hat. [...] Ich kenne den Platz noch aus der Zeit, wo es hier sehr ruhig herging und sich in seiner Mitte ein kleiner Hügel erhob, den ein freundlicher grüner Rasen bedeckte [...].
[...] Die Zeit rückt vor, Warenhäuser, umstritten und lächerlich gemacht, im Beginn wirklich nur Ramschmagazine, betraten die Bildfläche. Hier auf diesem Platz stand auf der Nordseite eine große Schneider-Akademie, sie wurde abgerissen und das erste Warenhaus, Tietz, nahm ihren Platz ein. Es erschien auch hier das mächtige Bronzemonument der Berolina, welche groß einen Arm ausstreckte, vielleicht einzuladen oder zu grüßen. Sie wurde vor das Warenhaus gestellt und beherrschte den Platz.
Wie von gewissen alten Kirchen in manchen Städten strahlten von diesem Platz kleine finstere und zweifelhafte Straßen aus. Das Scheunenviertel in der Nähe hieß mit Recht Scheunenviertel, ich erinnere mich noch der Holzbuden; damals gab es hier noch keine pompöse ›Volksbühne‹. Und an dem Platz, nach Süden, stand ja auch der gewaltige finstere Kasten, das rote Polizeipräsidium.
Als ich mich später in der Frankfurter Allee als Arzt niederließ, machte ich meine täglichen Spaziergänge zu Fuß bis hierher und manchmal noch ein bißchen weiter, bis in die Königstraße hinein in die Nähe des Rathauses. Da landete ich gegen zwölf bis ein Uhr oft in dem Café Gumpert [...].
Öfters hatte ich auch mein Manuskript mit, hörte bald zu, was man sich erzählte und bald schrieb ich. Der wirre Lärm war mir beim Schreiben angenehm.

[. . .] Ich komme aus der Königsstraße, die stumm und menschenleer liegt. Das ehemalige Warenhaus Wertheim, sehr zerstört, ist geschlossen. Ich stehe unter dem Stadtbahnbogen. Da ist noch das Lokal ›Zum Prälaten‹, da mache ich [h]alt und betrachte die Menschen [. . .].
[. . .] Vor dem Warenhaus Tietz, dessen Kuppel und Globus tief liegt, stehen Tische, und Straßenhändler verkaufen das billige Zeug, das man jetzt in allen deutschen Städten feilbietet.
Ich blicke in die großen Straßen, die vom Platz ausgehen. Ich wandere die Münzstraße hinunter, hier gab es früher viele Lokale, auch zweifelhafte. Auch viel kriminelle Dinge sind hier passiert; es war ein ungeheuerliches Menschengewühl. Die Lokale entdecke ich nicht mehr. [. . .]
Hier wie in der Friedrichstraße, am Lützowplatz, am Stettiner Bahnhof, alles zerbrochen und niedergetreten. [. . .]
Aber von diesem Platz und seinen Menschen ist die Vernichtung nicht ausgegangen. Hier pulsierte friedliches Leben, so wie menschliches Leben ist, mit Schwächen und Lastern und Verderbnis. Das ist hingesunken und zum Opfer geworden, die Wohnhäuser, die Warenhäuser, die Läden, die Cafés, die Gaststätten, die kleinen versteckten Hotels, Aschinger, und mit ihnen alle Gegenstände, die das tägliche Leben erfreuen. Darin steckte nichts Übertriebenes und Gewaltsames.
[. . .] 1947 war ich zögernd nach Berlin gefahren. Ich scheute mich, ich ängstigte mich beinahe hinzufahren. Warum alles aufreißen. Ich wußte ja, da drüben lebten nicht die, die ich verließ, und es war nicht die Stadt, die ich verließ.
Und nun 1948 zum zweitenmal nach Berlin zu einer Diskussion und einer Vorlesung.
[. . .] Obwohl ich schon anderswo gesprochen hatte und obwohl auch einiges von mir aus der letzten Zeit gedruckt war, kam mir vor, sie wußten wenig von mir und kannten mich nicht. Ich hatte irgend einen Namen, der sich an das Wort *Berlin Alexanderplatz* knüpfte. Das war aber kaum

mehr als ein Wort, denn das Buch selbst war längst verschwunden, und wo ich jetzt stand und was hinter mir lag, wußten sie nicht. Statt meiner hatte man schon früher ein Phantom, das eine oberflächliche Kritik verfertigt hatte. Wie viele große Bücher hatte ich übereinandergetürmt und hatte mich auch im Tageskampf bewegt in dieser Stadt, gegen die Rückständigkeit, den unausrottbaren militärischen Geist, gegen die anrollende nazistische Welle, gegen das verräterische Bonzentum.
[. . .] Sie hatten mich auf eine Formel gebracht: Schriftsteller des Milieus, der Unterwelt, der Berliner Unterwelt, so daß, als ich in Berlin sprach, mich wieder diese Formel empfing.«

Sch 343–345, 347–349. –

Anläßlich seines ersten Berlin-Besuches gab Döblin der Berliner Zeitung *Telegraf* ein Interview (ED 15. 7. 1947), in dem er u. a. zum autobiographischen Hintergrund seines Romans *Berlin Alexanderplatz* befragt wurde (SLW 666 f.): »Unter dem Begriff Alexanderplatz verstehe ich nicht den Platz allein. Das ist für mich eine größere Perspektive. Das geht von Lichtenberg bis zur Münzstraße. [. . .] Heute nun, nach der großen unfreiwilligen Reise nach Paris, Lissabon, New York, Los Angeles, Hollywood, Baden-Baden stehe ich auf den Trümmern dieser Stadt, die nicht mehr ist und doch noch da ist. Ein erschütterndes Gefühl überkommt mich [. . .]. Hier, das müssen Sie wissen, habe ich mich Jahre, Monate und Wochen aufgehalten. Das atmete, pulsierte, lebte, liebte und litt. Das war das Leben. Das war mein Leben bis zum 55. Lebensjahre. Hier kannte ich Haus um Haus, saß bei Aschinger, in den Kaschemmen der Münzstraße, nicht als exotischer Beobachter oder als Literat, sondern als Berliner, als der Nervenarzt Dr. Döblin aus der Frankfurter Straße. Das war meine Gegend.«
Im gleichen Jahr brachte der Kasseler Harriet-Schleber-

Verlag den ersten Nachdruck des Romans auf den Markt – allerdings ohne den erhofften Erfolg. Für die zwei Jahre vor seinem Tod erschienene DDR-Lizenzausgabe verfaßte Döblin ein ausführliches Nachwort, datiert auf den 31. Juli 1955, das deutlich von der Perspektive des Konvertiten geprägt ist; in der Kette der Selbstäußerungen zu *Berlin Alexanderplatz* bildet es gleichsam das Schlußwort Döblins:

»Ich kam damals sozusagen frisch aus Indien, damals, um die Mitte der zwanziger Jahre. Ich kam aus Indien, d. h.: Ein indisches Thema hatte mich eine Zeitlang beschäftigt, das in dem epischen Werk *Manas* seinen Niederschlag fand.
Wie rätselhaft: Da hatte ich mein ganzes Leben im Berliner Osten zugebracht, hatte die Berliner Gemeindeschule besucht, war aktiver Sozialist, übte eine kassenärztliche Praxis aus – – und schrieb von China, vom Dreißigjährigen Krieg und Wallenstein und zuletzt gar von einem mythischen und mystischen Indien. Man setzte mir zu. Ich hatte nicht absichtlich Berlin den Rücken gekehrt, es kam nur so, es ließ sich so besser fabulieren. Nun denn, ich konnte auch anders. Man kann auch von Berlin schreiben, ohne Zola zu imitieren.
Und woran ich jetzt ging, nach dem indischen *Manas*, das war Manas auf berlinisch. Ich hatte keinen besonderen Stoff, aber das große Berlin umgab mich, und ich kannte den einzelnen Berliner, und so schrieb ich wie immer ohne Plan, ohne Richtlinien darauflos, ich konstruierte keine Fabel; die Linie war: das Schicksal, die Bewegung eines bisher gescheiterten armen Mannes.
Ich konnte mich auf die Sprache verlassen: die gesprochene Berliner Sprache; aus ihr konnte ich schöpfen, und die Schicksale, die ich gesehen und miterlebt hatte, und meines dazu garantierten mir sichere Fahrt.
Wenn im indischen *Manas* im Beginn der Held, der arme Held, sein Schicksal beklagt und sich ins Reich der Toten stürzt, zu einem neuen Leben, so sah ich jetzt einen Gele-

genheitsmörder, einen bestraften Totschläger, das Gefängnis verlassen und begleitete ihn auf seinem Weg in die Stadt zurück. Was hat man später als Vorbild oder Anregung konstruiert! Ich soll den irischen Joyce imitiert haben. Ich habe nicht nötig, irgend jemanden zu imitieren. Die lebende Sprache, die mich umgibt, ist mir genug, und meine Vergangenheit liefert mir alles erdenkliche Material. Der einfache Berliner Transportarbeiter Franz Biberkopf, er redete als Berliner, war ein Mensch und hatte die Art, die Tugenden und Laster eines Menschen. Da dachte er nun, eben aus der Zelle kommend, es ließe sich frisch, fröhlich, frei ein neues Leben beginnen.

Aber da hatte sich draußen nichts verändert, und er selber war der gleiche geblieben. Wie sollte da ein neues Resultat entstehen? Offenbar nur, indem einer von den beiden zerstört wurde, entweder Berlin oder Franz Biberkopf. Und da Berlin blieb, was es war, so fiel es dem Bestraften zu, sich zu verändern. Das innere Thema also lautet: Es heißt opfern, sich selbst zum Opfer bringen. Und früh sprießen in dem Buch auch für den, der lesen kann, die Opferthemen auf: Seinen einzigen Sohn soll der biblische Abraham dem höchsten Gott opfern, wir werden auf den Schlachthof der Stadt geführt und wohnen dem Tod von Tieren bei.

Franz Biberkopf wollte das ›Gute‹, aber war das mehr als ein Wort? Ich lasse ihn nun Spießruten laufen, es gibt ein Malheur nach dem anderen: Biberkopf auf der Jagd nach dem Guten, eine Jagd mit geschlossenen Augen, dabei hatte er ein rasendes Pferd unter sich, wann werden die beiden, Roß und Reiter, sich den Hals brechen? Sie scheinen sich am Schluß den Hals gebrochen zu haben. Aber als Franz im Irrenhaus gelandet ist, hat sich dennoch etwas in ihm gewendet. Das Opfer ist lautlos vollzogen. Er steht, wie es am Schluß heißt, als Fabrikportier da, lebend aber ramponiert, das Leben hat ihn mächtig angefaßt.«

SLW 463 f. –

3. Textgenetische Materialien (ausgewählte Varianten)

In den Nachlaßdokumenten findet sich eine zusammenhängende Niederschrift des Romans, die mitsamt der beigelegten und eingeklebten Materialien überliefert ist. Diese »Haupthandschrift« (Hs.), die nach Werner Stauffacher »ca. 1200 meist beidseitig beschriebene Blätter« umfaßt (BA 461), wurde 1969 durch den sog. »Zürcher Fund« ergänzt; in diesem Konvolut enthalten waren u. a. früheste Entwürfe, Teile des bisher vermißten Eingangskapitels vom zweiten Buch und Fragmente aus dem Kapitel »Abzug der bösen Hure [...]«. Dennoch bleiben »Textlücken«, die »vor allem die ersten drei Bücher betreffen« (ebd.). Wie bei den meisten anderen Romanen Döblins fehlt auch für *Berlin Alexanderplatz* die unmittelbare Druckvorlage, doch entspricht »die Anordnung des Textes in Hs. [...] mit wenigen Ausnahmen [...] derjenigen der Buchausgabe« (ebd.).
Die Textgenese hat man sich insgesamt als recht verwickelt vorzustellen. Zwar lassen sich im Handschriftenkonvolut frühe Skizzen zum Roman finden, doch stellen diese keine »Urfassung« dar. Stauffacher bemerkt dazu: »Eine eigentliche ›Urfassung‹ von *Berlin Alexanderplatz* ist angesichts von Döblins Arbeitsweise aus der erhaltenen Haupthandschrift nicht abzuleiten. Der Autor stellte kontinuierlich Teilabschriften der entworfenen Partien her, verbesserte und ergänzte, schied Verworfenes aus, ersetzte es durch neue Entwürfe, welche wiederum abgeschrieben, verbessert und ergänzt wurden. Dabei wurde das entstehende Manuskript ständig umorganisiert, so daß es heute im ganzen den jeweils erreichten letzten Textzustand vor der Abschrift repräsentiert. Was deutlich zutage tritt, ist die entstehungsmäßige Schichtung der einzelnen Textpartien. Sie erlaubt es in der Regel, Vermutungen darüber anzustellen, welche Teile innerhalb eines bestimmten Werkabschnitts ihre endgültige Fassung verhältnismäßig rasch gefunden haben und welche stark umgearbeitet wurden oder sich später herausbilde-

ten. Über bedeutende Akzentverschiebungen im Laufe der Arbeit ist aus den erhaltenen handschriftlichen Dokumenten nichts Sicheres zu erfahren. Es scheint dabei eher so zu sein, daß der Autor die zentrale Biberkopf-Handlung im Verlaufe der Entstehung nachträglich durch mehr oder weniger frei schwebende ›Montage-Elemente‹ erweiterte und daß dieser Antrieb allmählich nachließ, als daß er sich von einem bestimmten Punkt an stärker auf Biberkopf konzentriert hätte. [. . .] Die Stimmenvielfalt des Romans ergab sich erst allmählich: einzelne Bibelzitate usw. wie auch die Zwischenbemerkungen der richtenden Instanz fehlen in den vorhandenen Manuskripten bis zuletzt, so wie die Haupthandschrift auch noch keine Spur der Vorsprüche zu den einzelnen Büchern und der Zwischentitel enthält. Auch die Berlinerische Einfärbung wird erst allmählich verstärkt und überdies keineswegs konsequent durchgeführt« (BA 844 f.).

Da einige der frühesten Notizen mit dem Namen »Franz« beginnen, ist anzunehmen, daß der Roman von Anfang an als Biberkopf-Geschichte konzipiert war. Ursprünglich war der Roman jedoch, so vermutet Klaus Müller-Salget, »noch viel stärker als Kriminalgeschichte angelegt« (1975, S. 123). Zum »Zürcher Fund« gehörte u. a. das Formular einer Einlieferungsanzeige des Berliner Polizeipräsidenten. Auf das am Alexanderplatz gelegene Polizeipräsidium verweist explizit einer der frühesten Prolog-Entwürfe. Müller-Salget zieht daraus den Schluß, daß der Romantitel von Döblin »nicht wegen der gleichnamigen Bahnstation oder als Inbegriff des Berliner Ostens gewählt wurde, sondern offensichtlich deshalb, weil hier das Berliner Polizeipräsidium stand und diesem ›unheimlichen Haus‹ ursprünglich eine zentrale Rolle zugedacht war« (S. 124).

In der Hs. ist die spätere Einteilung in neun Bücher bereits deutlich erkennbar. Mit einer Ausnahme fehlen jedoch neben den Vorreden des Erzählers auch die Kapitelüberschriften. Die spätere Kapitelgliederung ist nur teilweise durch Absatzmarkierungen vollzogen. Der Prolog fehlt innerhalb dieser Textfassung völlig. Von ihm sind mehrere Versionen überliefert, die wegen der genannten Jahreszahlen mit großer Wahrscheinlichkeit später als die Haupthandschrift entstanden sind (wohl erst Ende 1928 bzw. 1929), wie überhaupt das auktoriale Außengerüst des Romans erst nachträglich eingearbeitet wurde. Die früheste Fassung des Vorspruchs zeigt in seiner Lückenhaftigkeit noch deutlich Entwurfscharakter; der Text lautet in der Transkription Stauffachers folgendermaßen:

»Hier wird von einem Mann berichtet werden, der weder zu den großen Helden noch den Volksführern gehört und der auch am Schluß

Hier werdet ihr, die dies liest [*sic*],
von einem Mann hören, der in der großen Stadt Berlin

Ich will Euch sagen, wie es ihm ergangen ist
Er gehört gewiß nicht zu den Helden oder Volksführern
Aber sogar unter den Bürgern spielt er eine schlechte Rolle Denn wenn Ihr ihn im Beginn trefft, seht Ihr ihn im Tor des Tegeler Gefängnisses stehen, da war er 4 Jahre im Knast, es war keine Spielerei weswegen er drin saß

Und was jetzt geschieht, das begreift am besten das Wort
das Unglück verfolgt ihn
Er wird betrogen von einem Freund, er kommt wider seinen Willen mit Verbrechern zusammen
er will sich entziehen,
und Franz Biberkopf verliert seinen Arm und ist
Und damit nicht genug, man nimmt ihm seine Braut
Aber zwischen allen Schlägen richtet er sich immer wieder
Ihr werdet sehen, wie von Schlag zu Schlag seine Kraft wächst, bald säuft er und bringt sich wieder hoch, bald
Erst wie er den letzten bekommen hat, setzt er aus: jetzt kann er nicht mehr

Er liegt auf dem Bauch
Alles was Unrecht auf der Welt ist, scheint sich gegen ihn verschworen zu haben
Das Leid und der Widerwille ist furchtbar, er will nicht mehr«

BA 817. –

Die folgende Fassung des Prologs bietet bereits einen zusammenhängenden Text:

»In dem Buch, das Ihr jetzt zur Hand nehmt, führe ich Euch in eine Stadt, die Ihr kennt, nach Berlin, und in eine Gegend Berlins, die einigen von Euch gut vertraut ist, zum Alex, dem Alexanderplatz.
Der Platz ist nicht mehr derselbe, der er voriges Jahr, 1927, war, man liest von großen großartigen Umwandlungen, die man mit ihm vorhat, ich kann mich noch auf die Colonnaden besinnen, die die Gontardstraße abschlossen, auf die Schneiderakademie am Alex. Jetzt ist sogar schon die Berolina verschwunden, das gewaltige Möbel aus Bronze, das da mächtig auf dem Platz vor Tietz stand und die Hand ausstreckte. Man hat radikal die Ecke von der Landsbergerstraße abgerissen, die Architekten, Hoch- und Tiefbauer haben sich hingesetzt und einen graden Strich von der Frankfurter Straße quer durch den Häuserblock nach dem Alex herübergezogen, das wird ein kolossaler Durchbruch und man kann ihn schon sehen, oben hämmern die Menschen und unten machen sie Platz für die Untergrundbahn.
Die Untergrundbahn beherrscht die Situation am Alex um 1928 und 1929. Sie hat den ganzen Boden vom Alex unterwühlt, das sieht gräulich großartig aus, stockwerk tief kann man runtergucken, da hangen die Leute an den Eisenträgern und nieten und fahren mit Wagen, und wenn Frühstückspause ist, dann kommen sie totsicher raus und frühstücken. Oben marschieren wir auf Holzbohlen, zwischen allerhand

Bretterzäunen, über Treppen müssen wir rauf und runter zum Bahnhof und zur Königstraße.
Auf diesen verwüsteten verwilderten höchst lebendigen und mobilen Alex und um ihn herum gehen wir jetzt.
Da ist der renovierte Stadtbahnhof, da Tietz, und da das finstere schmutzig rote Polizeipräsidium [da] und droht herüber, – ich werde Euch öfter in dieses unheimliche Haus führen, das voller Akten, Register, Büros und Beamter, Behörden und Kriminalpolizisten ist und in dem auch dicht an der Straße ein Gefängnis ist, der panoptische Bau, in den schon viele viele von dem Platz herüber gekommen sind und dann gings mit ihnen weiter nach Moabit und Brandenburg, dann in die Sonne, nach Sonnenburg, oder Tegel, oder Plötzensee, wer weiß auf wie lange. Das ist das Leben, was man so Leben nennt.«

BA 818. –

Auf diesem Entwurf basiert eine weitere Fassung:

»In diesem Buch, Ihr, die Ihr das Buch jetzt zur Hand nehmt, führe ich Euch in eine Stadt, die die meisten von Euch kennen, nach Berlin und in eine Gegend, die vielen von Euch vertraut ist, nach dem Alexanderplatz.
Der Platz ist nicht mehr derselbe, der er gestern war, man liest von großen großartigen Umwandlungen, die ihn beherrschen, von einem Ring von Hochbauten, von einem Einfallstor am Stadtbahnhof. Vorläufig ist die Berolina verschwunden, die da mächtig mitten auf dem Platz vor Tietz stand, man hat die Ecke der Landsbergerstraße abgerissen, ein ungeheurer Durchbruch von der Kaiserstraße und Frankfurter Allee soll hier herüberführen und wenn wir jetzt über den Alexanderplatz gehen, jetzt 1929, so beherrscht der Bau der Untergrundbahn die Situation. Sie hat den Boden unterwühlt, man kann stockwerk tief herunter sehen und wir gehen provisorisch zwischen Bretter-

zäunen, auf Holzbohlen, über Treppenstufen herauf, herunter.
Aus den Seitenstraßen kommen Menschen heran [?] aus [?] Münzstraße, Prenzlauer, Landsberger. Es sind keine vornehmen Leute, sie haben kein Auto, manche haben Mützen auf, eine Binde um den Hals statt einem Kragen. Es sind nicht die schrecklichen Strolche, vor denen Ihr Euch so fürchtet. Und wenn es für einen und den andern Strolche sind, was geht es mich an, was eine Menschenseele ist und was in einer Menschenseele vorgeht, damit werde ich mich befassen und gleichgültig darum, ob der Kopf eine Mütze oder einen Helm oder Cylinder trägt.
Ich habe ein Mittagsblatt in der Hand: Kannibalismus im Eis der finnischen Bucht; da haben drei Alkoholschmuggler ihren vierten Kameraden halb aufgefressen, wie sie gestehen, vom Hunger getrieben, ihr Motorboot war gekentert, sie saßen auf einer einsamen Insel fest. Das steht nun zwischen ›Kohlenmangel nicht zu befürchten‹ und ›Karnickel im Frost‹. Auch die drei sind bestimmt noch vor 1 Woche in einer Stadt vor Schaufenstern gestanden, haben sich Mittagszeitungen gekauft wie Du und ich, – jetzt sind sie Kannibalen – Menschenfresser.
Ihr werdet einen Menschen sehen, der sich wie viele unauffällig über den Alex bewegt, 1927. Er ist aus dem Tegeler Gefängnis entlassen, kommt nach Berlin und schwört nun sich und andern, anständig zu sein. Ich erzähle Euch das gleich, Ihr sollt wissen worum es geht, und wen es nicht angeht, der kann dies Buch nun jetzt schon aus der Hand legen.
Franz Biberkopf hat das geschworen; und da sind gleich manche von Euch, die hoffen, jetzt kommt die längst fällige Anklage gegen die Gesellschaft und den Staat Der Mann wird nicht anständig bleiben und die Gesellschaft hat mal wieder gezeigt, wie hilflos sie ist, wie schlecht sie ist und das ist endlich mal von dem Autor ein gutes soziales Buch. Das tut uns bitter not, davon kann es nicht genug geben und der

Autor hat endlich einmal seine Pflicht gegen die Gesellschaft erfüllt und sich von seinen überspannten Ideen losgemacht, die ja letzten Endes faules bourgeoises Zeug sind.
Der Autor, als wie icke, erzählt weiter, wie es dem Franz Biberkopf geht. Es geht ihm gut, dankeschön, und dann geht es ihm plötzlich nicht gut. Ein Straßenhändler, ein Mann wie er, sein Freund, betrügt ihn und schwer schwer kommt Franz Biberkopf wieder auf die Beine, weil er nicht weiß wozu anständig sein, wenn jener Straßenhändler –, Sie wissen schon.
Ein zweites schreckliches Unglück fällt auf ihn. Er wird wider seinen Willen in einen Einbruch mit rein gerissen. Er wehrt sich, man wirft ihn unter einen Wagen. Da hat er nur noch einen Arm. Und nun ist Franze Biberkopf von seinem Anständigkeitsfimmel, so sagt er, geheilt, und ist ein kesser frecher Verbrecher, – solange bis –. Dieses war der zweite Streich, doch der dritte folgt sogleich.
Es geht zuletzt nicht gegen seinen Körper, der schon recht hin ist, überhaupt nicht gegen ihn, sondern gegen seine nicht legitime Braut. Einer, mit dem er nicht gut steht, nimmt sie ihm weg. Er nimmt sie so weg, daß sie nie zu Franzen wiederkommen kann, weil sie nämlich nicht mehr am Leben ist.
Dies werde ich Euch von Franz Biberkopf berichten und natürlich auch, welchen Ausgang es mit ihm nimmt. Und Ihr werdet nun fragen: was soll das, was kann man damit und was? Der Mann hat Pech, was ist dabei? Wen gehts was an?
Kämpft er findet er einen Weg.
Es gibt zwei Wege auf dieser Welt: einen sichtbaren und einen unsichtbaren.«

BA 819 f. –

Die größten Abweichungen zwischen der Hs. und der Druckfassung finden sich innerhalb der Großstadtepisoden. Offenbar scheinen Döblin zur Zeit der ersten geschlossenen Niederschrift Ausmaß und Anordnung dieser Textteile noch unklar gewesen zu sein. Die Montage von Fremdtexten ist zwar schon weitgehend durchgeführt, erreicht aber noch nicht den Umfang der endgültigen Fassung. Zeitungsausschnitte wurden entweder beigelegt oder eingeklebt, also meist in unveränderter Form integriert. In einigen Fällen änderte Döblin aber später Namen und Daten und kürzte die montierten Texte. Ein stärkeres Gewicht haben in der Hs. diverse Prozeßgeschichten, von denen Döblin etliche für die Druckfassung verwarf. Eine dieser ausgeschiedenen Episoden wurde jedoch unter dem Titel *Berlin. Arbeitsgericht* in der *Frankfurter Zeitung* vom 9. Juni 1929 veröffentlicht (s. BA 744–747). Daneben lassen laut Stauffacher »einzelne Blätter [...] vermuten, daß auch die Erfahrungen des Arztes ausgiebiger berücksichtigt werden sollten«; es handelt sich dabei um Passagen, »die sich wie Notizen nach Patientengesprächen ausnehmen und dem psychiatrischen Zwischenbereich zwischen Medizin und Kriminologie anzugehören scheinen« (BA 845).

Ebenso wie beim Prolog nahm Döblin auch für den Romanschluß mehrere Anläufe; in der Hs. lautet der erste Entwurf nach Stauffachers Transkription folgendermaßen:

»Karl Biberkopf aber, um neu zu reden,[1] werdet Ihr jetzt, mit einem Arm bloß, aber mit viel helleren schärferen Augen als früher in derselben Gegend um den Alex herum rum traben sehen. Er hat sich richtig, wie ihm vor langer Zeit mal eine vorübergehende Wirtin prophezeit hat, einen Zeitungskeller genommen, Eva hat ihm das Geld vorgeschossen, und Karl steht am Kellereingang, liest alle Zeitungen selber immer frisch vom Faß Morgens, mittags und abends.

1 Eine andere Lesung dieses Syntagmas findet sich bei Prangel in *Materialien* (1975), S. 40: »um nun zu enden«.

Er steht da, genau so wie er auch – bis auf den Arm – vielleicht vor 1 Jahr hätte stehen können, aber ein Gesicht dreht sich ihm langsam zu: Was ist das für ein Gesicht?
Das Du, das große Du. Herankommen lassen, herankommen lassen, und kommt langsam, näher an ihn heran.
Er steht am Kellereingang und mancherlei Menschen kommen zu ihm und sprechen mit ihm. Er ist jetzt nicht mehr so derb und forsch wie früher, obwohl er lachen kann wie früher, ein Biberkopf soll nicht lachen können und die neusten Schlager könnt Ihr immer von ihm hören, – aber er hat eine zögernde Art bekommen. Er ist ein Herumhorcher, ein Herumlungerer, ein Wenigsprecher geworden, und dann liest er und denkt nach und sieht [?][2]«

BA 813 f. –

Damit bricht die Haupthandschrift ab. Es finden sich jedoch im Nachlaßkonvolut noch mehrere »Beiblätter«, die als Vorstufen für die endgültige Version zu werten sind:

»Schluß
Beiblatt A
Wir sind am Ende dieser Geschichte. Sie ist lang genug gewesen, aber sie mußte sich dehnen und immer mehr dehnen, bis sie jenen Höhepunkt erreichte, den Umschlagspunkt, von dem erst volles Licht auf das Ganze [?] fällt. Wir sind eine lange dunkle Allee gegangen, keine Laterne brennt, aber man weiß, hier geht es lang, allmählich wird es heller und heller, zuletzt hängt da die Laterne und nun liest man endlich über ihr das Straßenschild? Wir sahen die Allee schon lange so und gingen sie Schritt vor Schritt Franz Bib. aber rannte drauf los, jemehr er ins Laufen kam, er sperrte entsetzt die Augen zu, je mehr er sich stieß um so fester sperrte er die Augen zu und um so mehr stieß er sich an Bäume.

2 Prangel liest: »sucht« (ebd.).

Mit [*4 unleserliche Wörter*] Kopf kam er schließlich doch an; er machte die Augen erst auf wie er hinfiel, da brannte die Laterne hell über ihm und das Schild war zu lesen Es war ein Enthüllungsprozeß besonderer Art,

[*Ende von Beiblatt A, Rückkehr zum Grundtext:*]

Er steht zum Schluß nicht mehr allein am Alexanderplatz und am Rosenthaler Tor. Es sind welche

Beiblatt B [*ersetzt frühere Fortsetzung des Grundtextes*]

sind welche rechts von ihm und links von ihm und vor ihm gehen welche und hinter ihm gehen welche. Viel Pech kommt daher, wenn man allein geht; wenn mehrere sind ist es schon anders Man muß sich gewöhnen auf andere zu hören, was andere sagen, geht mich auch an, es wird überall um mich eine Schlacht geschlagen, ich muß aufpassen, ehe ich es merke komme ich ran.
Jetzt bin ich in der Fabrik. Es ist gut, mit andern zu gehen! Warum? Was ist denn das Schicksal? Eins ist stärker als ich. Wenn wir zwei sind, ist es schon schwer stärker zu sein als ich. Wenn wir zehn sind, noch schwerer. Und wenn wir 1000 und eine Million sind, dann ist es ganz schwer.
Darum stell ich mich hier in der Fabrik an, aber das kann auch nicht das Letzte sein. Ich bin schon 1 x auf ein Wort reingefallen, ich habe es sehr bitter bezahlen müssen, nochmal passiert das dem Biberkopf nicht. Da rollen die Worte und Warnungen bloß so auf einen zu, da muß man sich vorsehen, daß man nicht überfahren wird, paßt man nicht auf [?] auf den Autobus, fährt er mir zu Appelmus. Ich schwör auf nichts in der Welt, lieb Vaterland kannst ruhig sein, ich hab die Augen auf und fall so bald nicht rein

II U. Beiblatt
Er ist ein kleiner Hilfsportier in einer mittleren Fabrik Die Trommelwirbel hinter ihm. Marschieren, marschieren. Biberkopf sieht kühl zu seiner Türe heraus. Er hat tiefe Quer-

falten auf der Stirn, bald so tiefe wir die Reinholds, das ist ihm die Welt, in der es Reinhold giebt, es ist kein Grund zum Jubeln man muß höllisch aufpassen, das Leben ist kurz, man soll sich und seine Jahre vorsichtig einsetzen, man schmeißt sich nicht weg.
Mit den Händchen klapp kl. etc.

[*Ende II U; Fortsetzung von Beiblatt B:*]

Sie marschieren oft vor seinem Fenster vorbei, Biberkopf sieht raus und bleibt noch lange sehr lange ruhig zu Haus. Halt das Maul und fasse Schritt, marschiere mit uns andern mit. Wenn ich marschiere [*4 unleserliche Wörter*] dann weiß ich schon muß ich das nachher mit dem Kopf bezahlen, was andere sich ausgedacht haben, Da muß ich erst alles genau wissen und nachrechnen und sehen ob es mir paßt, so rechne ich erst alles nach und wenn es so weit ist werde ich mich danach richten. Dem Menschen ist gegeben die Vernunft, die Ochsen bilden statt dessen eine Zunft.
Biberkopf tut seine Arbeit. Er weiß und es geht ihm nah was geschehen ist. Wachsein, wachsein, es geht was vor in der Welt, Wenn sie Gasbomben werfen, muß ich ersticken, man weiß nicht warum sie geschmissen haben, aber darauf kommts nicht an, man hat Zeit gehabt sich drum zu kümmern.
Wenn Krieg ist und sie ziehen mich ein und schießen mich tot und wollte nicht raus und weiß nicht warum, so bin ich schuld und mir geschieht recht Wachsein, wachsein, man ist nicht allein. Die Luft kann hageln und regnen, dagegen kann man sich nicht wehren, aber gegen vieles andere kann man sich wehren, da werde ich nicht mehr schreien wie früher das Schicksal, das Schicksal, das wird [?] man [?] nicht als Schicksal verehren, man muß es anfassen, ansehen und zerstören.

[*Auf losem, isoliertem Einzelblatt:*]

Zum Schluß
Mit Pauken und Trompeten bin ich durch die Hölle geritten, wir sind wieder [?] auf der Erde droben [?], ich bin in keinen Himmel gekommen, die Erde wird mir wohlbekommen.«

III. Zur Rezeptionsgeschichte des Romans

1. Zeitgenössische Kritiken

Obwohl der Roman *Berlin Alexanderplatz* bald nach seinem Erscheinen Anfang Oktober 1929[1] für Döblin zu einem sensationellen Erfolg wurde und ihm in der Folgezeit Weltruhm eintrug, waren die Reaktionen der Leser und Kritiker keineswegs von einhelliger Zustimmung geprägt. Bereits der Vorabdruck in der *Frankfurter Zeitung* führte zu einer Kontroverse unter den Lesern des Blattes, so daß die Redaktion sich gedrängt sah, Döblins Werk gegen alle Vorwürfe offensiv zu verteidigen. Knapp vierzehn Tage nach Abdruck der letzten Folge veröffentlichte die Zeitung einen anonymen Leserbrief, der symptomatisch war für die Vorurteile des konservativen Publikums gegenüber dem Sujet des Buches:

»Der Roman in den Spalten Ihres Feuilletons ist zu Ende, dem Himmel sei Dank! [...] Ein tiefes, befreites Aufatmen geht durch die Reihen Ihrer Leser, denn wir haben begründete Hoffnung, daß ein noch tieferes Herabsteigen in den Schmutz des Lebens nicht möglich ist und uns daher in Zukunft erspart bleibt. [...] Wenn es Döblin Spaß macht, sich im Kot zu wälzen, so mag er es tun [...]. Aber warum zwingen Sie Ihre Leser, jeden Morgen mit Tagesanfang durch diesen Dreck zu waten, in diese niedrigsten Niederungen der menschlichen Gesellschaft zu steigen, daß einem der Ekel aufstieg. [...] Wir verstehen auch Ihre Lage: Die Zeitung will unter allen Umständen Modernstes bringen,

1 Ein anderes Datum findet sich in der Tageschronik über die Weimarer Republik von Overesch/Saal (1982), wo der 30. September als Erscheinungstermin genannt wird; desgleichen in der *Berlin-Chronik* von Georg Holmsten (Düsseldorf: Droste, ^{3}1990).

möglichst auch ganz Neues, Niedagewesenes, es soll ›ziehen‹, kitzeln, spannen.«

Frankfurter Zeitung. 24. Oktober 1929. Zit. nach: Marbacher Katalog. 1978. S. 238 f.

Die Redaktion kommentierte diesen Brief in der gleichen Ausgabe:

»Dem empörten Einsender ist es also unbegreiflich, daß wir ihm morgens zum Frühstück einen Roman anzubieten wagen, der von Existenzen handelt, die er verachtet. [...] Er müßte dankbar dafür sein, daß ihn der Dichter in die Souterrains unseres Gesellschaftsbaues führt, und entrüstet sich über den ›Kot‹, den er dort findet. Aber vielleicht ist der Kot in der von ihm verpönten Unterwelt nicht größer als weiter oberhalb in der Beletage, wo er von dem Dreck nur zu lesen braucht; und gewiß kann der Kot oben und unten nicht beseitigt werden, solange unser Babbitt fortfährt, mit Scheuklappen in der Welt und der Gesellschaft herumzulaufen. [...] Nicht doch, verehrter Anonymus, es ist keineswegs unsere Absicht, Sie zu kitzeln und zu spannen. Das, was wir wollen, ist vielmehr: Ihnen die Augen öffnen über gesellschaftliche Zustände und menschliche Verhältnisse, von denen Sie morgens am liebsten nichts wissen möchten. An diesen Attentaten gegen Ihre Gemütsruhe ist uns allerdings viel gelegen.«

Frankfurter Zeitung. 24. Oktober 1929. Zit. nach: Marbacher Katalog. 1978. S. 239.

Dieser Gegenüberstellung zweier konträrer Positionen folgten »Stöße von Zuschriften«, die den Feuilletonredakteur RUDOLF GECK dazu veranlaßten, die vielstimmigen Reaktionen auf den Roman in einem »Mosaik« zusammenzufassen und das umstrittene, die Leserschaft polarisierende Werk nochmals engagiert in Schutz zu nehmen:

Werbebroschüre der *Frankfurter Zeitung* für den Vorabdruck des Romans, September 1929

»Sie [die Zuschriften] sind uns sehr lehrreich. Ein Teil beweist uns, daß die vielbeklagte Verrohung der Ausdrucksformen im politischen Kampfe auch in den Meinungsverschiedenheiten über künstlerische Dinge Platz gegriffen hat, der andere, der weit überwiegende, stärkt uns den Rücken und versichert, daß ihm der Döblinsche Roman tiefe Erkenntnisse und Erschütterungen gab. Wir haben Briefe von ernsten Frauen und Männern gelesen, die uns erklärten, sie könnten nicht mehr mit, und uns beschwören, doch an die Jugend zu denken, die doch auch die Zeitung in die Hand bekomme und der man Döblinsche Schilderungen fernhalten müsse, wir bekamen Entrüstungsschreiben, die einen Kübel voll Beschimpfungen über uns ausschütten [...]. Einer will, man solle ihm ›den Sinn für das Leben eröffnen und doch edel und anregend unterhalten‹. Ein anderer verbittet sich, daß man ihm das ›Frühstück verkümmere‹. Weiter: ›Die Zeitung ist nicht das Forum zur Aufdeckung von Eiterbeulen, es genügen uns vollauf die Prozeßberichte.‹ Ein Professor findet die Veröffentlichung ungehörig, er ist ›angewidert‹. Ein General will ›gute Unterhaltung‹ und protestiert aus Pflichtgefühl. Es kommen Leser, die uns bitten, doch auf das Ausland Rücksicht zu nehmen, dem man solche Einblicke in deutsches Leben nicht geben dürfe [...]. Ein Regierungsrat kommt mit klassischen und höchst unklassischen Zitaten, in denen das Wort Schweinerei eine Rolle spielt, und wünscht, daß wir uns bessern, den einen ekelt Döblin an, ein anderer vermißt die künstlerische Gestaltung. Manchen dieser Briefe ist eine beträchtliche Plastik der Rede eigen, die Schreiber haben also doch an Döblin gelernt. Worum es dem Dichter ging und worum es uns ging, als wir ihn druckten, haben die Räsoneure nicht begriffen. Aber sehr viele auf der andern Seite, alte und sehr viele junge Leute und auch Frauen, rufen ›Bravo!‹ und ›Ja!‹ und das ist uns Genugtuung. So schreibt einer: ›Ich empfand den Roman als ein Werk tiefer Reinheit, weil er voll tiefen Schmerzes ist.‹ [...] Wir erwähnen endlich den Brief eines

Beamten, der dem Strafvollzug vorsteht: ›Mir gab der Roman ein überaus wertvolles, weil ein von innen gesehenes und durchaus objektiviertes Bild der Menschen, die einen recht großen Prozentsatz der Insassen unserer Strafanstalten bilden. Erschütternd hat mir der Roman klar gemacht, wie fragwürdig selbst unsere modernsten Vorschläge über Strafvollzug sind, die immer wieder von seelischen und sittlichen Gegebenheiten unserer Welt ausgehen, und nicht bedenken, daß am Alexanderplatz ein anderes Weltbild lebt, das auch *gut* und *böse* kennt, aber mit von den unseren weit abweichenden Begriffsinhalten. Wir haben Döblin dankbar zu sein, daß er uns das stark und nachhaltig ins Bewußtsein trieb. [. . .] Auch das Feuilleton ist nicht nur zur Freude und zum ästhetischen Genuß da.‹ Wir können nicht hoffen, durch solche Worte die Leute zu bekehren, denen der *Alexanderplatz* die Freude am ersten Frühstück vergällte, es muß uns genügen, daß viele ernste Menschen auf der Seite des Dichters stehen.«

Frankfurter Zeitung. 1. November 1929. Zit. nach: BA 853–855.

Gecks Stellungnahme erschien, nachdem sich bereits die ersten professionellen Literaturkritiker zu Döblins Roman geäußert hatten. Die frühesten Besprechungen waren kurz nach Auslieferung des Buches Mitte Oktober 1929 zu lesen; insgesamt wurden in der Folgezeit über 100 Rezensionen in in- und ausländischen Periodika veröffentlicht.[2] Nachdem

2 Die genaue Zahl der Kritiken läßt sich schwer ermitteln, da ein Teil der in der Bibliographie von Louis Huguet (1972) verzeichneten Rezensionen aufgrund falscher Daten oder lückenhafter Angaben nicht beschafft werden konnte. Andere Titel erwiesen sich dagegen als bloße Ankündigungen des Verlages und mußten daher aus der Bibliographie in Kap. V ausgeschieden werden; diese enthält nur die per Autopsie von mir überprüften Artikel. – Bei den im folgenden zitierten Rezensionen werden jeweils nur die Erscheinungsdaten genannt; sofern die Kritiken in den Sammelbänden von Schuster/Bode (1973) oder von Prangel (*Materialien*, 1975) nachgedruckt sind, werden diese herangezogen. Die Sammlung von Schuster/Bode ist zwar gewiß verdienstvoll, enthält aber leider eine Fülle von bibliographischen Fehlern.

die verschiedenen Vorabdrucke für werbewirksame Diskussionen gesorgt hatten, wurde die Buchausgabe zu einem überwältigenden Erfolg für Döblin. Das außerordentlich lebhafte publizistische Echo auf die Neuerscheinung sorgte dafür, daß *Berlin Alexanderplatz* sich rasch zum Bestseller entwickelte; WERNER STAUFFACHER nennt folgende Zahlen und Daten:

»Schon nach kurzer Zeit sah sich der Verleger [S. Fischer] veranlaßt, den zehntausend Exemplaren der ersten Auflage eine je ebenso große zweite und dritte nachzuschicken. Bis Ende Januar 1930 waren ca. 23 000 Exemplare verkauft. In den etwas mehr als drei Jahren bis zur ›Machtergreifung‹ durch die Nationalsozialisten wurden insgesamt fünfzigtausend Exemplare gedruckt. [. . .] Schon 1930 erschien eine Übersetzung ins Holländische, 1931 folgten solche ins Italienische und Englische, 1932 wurde eine spanische, 1933 eine französische Übertragung vorgelegt. Bis 1936 kamen weitere fünf Übersetzungen, darunter eine ins Russische, heraus.«

BA 852 f. – © Walter Verlag AG, Zürich/Düsseldorf.

Der Roman wurde in den Feuilletons der renommiertesten Zeitungen »als das literarische Ereignis des Jahres 1929« gefeiert und »sogleich zu den wichtigsten deutschen Büchern nach 1918 gezählt« (Marbacher Katalog, 1978, S. 260). Waren bei Döblins früheren Büchern immer wieder Klagen über deren teilweise fremdartigen, esoterischen Sujets und exotischen Schauplätze laut geworden, so verstummten diese nun: Viele Kritiker sahen in dem neuen Berliner Roman des Autors die Einlösung ihrer mehrfach gestellten Forderung nach einem Werk der unmittelbaren Gegenwart und als Ende seiner (vermeintlichen) Flucht vor der zeitgeschichtlichen Realität der zwanziger Jahre. Döblin habe endlich »heimgefunden!«, jubelte ARTHUR ELOESSER als erster Rezensent des Romans in der *Vossischen Zeitung* (15. 10. 1929). Der damals erst dreißigjährige Journalist ERICH KÄSTNER leitete seine Besprechung mit folgenden Sätzen ein:

»Alfred Döblin, der an Überraschungen reichste, vitalste Romanschriftsteller unserer Gegenwart, hat lange gebraucht, bis er zum ›Gegenwartsroman‹ kam. [...] Jetzt erst trifft er, örtlich, zeitlich und seelisch, im heutigen Deutschland ein [...].«

Das deutsche Buch. November/Dezember 1929. S. 357. – © Erich Kästner Erben, München.

Genugtuung, Stolz und auch ein gewisser Lokalpatriotismus über Döblins Großstadtroman sind daher vor allem in den Besprechungen der Berliner Feuilletons spürbar. Besonders pathetisch äußerte sich ARMIN KESSER:

»Döblin macht in diesem Roman eine wahrhaft stupende Gestaltungskraft offenbar. [...] Wie Döblin die Stadt Berlin durch tausend Stimmen reden läßt, wie er ihr Klima kennt und die sibirisch kahlen Weltende-Gegenden des Nordens, das ist unerhört und beinahe einmalig. Dieser Roman verdient ein Publikum, das ebenso groß ist, wie die Masse der Menschen, die in ihm lebt, leidet und ringend hofft.«

Die Welt am Abend. 16. Oktober 1929. Zit. nach: Materialien. 1975. S. 56.

Daß Döblins Intention in *Berlin Alexanderplatz* jedoch nicht vordergründig »heimatkünstlerisch« war, wie manche Kritiker suggerierten, stellte WALTER BENJAMIN in seiner feinsinnigen Analyse *Krisis des Romans* klar und distanzierte sich damit implizit von dieser Lesart:

»Sacht, wie der Epiker es soll, geht er an die Dinge heran. [...] In dieser Haltung aber inspiriert ihn der berlinische Sprachgeist selbst. Sacht ist das Zeitmaß seiner Bewegung. Denn der Berliner spricht als Kenner und mit Liebe zu dem, wie er's sagt. [...] Glaßbrenner pointierte das Berlinische dramatisch. Hier ist es nun in seiner epischen Tiefe ermessen; Franz Biberkopfs Lebensschiffchen hat schwer geladen und brauchte doch nirgends auf Grund zu stoßen. Das Buch ist ein Monument des Berlinischen, weil der Erzähler keinen Wert darauf legte, heimatkünstlerisch, werbend zur Stadt zu stehen. Er spricht aus ihr. Berlin ist sein Megaphon.«

Die Gesellschaft. Juni 1930. Zit. nach: Materialien. 1975. S. 111. –

Natürlich erreichte ein Großteil der Rezensenten nicht das Reflexionsniveau Benjamins, sondern überließ sich ganz den durch die Lektüre ausgelösten Emotionen und Assoziationen. Auffallend sind die bildhaften Formulierungen und die auf Analogien basierenden Deutungsversuche. Während Willy Haas im Roman »einen ungeheuer reichen, lebensstrotzenden orbis pictus von Berlin« (*Die neue Rundschau*, Dezember 1929) zu erkennen glaubte und Friedrich Wolf sich an eine »gewaltige Kaltnadelradierung« (*Die Literatur*, Januar 1930) erinnert fühlte, griffen andere Kritiker – wohl in Anlehnung an Walter Ruttmanns Film *Berlin – Die Sinfonie einer Großstadt* – zur Musik-Metaphorik, um die Sprache und Form des Romans zu beschreiben. So nannte Alfred Kleinberg *Berlin Alexanderplatz* eine »tausendstimmige Sinfonie«, die »mit naturalistischer Besessenheit und bizarrer Willkür orchestriert« sei (*Die Bücherwarte*, Oktober 1929). Ähnlich bildhaft sprach Bruno E. Werner von einem »symphonisch gebauten Roman« und einem »epischen Fluß, der musikalisch und plastisch zugleich ist« (*Deutsche Allgemeine Zeitung*, 25. 10. 1929).[3]

Die formalen Innovationen des Romans fanden zwar zumindest bei den für die literarische Moderne aufgeschlosse-

3 Der Fischer-Verlag warb übrigens für den Roman mit dem Syntagma »Eine große berlinische Sinfonie«.

nen Kritikern durchweg Zustimmung, doch verhehlten einige von ihnen nicht ihre Lektüreschwierigkeiten. So meinte Franz Blei, Verfasser des berühmten *Bestiariums*, daß das Buch »Arbeit beim Leser verlangt, wie es Arbeit beim Autor war« (*Der Querschnitt*, November 1929). Efraim Frisch merkte dagegen kritisch an, daß das Werk aufgrund der »Kompliziertheit seiner Form« diejenigen, von denen es handle, nicht erreichen könne (*Frankfurter Zeitung*, 29. 12. 1929).[4] Eine abweichende Meinung vertrat Axel Eggebrecht, der im Hinblick auf Döblins frühere Werke meinte:

»Außerordentlich schwierige Dinge, Vorgänge, Gedanken werden schlicht und verständlich dargestellt. [. . .] Schließlich erleichtert der stete, klare Fluß der Sprache vielen diesmal den Zugang zu einem Dichter, der bislang oft als grammatikalischer Sonderling verdächtigt wurde. Auch das gehört zur bewußten Wendung gegen das Bildungsmonopol.«

Die Weltbühne. 4. Februar 1930. Zit. nach: Schuster/Bode. 1975. S. 244.

Eine Lesehürde bildete offenbar in erster Linie die Montagetechnik, deren Sinn und Zweck vielen verborgen blieb. Zu den Standard-Einwänden gehörte der Vorwurf des Chaotischen, der fehlenden Motivation und Beliebigkeit der als »Einschiebsel« (Franz Carl Weiskopf, in: *Berlin am Morgen*, 2. 2. 1930) o. ä. bezeichneten Montage-Elemente. Julius Bab glaubte in seiner ansonsten lobenden Besprechung, daß »die Übergangslosigkeit in diesem neuen Sachstil zuweilen [. . .] bis zur echten Zusammenhanglosigkeit der Teile überschärft« werde (*Der Morgen*, Februar 1930). Hans Sochaczewer konstatierte sogar einen »Unterbrechungs-Fanatismus« (*Berliner Tageblatt*, 18. 10. 1929),

4 Ähnlich auch M. W. in *Die Stimme der Freiheit* (Februar 1930): »bleibt das Buch eines für intellektuelle Kreise, es wird nicht weiten Absatz in Arbeiterkreisen finden« (S. 32).

durch den der Zusammenhalt des Ganzen gefährdet werde. Zu den schärfsten Kritikern dieses Erzählstils gehörte EMANUEL BIN GORION, der sich beklagte über »die Durchschießung des an sich gar nicht so voluminösen Materials mit allerhand Zeug, das werweißwoher angeflogen kommt«. Er meinte:

»Einen Müllkasten umwerfen und den Inhalt über eine große Strecke ausstreuen – dazu gehört weder Kraft noch Talent, noch ist irgend jemand damit gedient. Schlimmer noch ist es, daß der Unrat versippt wird mit Dingen, die immerhin aus edleren Quellen kommen, d. h. eben mit klassischen und religiösen Anklängen[,] wäre wenigstens der Autor bei seinem niedrigen Stoff geblieben, statt um jeden Preis die Groschenreportage zum Mysterium ausweiten zu wollen!«

Neue Revue. Bd. 3: 1931. Zit. nach: Schuster/Bode. 1973. S. 263.

Für die Mehrzahl der Rezensenten bildete Döblins narratives Verfahren jedoch eine produktive und zeitgemäße künstlerische Methode, die geeignet schien, das moderne Lebensgefühl des Großstädters auszudrücken. WALTER BENJAMIN charakterisierte in seinem Essay über *Berlin Alexanderplatz* das dominante »Stilprinzip« der Montage folgendermaßen:

»Die Montage sprengt den *Roman*, sprengt ihn im Aufbau wie auch stilistisch, und eröffnet neue, sehr epische Möglichkeiten. Im Formalen vor allem. Das Material der Montage ist ja durchaus kein beliebiges. Echte Montage beruht auf dem Dokument. [...] Hier ist sie zum ersten Male für die Epik nutzbar geworden. Die Bibelverse, Statistiken, Schlagertexte sind es, kraft deren Döblin dem epischen Vorgang Autorität verleiht. Sie entsprechen den formelhaften Versen der alten Epik.«

Die Gesellschaft. Juni 1930. Zit. nach: Materialien. 1975. S. 110. –

Einige Kritiker erinnerte Döblins Erzähltechnik an das Prinzip der Bild- bzw. Photomontage, wobei sie wohl an die Arbeiten John Heartfields dachten.[5] Mehrfach wurde auch auf die Nähe zum Film und insbesondere auf dessen Schnittechnik hingewiesen.[6] Christian Otto Frenzel etwa meinte, daß »die absolute Wirklichkeitsnähe« des Romans »durch die schnelle, oft kinohaft ›übereinanderphotographierte‹ Wechselfolge der Bilder« erreicht werde (*Niederdeutsche Heimatblätter*, November 1929). Als Bindeglied zwischen den disparaten Erzählelementen erkannte Wilhelm Westecker das »Prinzip der Assoziationen«, das Döblin »zu einem kunstvollen System« ausbilde;[7] er fügte jedoch einschränkend hinzu:

»Aber hier übersteigert Döblin oft seine stilistischen Mittel. Die physiologischen und technischen und statistischen Tatsachen beruhen meist nicht mehr auf Assoziationen, die aus den Menschen und der Atmosphäre kommen, sondern auf Assoziationen des Dichters. Sie offenbaren ein erstaunliches Wissen, aber sie kommen literarischem Artistentum nahe. Sie belasten das Buch mit Dehnungen statt es mit Spannungen auszuweiten. Die Schilderung des Schlachthofes rechtfertigt sich noch, da sie in direkte und symbolische Beziehung gebracht wird zum Milieu und zum Schicksal der Menschen.«

Berliner Börsen-Zeitung. 15. November 1929. Zit. nach: Schuster/Bode. 1973. S. 238.

5 Während die meisten Rezensenten die »neuartige, an Photomontage erinnernde Methode« (Wilhelm Westecker, in: *Berliner Börsen-Zeitung*, 15. 11. 1929) positiv bewerteten, benutzte Hans Christoph Kaergel, der aus seiner Ablehnung des Romans keinen Hehl machte, den Vergleich mit den »beliebten Photomontagen« in kritischer Absicht: »So wenig wie aus einer Photomontage ein neues, gestaltetes Bild entstehen kann, so wenig kann auch aus dieser literarischen Zettelkastenkunst eine Dichtung werden« (*Schlesische Zeitung*, 17. 12. 1929).

6 Wilhelm Michel behauptete sogar apodiktisch: »Döblins Technik kommt vom Film« (*Die schöne Literatur*, 1930).

7 Vgl. auch Efraim Frisch: »Er [Döblin] fängt das Vielfältige, Auseinanderstrebende des Ablaufs eines Großstadttages in ein Netz ineinandergewobener Episoden, verbunden durch Assoziationen, Schlagworte, Winke, Hinweise, Erinnerungen ...« (*Frankfurter Zeitung*, 29. 12. 1929).

Westecker war nicht der einzige, den die Schlachthof-Episode besonders beeindruckte. Axel Eggebrecht hielt sie sogar für »die größte, hinreißendste Abschweifung« überhaupt, für »die Erfüllung einer überall versuchten Aufgabe: Aus Reportage Dichtung werden zu lassen« (*Die Literarische Welt*, 8. 11. 1929). Weitergehende Deutungen dieses zentralen Kapitels finden sich allerdings nur selten; es überwiegt das Unverständnis. Beinahe hilflos wirkt der Interpretationsversuch von Julius Bab:

»Dabei hat keine der Figuren, die in diesem Roman vorkommen, jemals mit dem Schlachthof etwas zu tun. Aber sie alle leben in Berlin, und das heißt durch Berlin, und Berlin lebt durch diesen Schlachthof; er gehört zu den Fundamenten seiner blutigen, harten Existenz, und die Bilder dieses Schlachthofes, all die grausig großartigen Eindrücke geben Leitmotive her, die fortan durch das ganze Buch schwingen und das Schicksal seiner Menschen begleiten.«

Der Morgen. Februar 1930. Zit. nach: Schuster/Bode. 1973. S. 210 f.

Natürlich wurde Döblins komplexes Großstadtepos nicht nur als Formexperiment begriffen, sondern viele Kritiker stellten auch die Übereinstimmung von »Gehalt und Gestalt« (Friedrich Muckermann, in: *Der Gral*, Februar 1930) fest. Mehr oder minder deutlich wurde das Spannungsverhältnis von Stadt- und Individualgeschichte angesprochen. S. Stang leitete seine Rezension folgendermaßen ein: »Dem Doppeltitel[8] entspricht ein doppelter Inhalt, dessen zwei Teile im Zusammenspiel und Gegensatz sich binden« (*Stimmen der Zeit*, 1931). Die Biberkopf-Geschichte wurde durchweg als eine Art roter Faden im Gesamtwerk interpretiert: Wilhelm Westecker hielt sie für das »Rückgrat des Buches«, um das herum »das pralle

8 Hervorhebung G. S.

Fleisch eines fast ungeheuren Milieustoffes wuchert« (*Berliner Börsen-Zeitung*, 15. 11. 1929). Bei Erwin Ackerknecht heißt es:

»Daß der Roman den Namen seines Helden nur im Untertitel trägt und *Berlin Alexanderplatz* heißt, also mit allem Nachdruck auf den [...] genius loci hinweist, ist insofern berechtigt, als dieser Mann der Masse im Grunde nur einer jener Millionen Facetten ist, in denen sich das Phänomen Berlin spiegelt.«

Bücherei und Bildungspflege. November/Dezember 1929. S. 455.

Besondere Bewunderung fand Döblins Einfühlungsvermögen in das geschilderte Milieu und seine Figuren, wobei häufig sein Beruf als Arzt als Voraussetzung für diese Art von Wissen um die »Unzulänglichkeit und Anfälligkeit des Menschen« (G. K. S., in: *Deutsche Republik*, 16. 11. 1929) angesehen wurde. Max Hochdorf unterstrich Döblins berufsbedingte Vertrautheit mit der Unterschicht:

»Döblin ist stets ein Stück von dem, was er anblickt, was er studiert, was ihm ans Herz wächst. Er gehört zu all diesen Proleten und Proletariern, zu diesen Prostituierten, zu diesen Verbrechern, zu diesen Zeitungshändlern, zu diesen Inflationsschiebern. [...] Er ist ein leiblicher Bruder aller gesunden Menschen und auch alles Gesindels in seinem Roman.«

Sozialistische Monatshefte. 27. November 1929. S. 1071.

Während Balder Olden sich zu der Behauptung verstieg: »Keine Seite fast hätte ein Nicht-Mediziner schreiben können« (*Das Tagebuch*, 9. 11. 1929), konstatierte Efraim Frisch sehr viel lakonischer:

»Döblin ist Arzt, Denker, objektiv. Er behandelt den Fall Franz Biberkopf, er erzählt die Geschichte einer Heilung.«

Frankfurter Zeitung. 29. Dezember 1929. Zit. nach: Schuster/Bode. 1973. S. 218.

Gelegentlich wurde zwar der Kolportagecharakter oder auch die Sentimentalität der Biberkopf-Geschichte bemängelt, doch meist wurde diese als anrührend und glaubwürdig empfunden. Ignaz Dežower bemerkte dazu:

»Menschen und Dinge haben in diesem Buch oft eine erschütternde Wahrheit, und die Lebensfülle des Werkes steigert die Echtheit, mit der hier Berlin mit seinen Straßenzügen, Lokalen, Arbeits- und Vergnügungsstätten, seinem Verkehr, Dialekt, seinen Redensarten und Schlagern wiedergegeben ist [...].«

Das neue Berlin. Dezember 1929. S. 255.

Lobend hervorgehoben wurde auch, daß trotz aller Düsternis und Tragik des Geschehens doch stets die Ironie und Distanz des Erzählers spürbar sei, wie überhaupt Döblins immer wieder aufblitzender Humor den Roman zu einem insgesamt kurzweiligen Lektüreerlebnis werden lasse. Während Karl Strecker dem Autor »sachliche Gelassenheit« und einen »verhaltenen Humor« attestierte, »der aller Rührseligkeit entgegengesetzt, doch nicht ohne Mitgefühl ist« (*Weltstimmen*, Februar 1930, S. 72), erkannte Fritz Engel die Mischung verschiedener Stil- und Tonlagen als typisch für den Roman:

»Und dieser Realist [Döblin] schwingt sich wieder und immer zwischen die eigentlichen Schilderungen hinein zu einer Höhe auf, von der er auf dieses Kleine und Kleinste herabschaut, mit bohrender Ironie, mit schwefelsaurer Satire und auch mit einem reinen Pathos.«

Central-Verein-Zeitung. Blätter für Deutschtum und Judentum. 20. Dezember 1929. S. 686.

Als einer der wenigen kam Erich Kästner zu der Einsicht, daß gerade die Montageelemente zur ironischen Relativierung des »Einzelschicksals« entscheidend beitragen:

»[...] er [Döblin] kommt beim Erzählen, scheinbar absichtslos, aus dem Hundertsten ins Tausendste. Wenn seinem Franz Biberkopf irgend etwas Persönliches zustößt, so berichtet Döblin gleich noch, was am selben Abend geschah: im Sport; in der Politik [...].
So zügellos diese Manier sein mag, sie hilft erstens tatsächlich dazu, hinter, vor und neben dem Einzelschicksal eine ganze Stadt und eine ganze Zeit sichtbar zu machen; und zweitens fügt sie dem Bericht, unausgesprochen, jene Dosis bitterer Ironie bei, die Döblin für angemessen hielt.«

Das deutsche Buch. November/Dezember 1929. S. 358. – © Erich Kästner Erben, München.

Schon die Zeitgenossen – also nicht erst die spätere Döblin-Forschung – nahmen Anstoß am Romanschluß, der u. a. von Herbert Ihering für mißlungen gehalten wurde:

»Nur dem Ende fehlt die *geistige* Überzeugungskraft. Döblin zieht gewissermaßen aus einer medizinischen Heilung eine intellektuelle Schlußfolgerung. Biberkopf steht nicht mehr allein. Aber wie? Das wird nur angedeutet. Das hat nur Klang. Das hat noch keinen weltanschaulichen oder politischen Unterbau. Es ist die einzige Partie, die sich auf das Wort verläßt, die nicht beweist, sondern Glauben verlangt.«

Berliner Börsen-Courier. 19. Dezember 1929. Zit. nach: Schuster/Bode. 1973. S. 227.

Ähnlich empfand Axel Eggebrecht den Ausklang des Romans als »Deus-ex-machina-Schluß« (*Die Literarische Welt*, 8. 11. 1929). Unbefriedigend blieb er auch für Walter Benjamin:

»An dieser Stelle nämlich hat Franz Biberkopf aufgehört, exemplarisch zu sein, und ist lebendig in den Himmel der Romanfiguren entrückt worden. Hoffnung und Erinnerung werden ihn in diesem Himmel, der kleinen Portierloge, über sein Gescheitertsein trösten. Wir aber sehen ihm in seine Loge nicht nach. Denn das ist ja das Gesetz der Romanform: kaum hat der Held sich selber geholfen, so hilft uns sein Dasein nicht länger. Und wenn diese Wahrheit am großartigsten und am unerbittlichsten in der *Education sentimentale* [von Gustave Flaubert] an den Tag tritt, so ist die Geschichte dieses Franz Biberkopf die *Education sentimentale* des Ganoven. Die äußerste, schwindelnde, letzte, vorgeschobenste Stufe des alten bürgerlichen Bildungsromans.«

Die Gesellschaft. Juni 1930. Zit. nach: Materialien. 1975. S. 113 f. –

Mit dem Versuch, *Berlin Alexanderplatz* einer bestimmten Romantradition zuzuordnen, steht Benjamin zwar nicht allein da, doch ist seine literarhistorische Deutung des Werkes als Endstufe des »alten Bildungsromans« insofern bemerkenswert, als diese später von der Forschung als fruchtbarer Ansatz wieder aufgegriffen wurde. Benjamins Essay ragt auch deshalb aus der Fülle an Rezensionen heraus, weil er sich am Beispiel von *Berlin Alexanderplatz* mit der seit Beginn der literarischen Moderne virulenten Romankrise beschäftigte und Döblins Vortrag *Der Bau des epischen Werks* einbezog, den der Autor am 10. Dezember 1928 als Akademie-Mitglied in der Berliner Universität gehalten hatte. Diese programmatische Rede interpretierte Benjamin als einen »meisterhaften und dokumentarischen Beitrag zu jener Krise des Romans, die mit der Restitution des Epischen einsetzt, der wir allerorten und bis ins Drama begegnen« (a. a. O., S. 109). Ganz im Sinne Döblins hatten bereits zuvor verschiedene Kritiker *Berlin Alexanderplatz* als gelungenen Versuch verstanden, die problematisch gewordene

Gattung des Romans durch die Wiederbelebung des Epos zu erneuern. Gelegentlich unter Anspielung auf den zeitgenössischen »Kampf um die neue Romanform« (E. KURT FISCHER, in: *Leipziger neueste Nachrichten und Handelszeitung*, 11. 12. 1929), mehrheitlich jedoch unreflektiert und naiv wurde Döblins Werk von einigen Rezensenten mit dem Terminus »Epos« belegt. BERNHARD RANG z. B. nannte *Berlin Alexanderplatz* zum einen »ein modernes Volksbuch mit den uralten bänkelsängerischen Motiven und Partien«, zum andern ein »sprachlich wie darstellerisch Neuland eroberndes Epos des Großstadtvolkes« (*Hefte für Büchereiwesen*, Dezember 1929).
In eine andere Richtung zielten die Kritiker, die auf die metaphysische Dimension des Geschehens hinwiesen und dieses als (mittelalterliches) »Mysterienspiel« (WILHELM MICHEL, in: *Die schöne Literatur*, April 1930) charakterisierten. BERNHARD RANG erkannte »ein unglaublich plastisches, bis zum Grauen und zur apokalyptischen Höhe metaphysisch sich steigerndes Bild des heutigen Babels« (*Hefte für Büchereiwesen*, Dezember 1929). Von einem »metaphysischen Prozeß«, der »Döblins Buch die Linie« gibt, sprach H. A. WYSS und nannte *Berlin Alexanderplatz* einen »Erziehungsroman ohne moralische Absicht«, ein »religiöses Buch, weil ein Mensch in langsamer Erleuchtung, nach vielen Widerwärtigkeiten bis zum Gespräch mit dem ›singenden Tod‹, zu sich kommt, nach innen schaut, belehrt wird, verändert« (*Neue Zürcher Zeitung*, 8. 11. 1929). Eine dezidiert christliche Deutung nahm GÜNTHER DEHN vor:

»Man sieht, wie es hier [. . .] um die tiefste Problematik des Menschseins geht, um eine neue Variation des Themas: ›Wer sein Leben behalten will, der wirds verlieren, und wer sein Leben verliert, der wirds behalten‹. [. . .]
Von hier aus kann man den Roman ein religiöses Buch nennen. Ganz gewiß nicht deshalb, weil es mit Bibelzitaten gespickt ist, die den biblischen Sinn im übrigen oft über-

raschend gut wiedergeben [...]. Religiös nenne ich das Buch deswegen, weil überall da, wo so klar die Grenzen des Menschseins erkannt werden wie hier, wo so wenig Idealismus, Reformertum und absolutes Denken (Kommunisten werden an dem Roman keine Freude haben) herrschen, die Frage nach Gott aufgeworfen ist.«

Eckart. Blätter für evangelische Geisteskultur. März 1930. S. 126.

Fast alle Kritiker ordneten *Berlin Alexanderplatz* bestimmten literarischen Traditionen zu und zogen thematische oder stilistische Parallelen zu anderen Autoren und Kunstrichtungen der Vergangenheit oder Gegenwart. Am weitaus häufigsten fiel im Zusammenhang mit der Beschreibung der neuen Erzähltechnik der Name von James Joyce, dessen *Ulysses* im Oktober 1927 in deutscher Übersetzung erschienen war und den Döblin nachweislich während der Niederschrift seines Romans gelesen hatte.[9] Die Rezensenten sprachen entweder direkt vom Einfluß des irischen Autors auf *Berlin Alexanderplatz* oder konstatierten – gewiß nicht zu Unrecht – Analogien und Affinitäten in der Schreibart. So bemerkte Efraim Frisch:

»Es liegt nahe, an *Joyce* zu denken, die gleiche sprachliche Dichtigkeit, das Assoziative, Ineinandergearbeitete, durch Wortzeichen wie Blinkfeuer den dunklen Knäuel des Unbewußten belichtend, das Rhapsodische, der rasche Wechsel der Formen.«

Frankfurter Zeitung. 29. Dezember 1929. Zit. nach: Schuster/Bode. 1973. S. 218.

H. A. Wyss gestand in seiner Besprechung Döblin zu, daß er »zum ersten Male die Gedankenmontage, diesen merkwürdigen Prozeß, der in jedem zu jeder Minute geschieht, und

9 Vgl. dazu die in Kap. II,2 zitierten Selbstäußerungen Döblins.

den Joyce begründet hat, zwingend durchgeführt« habe. Während »bei Joyce ein zerrissenes, wüstes Feld des Innern, Sektionsbefunde des lebendig Zerschnittenen bis zur pathologischen Lust« entstehe, würden bei Döblin »Feld und Befund in seinen natürlichen, unverzerrten Zusammenhängen gelassen« (*Neue Zürcher Zeitung*, 8. 11. 1929). Döblin wurde also keineswegs leichterdings als Joyce-Epigone abgekanzelt, sondern der Vergleich mit Joyce fiel bei einigen Kritikern durchaus zugunsten Döblins aus; gelegentlich wurde auch auf seine früheren Bücher verwiesen, die bereits ähnliche Stilelemente enthielten.[10]

Eine andere, allerdings sehr viel seltener herangezogene Vergleichsgröße bildete der Roman *Manhattan Transfer* von John Dos Passos (1925), wobei zumeist *Berlin Alexanderplatz* als das höherrangige Kunstwerk eingestuft wurde: In einer anonymen Rezension der Zeitschrift *Menorah* (März/April 1930) heißt es zu den Vorbildern Joyce

10 Vgl. z. B. Karl Strecker: »Psychoanalytische Befundprotokolle ähnlicher Art hat der irische Schriftsteller James Joyce in seinem *Ulysses* gegeben. Aber, mag dieser wunderliche Wälzer auch nicht ohne Einfluß auf Döblin gewesen sein, er gibt mehr, er greift darüber hinaus, freilich nicht immer, ohne sich zu vergreifen« (*Velhagen & Klasings Monatshefte*, Januar 1930, S. 573). Oder Bruno E. Werner: »Das Buch [*Ulysses*] ist an Döblin nicht vorübergegangen, aber er ist weit entfernt, psychoanalytisches Material anders, denn als zu verarbeitender Rohstoff zu verwenden. Er macht sich im Verlauf seines Buches auch mehr und mehr von dem Einfluß des irischen Schriftstellers frei, um deutlicher das herauszubringen, worauf es ihm ankommt und dabei die Linie einzuhalten, die auch seinen vorangegangenen Romanen entspricht« (*Deutsche Allgemeine Zeitung*, 25. 10. 1929). Ganz anders dagegen der Schriftstellerkollege Hans Henny Jahnn, ansonsten ein Bewunderer von Döblins Romankunst: »Nicht gelungen ist ihm [Döblin], Berlin oder den Alexanderplatz so zu schildern, wie etwa die Stadt Dublin durch Joyce gezeichnet wurde. Die höllische Straße und die Totalität der wichtigen Nebensächlichkeiten. Den Donner der Existenz. Der Roman Döblins sollte heißen: Franz Biberkopf.« Der vitalistischen »Lehre« von *Berlin Alexanderplatz* stimmte Jahnn jedoch zu: »bejahe das dreckige Leben, denn es ist dennoch und immerhin das Leben« (*Der Kreis*, Dezember 1929; zit. nach: Schuster/Bode 1973, S. 228).

und Dos Passos kurz und bündig: »Doch bleibt die Originalität Döblins über allen Zweifel erhaben.«[11]
Sehr viel seltener grenzten manche Rezensenten Döblin auch gegen zeitgenössische deutsche Autoren wie Leonhard Frank (Günther Dehn) oder Thomas Mann (Fritz Schulte ten Hoevel alias Erik Reger, Bernhard von Brentano, Herbert Ihering) ab. Daneben wurde gelegentlich Döblins künstlerische Nähe zu Bertolt Brecht und dessen epischem Theater betont (Herbert Ihering, Fritz Schulte ten Hoevel), während andere bei der Lektüre »eine Piscator-Bühne auf dem Papier« erblickten (Bertha Badt-Strauss). Es finden sich aber auch literarhistorische Vergleiche ganz anderer Art: So wurde Biberkopf mal als »Parzival des fünften Standes« (Günther Dehn), mal als »armer Teufel« wie Woyzeck (E. Kurt Fischer) oder als Dostojewski-Figur (Willy Haas) gesehen.
Obwohl stets die Neuartigkeit von Döblins Erzählstil herausgestrichen wurde, griffen die Kritiker bei ihren – teilweise ebenso widersprüchlichen wie hilflosen – Traditionszuordnungen immer wieder auf deutsche und ausländische Erzähler vor allem des späten 19. Jahrhunderts zurück; als Vergleichsgrößen wurden z. B. Dickens, Balzac, Zola, Flaubert, Freytag, Fontane u. a. genannt. Willy Haas etwa thematisierte in seiner ausführlichen Analyse die grundsätzlichen Schwierigkeiten modernen Erzählens »heute, nach Flaubert, Zola«:

»Dieses Buch [BA] ist ein Übergang von entscheidender Wichtigkeit. Gewiß, es ist noch ein Zwischenzustand, gefesselt an das subjektive Objekt des alten moralisch-psycholo-

11 Vgl. auch Axel Eggebrecht: »[...] Dos Passos ist, so scheint es, erschrocken vor seinem Stoff. Er sieht die Menschen New Yorks, eine wuchernde, verfilzte Masse, die er ergriffen betrachtet. Döblin aber geht dem berliner Menschenwust zu Leibe, als Arzt, als Mitleidender, als Soziologe, als Statistiker, er strebt, ihn zu bewältigen. Und aus eben dieser Anstrengung fließt eine immerfort sich erneuernde dichterische Kraft« (*Die Weltbühne*, 4. 2. 1930; zit nach: Schuster/Bode 1973, S. 244).

gischen Krisenromans à la Dostojewski oder Flaubert, des einlinigen und einsinnigen, der bloßen isolierten, freilich stark bereicherten Novelle oder Anekdote [...].
Döblin hat eine rein epische, sozial völlig aufgerollte und freie Form, mit der das große Epos von heute sicher geschrieben werden kann. Hier haben wir den großartigen Prolog dazu.«

Die neue Rundschau. Dezember 1929. Zit nach: Schuster/Bode. 1973. S. 221 f., 225.

Der konservative Schweizer Literarhistoriker Max Rychner dagegen ordnete Döblins neues Werk in seiner Kurzkritik dem Naturalismus zu, den er für längst überholt hielt:

»[...] das Berlin der untersten Kreise wird in naturrealistischer Manier und in seiner Sprache geschildert, ›lebenswahr‹. Es gab einmal eine *Familie Selicke* [von Johannes Schlaf und Arno Holz], einen Roman, der durch seine soziale ›Lebenswahrheit‹, seine Wahrheitstendenz zu einer gewissen Bedeutung gelangte. Aber diese Gattung ›Kunst‹ lebt nicht sehr lang, wenn ihren Büchern nicht der Vorteil erwuchs, seinerzeit von Zola geschrieben worden zu sein.«

Neue Schweizer Rundschau. 1. Dezember 1929. Zit. nach: Schuster/Bode. 1973. S. 229.

Dieser vorschnellen Aburteilung folgte eine entschiedene Replik von Axel Eggebrecht in der *Weltbühne*, der sich nach seiner Besprechung in der *Literarischen Welt* ein zweites Mal für Döblins Werk stark machte:

»*Berlin Alexanderplatz* und *Familie Selicke* haben so viel mit einander zu schaffen, wie Armut und Fülle der Phantasie; wie ängstliche Kopie von Details und sichere Beherrschung aller Lebenserscheinungen. 1885: Protest gegen

Gründerzeit, Hochkapitalismus, Ausbeutung; Aufbau einer sozial verantwortlichen Literatur. 1929: Erkenntnis von der Unzulänglichkeit der bisherigen Darstellungsmittel, die immer wieder nur Betäubungen waren; die Welt kommt nicht wieder ins Gleichgewicht, man muß noch einmal bei dem Nahen und Übersehbaren anfangen. Aus der Einsicht in unerträgliche Überfülle entsteht der neue Realismus.
Für all das ist dieser große Berlinroman ein Nachweis, ein Beleg, ein erstes großes Beispiel. Sein Dichter Döblin ist ein eminent sozialer Mensch, aber kein Sozialist. [. . .] Er ist radikal, ohne die Erlaubnis dazu sich durch ein Mitgliedsbüchlein bestätigen zu lassen.«

Die Weltbühne. 4. Februar 1930. Zit. nach: Schuster/Bode. 1973. S. 243.

Die letzte Bemerkung ist wohl als Seitenhieb auf jene Kritiker des linken Spektrums gedacht, die den Roman bzw. seinen Autor aus politisch-ideologischen Motiven scharf gerügt hatten. Während einige rechtskonservative Blätter u. a. am dargestellten Verbrecher-Milieu Anstoß genommen hatten, so war es den Rezensenten kommunistischer Periodika vorbehalten, eine weltanschauliche Schlammschlacht gegen Döblin zu führen. Diese warfen ihm vor, einen »konterrevolutionären Roman« (j-s, in: *Die Rote Fahne*, 17. 12. 1929) verfaßt und Verrat an klassenkämpferischen Zielen des Proletariats begangen zu haben, indem er einen Arbeitertypus in den Mittelpunkt gestellt habe, der jegliches Klassenbewußtsein vermissen lasse. Klaus Neukrantz beendete seinen Totalverriß in der Zeitschrift *Die Linkskurve*, dem Hausorgan des »Bundes proletarisch-revolutionärer Schriftsteller« (BPRS)[12], mit folgender Warnung:

12 Dieser Bund war am 19. Oktober 1928 gegründet worden; er war Nachfolger der »Gruppe 1925«, der Döblin zeitweise angehört hatte.

»Das Buch [BA] erhärtet für uns nur den Beweis der Tatsache, daß die sogenannten ›linksbürgerlichen‹ Schriftsteller eine politische Gefahr für das Proletariat bedeuten, der wir die schärfste Aufmerksamkeit zuwenden müssen.«

Die Linkskurve. Dezember 1929. Zit. nach: Schuster/Bode. 1973. S. 229.

Die Polemik gegen *Berlin Alexanderplatz* wurde von Johannes R. Becher in einem programmatischen Aufsatz über die Ziele proletarischer Literatur fortgesetzt. Für ihn bestätigte Döblins Roman nur, »daß die bürgerliche Literatur am Ende ist« (*Die Linkskurve*, Januar 1930). Döblin reagierte auf diesen Angriff mit einer sarkastischen Gegenkritik unter dem Titel *Katastrophe in einer Linkskurve* (in: *Das Tagebuch*, 3. 5. 1930), in der er die »Phrasen des Kommunistenhäuptlings Becher« und dessen »geschriebenen Quarkkäse« mit ätzendem Spott überzog:

»Diese sauberen historischen Materialisten wagen sich nicht an die Realität heran. Sie glauben es ist getan, wenn sie über der Realität ihr rotes Kinderfähnchen schwingen.
[...] Das ist die zum Lachen armselige literarische Vertretung der deutschen KP: Rote Kinderfähnchen über einer Wirklichkeit, die man nicht kennt, der man mit Schmockphrasen aus dem Wege geht.«

SPG 252 f. –

In der nächsten Nummer der angegriffenen Zeitschrift erschien unter dem Titel *Herr Döblin verunglückt in einer »Linkskurve«* ein Artikel von Otto Biha, mit dem die Kontroverse in verschärfter Form fortgesetzt wurde:

»*Berlin Alexanderplatz* ist das Bekenntnis eines Kulturnihilisten, eines schwankenden, haltlosen, resignierten Bürgers, der endlich für seine innere Zerrissenheit die äußere Form

(seinen Stil) gefunden hat. Nicht etwa in den Tiefen seiner dichterischen Seele – sondern bei dem Iren James Joyce, der das alles in seinem *Ulysses* besser vormacht. *Berlin Alexanderplatz* ist eine typische Verfallserscheinung des bürgerlichen Romans, der aus dem Realismus einer konsequenten Handlung in einen Scheinradikalismus der seelischen Zergliederung flüchtet [...].
Döblin fühlt sich ertappt. Mit schlechtem Gewissen und einer schnoddrigen, arroganten Überheblichkeit, die lächerlich und zugleich armselig wirkt, wehrt er die Kritik ab. Ein gekränkter Literat mit Freudschen Komplexen und wehmutvoller Seele. Ein Biberkopf.«

Die Linkskurve. Juni 1930. Zit. nach: Materialien. 1975. S. 99 f.

Döblin zog es vor, zu diesem infamen Beitrag zu schweigen.[13] Kuriose Folgeerscheinung dieses Streites war, daß das »Internationale Büro für revolutionäre Literatur« gegen die Veröffentlichung des Romans in der Sowjetunion erfolgreich protestierte: »ein Schriftsteller, der auf derartig freche Art die proletarische Literatur Deutschlands beleidigt, hat kein Anrecht darauf, von den Arbeitern der Sowjetunion gelesen zu werden« (*Die Linkskurve*, Oktober 1930).[14] Allerdings – Ironie der Geschichte – erschien »fünf Jahre später unter freilich drastisch veränderten politischen Voraussetzungen« doch noch die geplante Übersetzung; sie wurde sogar »gebührend« gewürdigt, wenn auch »mit den obligaten Distanzierungsgebärden und Hinweisen auf mystizistische Aspekte und auf die trostlose Ausweglosigkeit des armen Franz Biberkopf im nichtsozialistischen Umfeld« (W. Stauffacher, in: BA 860).

13 Vgl. dazu Jochen Meyer, in: Marbacher Katalog (1978), S. 270.
14 Vgl. dazu den kritischen Kommentar vom Herausgeber der *Literarischen Welt*, Willy Haas, veröffentlicht am 24. Oktober 1930 unter dem Titel *Angst* .... [sic] (teilweise zit. in: Marbacher Katalog, 1978, S. 271).

Eine ideologische Debatte um Döblins Roman wurde auch in der Essener Zeitschrift *Der Scheinwerfer*[15] geführt. Zunächst ergriff der sozialistische Schriftsteller BERNHARD VON BRENTANO das Wort, der »zwischen bürgerlichen und kommunistischen Positionen und Mißverständnissen eine vermittelnde Haltung« einnahm (J. Meyer, in: Marbacher Katalog, 1978, S. 273); er beurteilte Döblins Roman als »zwiespältiges« Werk:

»Die bürgerliche Presse und ihre Leser hält den Roman *Berlin Alexanderplatz* [. . .] für einen proletarischen Roman, und vorzüglich aus diesem Grunde ist er so begeistert aufgenommen worden. Allerdings sind ›sozial‹ und ›revolutionär‹ längst nicht mehr modern; aber ein neues Stoffgebiet, ein unerschlossenes Milieu betritt der Leser gern [. . .]. Der Aufenthalt ist obendrein um so einfacher, als Döblins Roman in seiner Haltung und Struktur ein durchaus bürgerlicher ist. [. . .] Döblin hat weit mehr Talent als Thomas Mann, sogar als Gustav Freytag. [. . .] nur vom Grunewald aus gesehen ist das Milieu des Döblinschen Romans ein proletarisches. [. . .] Man weiß dort nicht, daß es längst eine Klasse gibt, das Proletariat, das zwar in enger Nachbarschaft mit dem Lumpenproletariat des Döblinschen Romans lebt, aber von diesem genau so weit entfernt ist wie der Grunewald. [. . .]
Döblin [. . .] ist an der sozialen Erkenntnis vorübergegangen. [. . .] die Frage drängt sich auf, ob ein Mann, der so zu denken und zu empfinden versteht wie dieser Franz Biberkopf, so apolitisch sein kann wie der. Aber selbst wenn der Psychologe Döblin diese Frage bejahen wollte, müßte sie der Sozialist Döblin verneinen. Denn der weiß, daß es für

15 Zum politischen Profil der Zeitschrift vgl. den Beitrag von Erhard Schütz »›Synthese von technischer Lebenshaltung und Geisteskultur‹ oder Gesellschaftsmangel und Gemeinschaftssuche«, in: *Jahrbuch zur Literatur der Weimarer Republik* 1 (1995), S. 93–114, hier S. 99 und 105 ff.

diejenigen, welche nicht im Besitze der Produktionsmittel sind, nicht Schicksale gibt, sondern nur ein Schicksal.«

Der Scheinwerfer. März 1930. Zit. nach: Schuster/Bode. 1973. S. 212, 214 f.

Weit weniger moderat äußerte sich im selben Heft der neusachliche Autor Erik Reger (unter dem Pseudonym Fritz Schulte ten Hoevel), der *Berlin Alexanderplatz* als »symptomatisch für die Krise der [bürgerlichen] Literatur« einstufte und den Roman ästhetisch und ideologisch abkanzelte:

»Ob der Döblinsche Roman vom Franz Biberkopf ›proletarisch‹ ist oder nicht, scheint mir eine müßige Frage zu sein. [...] Was er [Döblin] geschrieben hat, ist der typische psychologische Roman der Vorkriegszeit [...]. Franz Biberkopf ist nicht im mindesten ein Antipode der bürgerlichen Gesellschaft; er ist nicht allein vom Standpunkt des Bürgers ein Deklassierter, er ist auch unter den Arbeitern ein Ausgestoßener. Er ist ein Abkömmling der literarischen Hundertschaft Ramponierter, Entwurzelter, vom Pech Verfolgter. [...] Die Methodik stammt von Thomas Mann, der Trick aus der Sammelmappe ›Sozialer Roman‹.
[...] Ob Döblin ein besserer Schriftsteller ist als die bisherigen Produzenten dieser Gattung, mag dahingestellt bleiben – sicher ist er raffinierter. Infolgedessen sind auch alle fortschrittlichen Leute auf diesen Roman blindlings hereingefallen.«

Der Scheinwerfer. März 1930. Zit. nach: Schuster/Bode. 1973. S. 230 f.

Döblin kam der Bitte von Hannes Küpper, dem Herausgeber der Zeitschrift, »in die Diskussion« einzugreifen,[16] nicht nach; auf Küppers Brief reagierte er am 3. Mai 1930 unwirsch:

16 Brief an Döblin vom 26. 4. 1930, zit. in: Marbacher Katalog (1978), S. 275.

»Daß Ihre Zeitschrift mich neuerdings anrempelt oder -rüpelt, ist mir ganz uninteressant; warum soll sie es nicht; auf welche Weise wird denn eine Zeitschrift, die sonst keinen Standpunkt hat, sondern, wie Sie selbst schreiben, nur eine Tribüne ist, frisch, als so? Ein Standpunkt ist schon schwerer, Begriffe muß man schon haben. Also [...] ganz deutlich: Die Zusendung Ihrer Zeitschrift an mich erübrigt sich.«

Zit. nach: Marbacher Katalog. 1978. S. 275. –

Attacken wie die der *Linkskurve* und des *Scheinwerfers* taten dem Erfolg des Romans im ganzen gesehen keinen Abbruch. Neben den überwiegend positiven Kritiken dürften Döblin vor allem die Äußerungen prominenter Kollegen geschmeichelt haben. Bei einer Umfrage der Zeitschrift *Das Tagebuch* (7. und 13. Dezember 1930) über die »besten Bücher des Jahres« nannten Arnold Zweig, Carl Zuckmayer und Robert Musil Döblins Buch. Sogar Döblins ›Erzrivale‹ THOMAS MANN[17] fand für *Berlin Alexanderplatz* im Vorwort zum Stockholmer Katalog *Utländska Böcker 1929* lobende Worte:

»Dieser Schriftsteller [Döblin] ist kraft seiner kecken und scharfen künstlerischen Intelligenz, seines hohen Ehrgeizes, seiner Lebensnähe und einer Gestaltungskraft, die original blieb, indem sie zu lernen verstand, im Begriffe, an die Spitze der geistigen Bewegung Deutschlands zu treten. Nach mehreren großartigen epischen Experimenten [...] hat der Dichter jetzt ganz sich selbst gefunden, indem er die Erfahrungen seines Lebens als Armenarzt im Berliner Osten zu seinem Stoff macht. Der Raum verbietet mir, auf das nach seinen künstlerischen Mitteln aufregend interes-

17 Zu dem äußerst gespannten Verhältnis zwischen beiden Autoren vgl. das Kapitel »Alfred Döblin und Thomas Mann« von Jochen Meyer im Marbacher Katalog (1978), S. 406–425.

sante Werk [. . .] näher einzugehen, aber ich bekenne, daß ich in Bewunderung stehe vor diesem großartig gelungenen Versuch, die proletarische Wirklichkeit unserer Zeit in die Sphäre des Epischen zu erheben.«

Thomas Mann: Reden und Aufsätze. Bd. 2. Frankfurt a. M.: Fischer, 1990. S. 723. – Mit Genehmigung der S. Fischer Verlag GmbH, Frankfurt am Main.

2. Editions- und Forschungsgeschichte

Die Rezeption des Romans wurde 1933 durch die Machtübernahme der Nationalsozialisten jäh unterbrochen bzw. verhindert. Döblins Bücher, die nach der NS-Terminologie der »Asphaltliteratur« zugerechnet wurden, fielen der Bücherverbrennung zum Opfer und sollten damit aus dem kollektiven Gedächtnis gelöscht werden. Aus dem Schweizer Exil schrieb Döblin am 28. April 1933 an Ferdinand Lion: »Am 10. Mai ist autodafé [sic], ich glaube, der Jude meines Namens ist auch dabei, erfreulicherweise bloß papieren. So ehrt man mich« (Br 179).

Bevor Döblin Ende Februar 1933 aus Deutschland floh, hatte er nach dem großen Erfolg von *Berlin Alexanderplatz* den Zenit seines Ruhms erreicht. Der Roman hatte kurz nach Erscheinen noch Eingang in etliche Literaturgeschichten gefunden, so etwa in die von Werner Mahrholz[1], Oskar Walzel[2], Arthur Eloesser[3], Kurt Mar-

1 Werner Mahrholz, *Deutsche Dichtung der Gegenwart. Probleme, Ergebnisse, Gestalten*, durchges. und erw. von Max Wieser, Berlin: Sieben-Stäbe-Verlag, ²1930; zu BA: S. 426 f.

2 Oskar Walzel, *Deutsche Dichtung von Gottsched bis zur Gegenwart*, Wildpark-Potsdam: Akademische Verlagsgesellschaft Athenaion, 1930; zu BA: S. 351 f.

3 Arthur Eloesser, *Die deutsche Literatur vom Barock bis zur Gegenwart*, Bd. 2: *Von der Romantik bis zur Gegenwart*, Berlin: Cassirer, 1931; zu BA: S. 612.

TENS[4], ANSELM SALZER[5], PAUL FECHTER[6] und GUIDO K. BRAND[7]. Nach 1933 wurde Döblin, wie WALTER MUSCHG (1958) schrieb, »über Nacht einer der verhaßtesten Schriftsteller, nicht nur als Jude und Sozialist, sondern als der seltene Fall eines politisch denkenden deutschen Dichters« (S. 127). In der offiziellen Historiographie wurden fortan Döblins Werke völlig ignoriert oder aber als ›undeutsch‹ diffamiert. Beispielhaft sei hier der entsprechende Passus aus der völkisch-nationalen, nach »Stammesräumen« gegliederten Literaturgeschichte von CHRISTIAN JENSSEN zitiert:

»Besonders kraß und übel zeigte sich der Überrealismus auch bei *Alfred Döblin*, der in dem Roman *Berlin Alexanderplatz* vom marxistischen sowohl wie vom psychoanalytischen Standpunkt aus das Gesicht der neuzeitlichen Großstadt und ihres menschlichen Abschaums in grauenhaft greller Beleuchtung und Verzerrung ausmalte und mit dem gleichen Zerrspiegel auch die Vergangenheit (*Wallenstein*) und die Zukunft (*Berge, Meere, Giganten* [sic]) zu erfassen und zu deuten versuchte.«

Christian Jenssen: Deutsche Dichtung der Gegenwart. Leipzig/Berlin: Teubner, 1936. S. 9.

Noch deutlicher formulierte es 1941 JOSEF NADLER, der Döblin als »neumodischen Gottlosen« bezeichnete, der »auf eine verruchte Weise die Welt« buchstabiere. Er nutzte die

4 Kurt Martens, *Die Deutsche Literatur unserer Zeit. In Charakteristiken und Proben*, neue, vervollst. Aufl., Berlin: Paul Franke, [o. D. (frühestens 1931)]; zu BA: S. 498.

5 Anselm Salzer, *Illustrierte Geschichte der Deutschen Literatur von den ältesten Zeiten bis zur Gegenwart*, Bd. 5,2: *Vom neuen »Sturm und Drang« bis zur Gegenwart*, zweite, neu bearb. Aufl., Regensburg: Habbel, 1932; zu BA: S. 2284.

6 Paul Fechter, *Dichtung der Deutschen. Eine Geschichte der Literatur unseres Volkes von den Anfängen bis zur Gegenwart*, Berlin: Deutsche Buch-Gemeinschaft, 1932; zu BA: S. 856.

7 Guido K. Brand, *Werden und Wandlung. Eine Geschichte der deutschen Literatur von 1880 bis heute*, Berlin: Wolff, 1933; zu BA: S. 522.

Gelegenheit, die von Juden verfaßte Berliner Literatur und deren Exponenten Döblin, Tucholsky und Rathenau zu denunzieren: Ihr Ziel sei die »gewaltsame geistige und seelische Umartung des deutschen Volkes« gewesen, das »zum Werkzeug und Vollstrecker des jüdischen Messiasgedankens« gemacht werden sollte.[8]

Als Döblin 1945 aus dem Exil nach Deutschland heimkehrte, war nicht nur sein Ruhm der Berliner Zeit verblaßt, sondern auch seine Werke – mit Ausnahme des Romantitels *Berlin Alexanderplatz* – waren vergessen.[9] Obwohl bereits 1947 im Kasseler Harriet-Schleber-Verlag der erste Nachdruck des Romans in einer Auflage von 10 000 Stück erschien und eine weitere Auflage (11.–15. Tsd.) im Dezember 1948 in Produktion ging, führte dies nicht zu einer breiteren Rezeption, wie überhaupt die Literatur vor 1933 über einen längeren Zeitraum kaum Beachtung fand. Die Schriftsteller der jüngeren Generation, namentlich die Mitglieder der Gruppe 47, bemühten sich weder um Kontakte zu den zurückgekehrten Exil-Autoren, noch setzten sie sich mit deren Werken auseinander. Statt dessen propagierten sie den radikalen Neuanfang oder orientierten sich an amerikanischen bzw. französischen Vorbildern. Ausnahmen bildeten u. a. Wolfgang Koeppen und Arno Schmidt, die bewußt an Erzähltraditionen der deutschsprachigen Moderne bzw. der Weimarer Republik anzuknüpfen versuchten und sich dabei explizit auch auf Döblin beriefen.[10]

Döblins Entscheidung für den Schleber-Verlag erwies sich als rezeptionsgeschichtlich fatal. Werner Stauffacher bemerkt dazu: »Die mit allzu großem Optimismus auf mindestens 50 000 Exemplar[e] angesetzte Ausgabe [laut dem im Nachlaß aufbewahrten Verlagsvertrag vom 18. März

8 Josef Nadler, *Literaturgeschichte des Deutschen Volkes. Dichtung und Schrifttum der deutschen Stämme und Landschaften*, Bd. 4: *Reich (1914–1940)*, Berlin: Propyläen-Verlag, 1941, S. 228 f.

9 Vgl. das Zitat aus der *Schicksalsreise* in Kap. II,2 (S. 121 f.).

10 Vgl. dazu die Ausführungen in Kap. IV,4.

1947] blieb bald stecken, da der Verlag die Währungsreform nicht überlebte. Louis Huguet weiß nicht mehr als zwei Rezensionen zu nennen« (in: BA 862).

Auch die ungeschickten und glücklosen kulturpolitischen Aktivitäten Döblins waren schuld daran, daß seine früheren Werke ebensowenig Resonanz fanden wie die im Exil entstandenen Romane und seine nach 1945 verfaßten Schriften. Als besonders folgenschwer erwies sich die Zusammenarbeit mit dem jungen Arzt Paul E. H. Lüth, dessen Literaturgeschichte – die erste nach 1945 – sich zu einem der größten literaturpolitischen Skandalfälle der Nachkriegszeit entwickelte. In einer ungewöhnlich scharfen Polemik unter dem Titel *Literatur und Lüth* (1948) deckte Paul Rilla nicht nur auf, daß das Werk mit dem Titel *Literatur als Geschichte* über weite Strecken ein Plagiat von Albert Soergels Literaturgeschichte von 1911 darstellt, sondern auch, daß Lüths Mentor Döblin, dem der Verfasser im Vorwort eine Dankadresse widmet, deutlichen Einfluß genommen habe; dies zeige sich zumindest im Kapitel über Thomas Mann, der von Lüth ebenso dilettantisch-ignorant wie abschätzig beurteilt wird, während Döblins Œuvre im Gegenzug höchstes Lob bekommt.[11] Diese

11 Zur »Rolle Alfred Döblins« bei der Entstehung dieser Literaturgeschichte schrieb Rilla: »Alfred Döblin hat mit Rat und Tat geholfen, und wer über das literarische Cliquenwesen im Deutschland vor 1933 Bescheid weiß, kann nicht daran zweifeln, daß Lüth vor allem als Thomas-Mann-Exeget nicht vergeblich auf Döblins Rat gehört hat. Döblin ist ein bedeutender Schriftsteller, aber er hat niemals die Größe besessen, ein anderes Maß als das eigene anzuerkennen oder auch nur für möglich zu halten. [...] Nun hat Döblin, nachdem er wie Thomas Mann aus Deutschland emigriert war, erleben müssen, daß sich dieses Werk keineswegs in ein Nichts auflöste, daß Thomas Mann vielmehr zu einem Weltruhm emporstieg [...]. Thomas Mann anerkannt als die größte literarische Erscheinung der Epoche – und Alfred Döblin? Er benutzte, nach Deutschland zurückgekehrt, die erste Gelegenheit, eine umfassende Revision des verhaßten Tatbestandes vorzubereiten. Und in dem achtundzwanzigjährigen Paul E. H. Lüth fand er das zu jedem Dienste erbötige Werkzeug« (Paul Rilla, *Literatur und Lüth. Eine Streitschrift*, zit. nach: *Deutsche Literaturkritik*, Bd. 4: *Vom Dritten Reich bis zur Gegenwart (1933–1968)*, hrsg. von Hans Mayer, Frankfurt a. M.: Fischer, 1978, S. 276–357, hier S. 324 f.).

Affäre schädigte nachhaltig Döblins Ansehen und sorgte dafür, daß er immer stärker ins Abseits geriet. Als Rezeptionshemmnis erwies sich auch das kulturpolitische Klima der fünfziger Jahre, in denen konservative literarische Strömungen dominierten und die Werke eines so streitbaren, unbequemen und schwierigen Autors wie Döblin keine Konjunktur hatten.[12] Über die »Marktlage« seines »Lehrers« Döblin zog GÜNTER GRASS 1967 eine ernüchternde Bilanz:

»Als französischer Offizier kehrt er mit seinem letzten Roman heim und findet in der Bundesrepublik keinen Verleger. Erst 1956 erscheint in der DDR bei Rütten & Loening der Hamlet-Roman. Wie heißt die hausbackene Redensart im Land der Dichter und Denker: Zu Lebzeiten vergessen. Döblin lag nicht richtig. Er kam nicht an. Der progressiven Linken war er zu katholisch, den Katholiken zu anarchistisch, den Moralisten versagte er handfeste Thesen, fürs Nachtprogramm zu unelegant, war er dem Schulfunk zu vulgär; weder der *Wallenstein* noch der *Giganten*-Roman ließen sich konsumieren; und der Emigrant Döblin wagte 1946 in ein Deutschland heimzukehren, das sich bald darauf dem Konsumieren verschrieb. Soweit die Marktlage: der Wert Döblin wurde und wird nicht notiert.«

Günter Grass: Über meinen Lehrer Döblin. In: Akzente 14 (1967) S. 308. –

12 Die Gründe, warum Döblins Werke im Nachkriegsdeutschland weitgehend ignoriert wurden, versucht FRIEDHELM KRÖLL aufzudecken in seinem Beitrag: »›... und die ich nicht in den Wolken geschrieben hatte.‹ Warum Alfred Döblin in der westdeutschen Nachkriegsliteratur nicht angekommen ist«, in: Jost Hermand [u. a.] (Hrsg.), *Nachkriegsliteratur in Deutschland*, Bd. 2: *Autoren, Sprache, Traditionen*, Berlin: Argument-Verlag, 1983, S. 65–72.

Wenngleich Grass' Diagnose zum zehnten Todestag des verehrten Autors sehr pauschal ausfällt, ist sie – auf das Gesamtwerk bezogen – tendenziell richtig. Für *Berlin Alexanderplatz* gilt sie jedoch nur eingeschränkt. Zwar dauerte es noch eine Weile, bis dieses Werk durch die Germanistik als bedeutendster deutscher Großstadtroman kanonisiert wurde, aber es gab bereits in den fünfziger und frühen sechziger Jahren einzelne Forschungsbeiträge, die in diesem Sinne als Meilensteine anzusehen sind und den »eigentlichen Diskurs der Nachkriegszeit über *Berlin Alexanderplatz*« begründeten (O. Keller, 1990, S. 153). Zu nennen ist hier zuerst die ausführliche Einzelinterpretation des Romans durch Fritz Martini in seinem 1954 erschienenen Buch *Das Wagnis der Sprache*. Er begreift *Berlin Alexanderplatz* als eine formale wie stoffliche Pionierleistung und zieht Verbindungslinien zum klassischen Entwicklungsroman:

»[...] unverkennbar ist die experimentierende Kühnheit der epischen Form, die Erneuerung der erzählerischen Optik und Technik in diesem Roman bedeutsamer als der Griff nach einer bisher nicht ähnlich vorbehaltlos entwickelten Stofflichkeit. Trotz der Anregungen aus dem französischen Naturalismus fehlte bisher in der deutschen Literatur der aus der vollen Breite des sozialen Lebens schöpfende Roman der Großstadt, der sie nicht nur als Thema oder als Milieu einführt, sondern als ein zu eigenen Formen nötigendes Gesetz der erzählerischen Gestaltung dichterisch ernst nimmt.
[...] Der Roman *Berlin Alexanderplatz* hat gleichsam zwei ›Helden‹ als Beziehungspunkte der Erzählung. Es ist einmal die Großstadt, jene furchtbare Landschaft des ›Opfers‹ (vgl. die Symbolfunktion der Schlachthausszenen in dem Roman), welche – bei aller chaotischen Atomisierung und technizistischen Automatisierung ihrer Apparatur – eine übermächtige irrationale, faszinierende und bedrängende Lebenskraft als gleichsam ihr epischer Mythos durchflutet. Und zweitens ist es der Arbeiter Franz Biberkopf, der bei

aller Konkretheit der Figur und aller psychologisch-pointillistischen Aufstückelung in das Spiel seiner Triebe, Wallungen, Stimmungen das Irrationale des Typus Mensch schlechthin verwirklicht. Er bedeutet im Ablauf seines Schicksals, seines Irrens und Leidens die innere Einheit des Romans, das unentbehrliche Zentrum der Orientierung. Döblin schreibt einen Entwicklungsroman, eine im Grunde hochmoralische und geradezu didaktische Geschichte. Dieser Arbeiter Franz Biberkopf läßt typische Züge des ›Helden‹ des deutschen Entwicklungsromans erkennen: Einfalt und Abenteuerlust, Innerlichkeit und Lebensbegierde, Grüblertum und Daseinsoffenheit, eine schlendernde, im Willen gehemmte Passivität, Gutmütigkeit, Verletzbarkeit, eine nach Neuem beständig ausgreifende Unruhe und die zwar dumpfe, dennoch immer gegenwärtige Frage nach dem Guten und Gerechten als dem Sinn der Existenz. Allerdings wird dieser Begriff Entwicklungsroman in seiner Anwendung auf diesen Roman auch wieder sehr problematisch, wenn man die Grundfigur des inneren Geschehens in Franz Biberkopf ins Auge faßt. Denn offenbar geht es hier nicht in dem seit Wielands *Agathon* und Goethes *Wilhelm Meister* geprägten Sinne um den klassischen Formtypus von Entwicklung und Entscheidung, sondern, was hier nur angedeutet sei, um einen Formtypus, der durch die Begriffe Durchbruch und Verwandlung charakterisiert wird. [...] Der Typus Durchbruch und Verwandlung setzt [...] die elementare Gebundenheit und Gefangenschaft voraus und läßt eine Befreiung nur in der plötzlich einbrechenden Ekstase der Erkenntnis, der Katastrophe und der Gnade möglich werden. Diese Ekstase aus dem Unbewußten und Überbewußten heraus läßt der Autor seinen Franz Biberkopf am Schluß des Romans erleben. Es geht bei aller Individualität seiner Figur um eine Art von paradigmatischem Modell, um ›das Exemplarische des Vorgangs und der Figuren‹, das Döblin als Grundforderung an alle echte Epik, an den Roman als Wahrheitsaussage stellt.«

Martini schließt an diese Überlegungen eine detaillierte Analyse der erzähltechnischen und stilistischen Mittel an und kommt zu dem Schluß:

»Döblin drückt das Flutend-Chaotische, das Treibend-Unabsehbare dadurch aus, daß er alle festen Konturen zum Gleiten bringt, wozu auch der beständige Wechsel seines Standortes gehört. Die Zerstückelung der Welt wird suggestiv in der Erzählform des Autors wiederholt; das Zusammenhanglose, die mangelnde Sinneinheit der Welt wird sprachlich sichtbar.
[...] Aus diesen erzählerischen Voraussetzungen ist der einzige dichterisch sprechende Großstadtroman entstanden, den die deutsche Literatur aufzuweisen hat.«

Fritz Martini: Alfred Döblin, *Berlin Alexanderplatz*. In: F. M.: Das Wagnis der Sprache. Interpretationen deutscher Prosa von Nietzsche bis Benn. Stuttgart: Klett, [8]1993. S. 339 f., 349 f., 359, 372. – Mit Genehmigung der J. G. Cotta'sche Buchhandlung Nachfolger GmbH, Stuttgart.

Im gleichen Jahr wie Martini veröffentlichte der französische Germanist ROBERT MINDER einen Essay über den Autor, mit dem ihn eine langjährige Freundschaft verband und für dessen Rezeption in Frankreich er sich seit den dreißiger Jahren stark engagierte. In diesem Beitrag unter dem Titel *Alfred Döblin zwischen Osten und Westen* verarbeitete Minder seine intimen Kenntnisse der Biographie des Schriftstellers, der seit Ende April 1953 aus Enttäuschung über die politische Entwicklung in Deutschland wieder nach Paris übergesiedelt war, wo die beiden in engem persönlichen Kontakt standen.[13] Minder erklärte *Berlin Alexanderplatz* – ganz im Sinne des Konvertiten Döblin – zu einem »religiösen Lehrgedicht«, in dem »das Bild vom ›Opfer

13 Zum persönlichen Verhältnis der beiden vgl. MANFRED BEYER, »Alfred Döblin und Robert Minder«, in: IADK Paris (1993), S. 53–65.

Abrahams‹« zum »Symbol für des Dichters Grundproblematik ›Macht – Ohnmacht‹, ›Unterwerfung – Aufstand‹« werde (S. 170 f.). Über die Wandlung der Hauptfigur bemerkte er:

»Den Aufenthalt im Irrenhaus schildert mit unheimlicher Intensität der Psychiater Döblin; aber hinter dem Arzt steht der Metaphysiker, hinter dem Naturalisten der Mystiker. Biberkopf geht auf seine Weise, auf seiner Ebene durch die gleiche ›dunkle Nacht der Seele‹ hindurch wie Johannes vom Kreuz, wie Kleistens Prinz von Homburg. Neugeschaffen wie sie tritt er aus ihr heraus, ›demütig und wissend‹, geheilt von seiner falschen Großmannssucht. [...]
Biberkopf ist eine bisher kaum erkannte Verkörperung des ›deutschen Michels‹. Aber während bei den Sprechern des Regimes der deutsche Michel in seiner unmäßigen Gutmütigkeit nur von den ›äußeren‹ Feinden Deutschlands ausgenützt wird, stellt Döblin ganz entschieden die vielleicht noch größere innere Bedrohung dieses Typus heraus. [...]
Eine andere soziologische Erkenntnis ergibt sich aus dem *Alexanderplatz*: die erotische Wurzel einer solchen Machthörigkeit. Der Roman ist so wenig wie die übrigen Bücher Döblins ein homosexuelles Buch im hergebrachten Sinne des Wortes. Und doch sind es, von wenig Ausnahmen abgesehen, Bücher ohne Frauen. Im Mittelpunkt steht fast immer ein dem Dichter nicht unbewußtes, verbissen-heftiges Liebesringen zwischen zwei männlichen Partnern. Ein Liebesringen, das sich auf anderen Ebenen als auf der der reinen Sexualität abspielt, das Gesamtverhalten der Personen grundlegend beeinflußt und seine verborgenste Ursache in der übergroßen Vater-Autorität hat, wie sie ausländische Beobachter im deutschen Lebensstil seit Jahrhunderten frappiert. [...]
Mit einem derartig unheimlichen Unterton kann Döblins Berliner Roman – der bislang einzige deutsche Großstadt-

roman internationalen Formats – nicht die Wärme, ja Behaglichkeit spenden wie die Pariser Romane Balzacs oder gar die Londoner Romane Dickens'.«

Robert Minder: Alfred Döblin zwischen Osten und Westen. In: R. M.: Dichter in der Gesellschaft. Erfahrungen mit deutscher und französischer Literatur. Frankfurt a. M.: Insel-Verlag, 1966. S. 173–175. –

Mit seiner freilich recht schematischen psychoanalytischen Deutung fand Minder zunächst wenig Echo; sie wurde erst später von der Forschung wieder aufgegriffen. Noch bevor Minder das Projekt einer historisch-kritischen Gesamtausgabe anregte, die in Zusammenarbeit mit dem Autor und der Mainzer Akademie der Wissenschaften und Literatur realisiert werden sollte, erschienen 1955 gleichzeitig Neuausgaben des Romans *Berlin Alexanderplatz* im Ullstein-Verlag »Das Goldene Vlies« (Berlin) und im ostdeutschen Verlag »Das Neue Berlin«.[14] Die DDR-Ausgabe ist insofern interessant, als sie einerseits ein Nachwort von Döblin selbst enthält, in dem der Autor eine dezidiert religiöse Deutung des Romans vornimmt,[15] der Klappentext aber andererseits die Leser vorsorglich auf die ideologisch bedenkliche Haltung des Protagonisten hinweist:

»Nicht jeder erblickt das böse, von Lastern und Verbrechen entstellte Gesicht des Berliner Alexanderplatzes. Dem Arzt Alfred Döblin hatte es sich während eines halben Lebens im Osten der großen Stadt unauslöschlich eingeprägt, er zog seine Linien nach, schrieb die Geschichte von Franz Biberkopf. [...]
Nur schwach drang in dieses Leben das ›Wacht auf, Ver-

14 Zur Textgestalt dieser beiden Ausgaben, an denen Döblin selbst höchstwahrscheinlich nicht mitgewirkt hat, vgl. die Anmerkungen von Werner Stauffacher in: BA 472–474; s. S. 123 f.

15 Vgl. das Zitat des Nachworts in Kap. II,2.

dammte dieser Erde!‹, es fand keinen Widerhall in den dumpfen Hirnen dieser Menschen.
Wirklichkeitsgetreu hat Alfred Döblin die kaum zu bändigende Fülle der Bilder nachgezeichnet, bunte, schillernde und trübe, grausige Bilder der Großstadt Berlin am Ende der zwanziger Jahre.«

Zit. nach: BA 472 f.

Minders ambitionierter Plan einer historisch-kritischen Gesamtausgabe war aus heutiger Sicht völlig utopisch. Das Unternehmen scheiterte jedoch nach Döblins Tod nicht an den ungünstigen kulturpolitischen Rahmenbedingungen, sondern letztendlich »am Einspruch der Erben«. MATTHIAS PRANGEL schreibt dazu:

»Das erst jetzt verfügbare Wissen um die tatsächlichen Ausmaße des Döblin-Werkes, um dessen handschriftliche Grundlage und die sich daraus ergebenden immensen editorischen Probleme berechtigt eher zu dem Schluß, daß Minder und die Mainzer Akademie nicht im Entferntesten wußten und wissen konnten, worauf sie sich einzulassen gedachten. Weder in ökonomischer Hinsicht, noch vom Arbeitsaufwand, von der editorischen Sachkompetenz und Erfahrung und von der Materialbasis her waren damals die Voraussetzungen gegeben, das Unternehmen dem propagierten Anspruch einer historisch-kritischen Gesamtausgabe gemäß in einigermaßen absehbarer Zeit zu verwirklichen. Berücksichtigt man diese Ausgangslage, so wird man es nicht als für die Wiederbelebung des Interesses an Döblin schlechteste Lösung betrachten, daß Muschg, Döblin-Erben und Walter-Verlag nach dem Tod des Autors eine sich im Laufe der Zeit immer mehr als Open-end-Ausgabe entpuppende Werkauswahl verabredeten [. . .].«

Matthias Prangel: Alfred Döblin. Stuttgart: Metzler, [2]1987. S. 2. –

Die nach dem Tode Alfred und Erna Döblins getroffene Entscheidung der Erbengemeinschaft, WALTER MUSCHG zum Hauptherausgeber der Werke zu ernennen, erwies sich als sowohl editions- wie rezeptionsgeschichtlich folgenreich. Noch bevor der Schweizer Germanist[16] die Reihe der »Ausgewählten Werke in Einzelbänden« mit den Romanen *Die drei Sprünge des Wang-lun*, *Pardon wird nicht gegeben* (beide 1960) und *Berlin Alexanderplatz* (1961) eröffnete, hatte er die dritte, 1958 erschienene Auflage seines Essaybandes *Die Zerstörung der deutschen Literatur* um einen Beitrag über Döblin ergänzt, der seine persönliche Sichtweise auf den ein Jahr zuvor verstorbenen Autor offenlegt. Der Titel *Ein Flüchtling. Alfred Döblins Bekehrung* gibt bereits die interpretative Linie vor; über *Berlin Alexanderplatz* schreibt er:

»[...] brandet darin das anonyme Ungeheuer Berlin mit dem chaotischen Wirrwarr seiner Sprachen und der ungeheuerlichen Gleichzeitigkeit seines Geschehens vom täglichen Massenmord in den Schlachthöfen bis zum Gesumm der neusten Schlagermelodien. Die Masse Mensch wimmelt mit ihren Gruppenseelen, stählerne Arme treiben den Menschenbrei wie in einem Krater um. Aber es ist das Buch eines Moralisten. [...] Dieses Berlin ist Sodom am Vorabend der Zerstörung. Aus dem Tausendfuß Leben ist die Hure Babylon geworden [...].
Franz Biberkopf ist nur eines der zahllosen Menschentiere, die in diesem Berlin ihr Wesen treiben. Ein Mann von Eisen wird gebrochen und muß den Sinn des Menschseins begreifen lernen. [...] Dieser Mann, der dazu gebracht wird, sterbend über sich selbst zu weinen, ist Döblin selbst. Einmal mehr nahm er dichtend die Wandlung vorweg, die ihm in Wirklichkeit noch bevorstand. Einmal mehr sprach er in dä-

16 Muschg hatte bereits als zeitgenössischer Rezensent *Berlin Alexanderplatz* zum »wahrscheinlich [...] interessantesten, wichtigsten Roman der Nachkriegsjahre« erklärt (zit nach: Schuster/Bode 1973, S. 246).

monischer Doppelzüngigkeit, gestaltete er seine Niederlage so, daß sie als Verherrlichung des Bösen mißverstanden werden konnte. Das langsame Lied des Todes, das Biberkopf am Schluß schreiend als Hinrichtung seines alten Menschen erlebt, schlägt die Hure Babylon in die Flucht, aber in den Siegesfanfaren seiner Rückkehr in ein besseres Leben ist ein falscher Ton. Sie widerrufen endgültig Wang-luns willenlose Ergebung in das Unabwendbare, aber sie konnten Döblins eigenes Schicksal nicht aufhalten. Der Widerspruch zwischen Phantasie und Wirklichkeit klaffte jetzt für ihn selbst ›bis zum Unsinn und bis zur Hölle herunter‹ und zerbrach ihn.

Es war die Hölle, die er 1933 in Deutschland sich öffnen sah.«

Walter Muschg: Ein Flüchtling. Alfred Döblins Bekehrung. In: W. M.: Die Zerstörung der deutschen Literatur. Bern: Francke, ^{3}1958. S. 124–126. – Mit Genehmigung des A. Francke Verlags Tübingen und Basel, 1997.

In Muschgs autobiographisch fixierter Deutung erscheinen alle Werke als Vorstufen auf dem Weg zu der von Döblin 1941 vollzogenen Konversion zum Katholizismus. Folgerichtig übernahm Muschg in seinem Nachwort zu der 1961 veröffentlichten Neuedition von *Berlin Alexanderplatz* die vom späten Döblin vorgegebene Interpretation des Romans:[17]

»Wer ihn [den Roman BA] als Apotheose der Großstadt liest, mißversteht ihn. Er ist kein naturalistischer Milieuroman, sondern eine didaktische Dichtung wie Brechts etwa gleichzeitig entstandene Lehrstücke. Seine stärkste Berührung mit der *Dreigroschenoper* liegt in der Anknüpfung an

17 Zu erinnern ist hier an Döblins Nachwort zur 1955 erschienenen DDR-Ausgabe: »Das innere Thema also lautet: Es heißt opfern, sich selbst zum Opfer bringen. Und früh sprießen in dem Buch auch für den, der lesen kann, die Opferthemen auf« (SLW 464).

den volkstümlich-lehrhaften Stil. Die Kapitelüberschriften erinnern an die Volkskalender, an Grimmelshausen, Hebel und Gotthelf, die Vorsprüche vor den einzelnen Büchern an die Texte der Bänkelsänger, die auch Brecht liebt und imitiert. [...] Er [Döblin] gibt sich als Moralist zu erkennen, der das Chaos der Welt durchschaut und eine höhere Wahrheit darin erblickt. [...]
Das futuristische Panorama wird zuletzt zum religiösen Welttheater. *Berlin Alexanderplatz* ist Döblins erste christliche Dichtung. Die im *Manas* geschehene große Wendung nach innen setzt sich durch, nur nicht in indischer, sondern in christlicher Bildersprache. Vor allem das Alte Testament wird als Kontrapunkt zum Großstadtlärm hörbar. [...] Da diese Bibelstellen in Abständen immer wieder anklingen, verstärkt sich der religiöse Unterton immer mehr; schon in den Heilsarmeeszenen wird ja das Bekehrungsmotiv angeschlagen. [...]
Der Roman endigt als Mysterium von der Wiedergeburt des Menschen, das der Expressionismus so oft gestaltete. [...] Der Tod bricht ihn [Biberkopf] entzwei, er weint über sich und seine Schuld, daraufhin wird er begnadigt. Diese Visionen sprengen den Umriß seiner Gestalt, dafür zeigt sich, daß auch er eine Selbstdarstellung ist. Döblin dichtet in diesen letzten Kapiteln seinen eigenen Zusammenbruch voraus, der seit der polnischen Reise von 1925 seinen Schatten vorauswarf.«

Einzig am Ausgang des Romans nahm Muschg Anstoß:

»Der Schluß von *Berlin Alexanderplatz* – Zusammenbruch, Bekehrung und neues Leben Biberkopfs – wirkt theatralisch übertrieben. Diese Visionen steigen nicht aus dem Unbewußten eines Möbelpackers auf, sondern sind ein künstlich aufgesetzter mythologisch-allegorischer Apparat, der zwar dem Stil der religiösen Tendenzdichtung gemäß ist, aber gedanklich überstürzt wirkt. [...] Am Schluß steht ein

Fragezeichen wie immer bei Döblin. Die mißverständlichen Tiraden erklären sich aus der gefährlichen politischen Situation, in der er das Werk schrieb. Es ist als Bekehrungsdichtung auch ein großes Zeitdokument.«

Walter Muschg: Nachwort. In: Alfred Döblin: Berlin Alexanderplatz. Olten / Freiburg i. Br.: Walter, 1961. S. 519–521, 527. – © Walter Verlag AG, Zürich/Düsseldorf.

Muschgs Neuausgabe, die nach eigener Auskunft auf dem Erstdruck basiert, ist zwar gewiß verdienstvoll, spiegelt jedoch eine Editionspraxis wider, die aus heutiger Sicht äußerst problematisch erscheint.[18] Werner Stauffacher, der 1996 eine kritische Edition von *Berlin Alexanderplatz* vorlegte, bemerkt zu Muschgs Verfahren:

»Die Behauptung des Herausgebers, die Handschrift zu Rate gezogen zu haben, läßt sich nirgends belegen. Seine Eingriffe gelten durchwegs einer gewissen ›Normalisierung‹, die sich übrigens nicht auf die Orthographie und Interpunktion beschränkt und damit da und dort den Rahmen des Vertretbaren überschreitet. Die diesbezüglichen Erläuterungen des Herausgebers sind widersprüchlich.«

BA 474. – © Walter Verlag AG, Zürich/Düsseldorf.

18 Muschgs Editionspraxis ist in der späteren Döblin-Forschung scharf gerügt worden. Matthias Prangel (1987) bemerkt zu den Mängeln der Werkausgabe: »Sie [die Textgestalt der Ausgabe] ist aber, soweit es sich um die von Muschg selber eingerichteten Bände handelt, durch eigenmächtige Eingriffe in Lautstand, Interpunktion, Absatzgliederung wie sogar durch stilistische ›Glättungen‹ verdorben – ein Vorgehen, das mit dem Hinweis, es habe eben nur eine Leseausgabe entstehen sollen, keineswegs zu entschuldigen ist und außerhalb jeder wissenschaftlich verantwortbaren Norm steht« (S. 3).

Unterdessen entstanden auch die ersten Dissertationen über Döblin, von denen die meisten aus heutiger Sicht nur noch wissenschaftsgeschichtlich bedeutsam sind. Die erste philologisch wertvolle Studie, die auf der Analyse der Romanmanuskripte beruht, ist die 1962 erschienene Marburger Dissertation von Helmut Becker. Seine *Untersuchungen zum epischen Werk Alfred Döblins am Beispiel seines Romans »Berlin Alexanderplatz«* enthalten neben einem Interpretationsteil einen Abschnitt über die Entstehungsgeschichte des Romans, in dem Becker exemplarisch die Druckfassung des Schlachthof-Kapitels mit dem Vorabdruck und dem Marbacher Manuskript[19] vergleicht. Durch die Beschreibung der handschriftlichen Dokumente vermittelt die Studie erstmals eine konkrete Vorstellung von Döblins Werkstatt:

»Das Prinzip der Montage, das als unvermittelter Einbau von Wirklichkeitsfragmenten wie Zeitungsausschnitten, kleineren Abhandlungen, Bekanntmachungen, Werbesprüchen usw. in den Textzusammenhang und als zusammenhanglose Aufeinanderfolge dieser Einheiten definiert werden kann, ist im Manuskript schon weitgehend durchgeführt. [...] Dieses Arbeitsprinzip hat Döblin sehr häufig verwendet: Zeitungsausschnitte, die zwischen den Manuskriptblättern liegen oder auf leere Blätter aufgeklebt wurden, werden meist in unveränderter Form in sein Werk eingeschmolzen, um so ein möglichst unverfälschtes Bild der verwirrenden Vielfalt des Lebens zu erhalten – ein Verfahren, das sich mit der Technik der Collages in der Malerei (Kurt Schwitters, Braque) in direkte Parallele setzen läßt.«

Helmut Becker: Untersuchungen zum epischen Werk Alfred Döblins am Beispiel seines Romans *Berlin Alexanderplatz*. Diss. Marburg 1962. S. 168.

19 Der Nachlaß Döblins wurde von der Erbengemeinschaft Anfang der sechziger Jahre dem Deutschen Literaturarchiv in Marbach a. N. als Depositum übergeben; seit Ende 1997 gehört er zum festen Bestand.

Ebenfalls Anfang der sechziger Jahre erschienen zwei ausführliche Analysen von *Berlin Alexanderplatz* in Sammelbänden über die bedeutendsten Romane deutscher Sprache. Während der Beitrag von Erich Hülse (1962) in seiner didaktischen Form und Aussage vornehmlich für die pädagogische Praxis geschrieben ist, wendet sich Albrecht Schöne (1963) eher an ein wissenschaftliches Fachpublikum; in seinem Aufsatz kritisiert bzw. modifiziert er die Interpretationen seiner Vorgänger Martini und Muschg:

»Erst am Ende seines Weges freilich und mit einem Schlage wird auch Biberkopf wissend. Was vorangeht, ist angstvolle Ahnung mitunter, nicht aber zunehmende Einsicht. Den Enthüllungsprozeß begleitet kein Erkenntnisprozeß; erst als die Enthüllung vollzogen ist, schlägt sie in Erkenntnis um. Insofern ist Döblins Biberkopf-Geschichte keineswegs eine Variante des großen alten Erziehungs- und Entwicklungsromans, sondern Geschichte dessen, der sich gerade nicht erziehen läßt, der sein Ziel gerade nicht auf dem Weg organischer Entfaltung erreicht, sondern im Zusammenbruch. Denn allen Erziehungsmaßnahmen und Entwicklungshilfen dessen, der an ihm handelt, leistet er Widerstand: er verschließt sich der Stimme, die zu ihm spricht. [...] So hat Döblin mit seiner Geschichte vom Franz Biberkopf, dem Berliner Proletarier, dem ganz ›gewöhnlichen Mann‹, noch einmal die alte Parabel vom Jedermann erzählt, vom Weg des schuldbeladenen, sündigen Menschen durch die Welt, der aus dem Dunkel ins Licht der Erkenntnis tritt. [...] So offensichtlich in der Geschichte vom Franz Biberkopf die Züge der alten heilsgeschichtlichen Konzeption durchschlagen, so spürbar ist freilich der Schwund der christlichen Substanz. An die Stelle Gottes und seines Handelns am Menschen tritt die Figur eines aus eigener Machtvollkommenheit in Biberkopfs Leben eingreifenden Todes [...]. An die Stelle einer Wendung des gewandelten Menschen zum Glauben, die ihn der Gnade und Erlösung teil-

haftig macht, tritt eine innerweltliche Läuterung, ein Entschluß zu einsichtsvollerem Verhalten.
[. . .] Zwiespältige, doppelzüngige Losungen gibt der Romanschluß aus. Denn im Grunde haben Leben und Tod dem Helden ganz unterschiedliche Lehren erteilt. Neben dem Tod, dem Erzieher und Belehrer Biberkopfs [. . .], hinter dem die Massen einherziehen zum blutigen Opfer der Kriege und Revolutionen, [. . .] stehen da merkwürdig unvereinbar die Überlegungen eines aus Erfahrung klug gewordenen Mannes, der sich heraushält, sich vorsieht, dem es keineswegs liegt, sich anzugleichen, zu fügen und sich hinzuwerfen [. . .] Diese Widersprüche werden nicht gelöst, und das rauschhafte, brausende Finale des Romans wird für hellhörige Ohren von den schneidenden Untertönen einer dämonischen Ironie durchzogen. ›Schritt gefaßt‹ – wohin sollte es gehen? Die *Geschichte vom Franz Biberkopf* gibt keine Antwort, weil sie wie alle Erzählungen Döblins im Bereich des Lehrhaften ein Versuch eigener Richtungssuche war, ein ›Test‹, wie er es nannte, und dieser Moralist, der es sich auch im Roman verbot, eine Lehre zu geben, die für ihn selbst nicht verbindlich war, für sich selber eben noch nicht wußte, wohin es gehen könnte und müßte.«

Bei der Analyse der Erzählstruktur operiert Schöne mit dem von Döblin in seiner Schrift *Unser Dasein* (1933) entwickelten Begriff der »Resonanz« und benutzt diesen als Argument gegen frühere Interpreten, die meinten, Döblin habe in *Berlin Alexanderplatz* das Chaos der Großstadt darstellen wollen:[20]

»Dieses physikalische Phänomen [der Resonanz] schien ihm [Döblin] universalen Geltungsbereich zu besitzen. Ähnlichkeiten, Analogien, partielle Identitäten zwischen Ich und Welt, meinte er, seien seine Voraussetzungen, zugleich aber stifteten seine Bewirkungen neue Bindung und verknüpften das Einzelne mit dem Kollektiven.

20 Namentlich nennt Schöne nur Martini, aber auch bei Hülse und Muschg spielt der Chaos-Begriff eine zentrale Rolle.

[...] In die Biberkopf-Fabel dringt die Fülle der Nebenerzählungen und schieben die Lokalreportagen sich ein, die heterogensten Inhalte und unterschiedlichsten Beobachtungsstandpunkte mischen, lyrische, dramatische, reflektierende Passagen verbinden sich, äußere und innere Vorgänge und verschiedenartige Temporalbezüge gleiten ineinander, die Ordines successivorum und simultaneorum durchdringen sich: alles Vereinzelte taucht ins Kollektiv eines brodelnden Sprachmeeres, in dessen Wogen selbst die regelrecht gebauten Sätze sich auflösen in Satzfetzen und Wortgüsse und ihre syntaktische Regelform widerstandslos den Impulsen der rhythmischen Artikulation nachgibt, die das Ganze durchziehen. [...]
Döblins Erzähltechnik zielt insofern keineswegs auf Zerstükkelung und Zusammenhanglosigkeit der Sprache und der durch sie und mit ihr erfaßten Welt, sondern im Gegenteil auf universale Entsprechung, Korrespondenz und Resonanz. [...]
Von einem als Figur gefaßten, persönlichen Erzähler zu sprechen ist [...] unerläßlich. [...] Wie das Schlachtvieh oder wie Isaak und Hiob nicht widerstreben, sich fügen und sich überwältigen lassen, so praktiziert auch dieser Erzähler im Verhältnis zu den herandrängenden Stimmen aus dem Kollektiv die Lehre vom Einverständnis, führt auch er die Haltung vor, zu der Biberkopf am Ende seines Weges gelangt. [...] In all seinen Zügen weist Döblins Roman so auf das gleiche, das strukturbestimmende Prinzip; und dieser gemeinsame Grundbezug der Gestaltungsformen und Darstellungsweisen stellt seinerseits eine Resonanz, eine Korrespondenz der Bereiche vor Augen, die das letzte, äußerste Beispiel universaler Kommunikation gibt und gleichsam den Schlußstein setzt in das großartig geschlossene Gefüge dieser Dichtung.«

Albrecht Schöne: Alfred Döblin: *Berlin Alexanderplatz*. In: Benno von Wiese (Hrsg.): Der deutsche Roman. Vom Barock bis zur Gegenwart. Struktur und Geschichte. Bd. 2. Düsseldorf: Bagel, 1963. S. 298, 300–303, 308, 316, 324. –

Ab Mitte der sechziger Jahre begann eine zunehmende Spezialisierung der *Alexanderplatz*-Forschung in der Form, daß die meisten der publizierten Beiträge sich auf Einzelaspekte oder -motive beschränkten. So legte etwa JÜRGEN STENZEL 1966 im *text + kritik*-Sonderheft über Döblin einen Aufsatz mit dem später geradezu sprichwörtlich gewordenen Titel *Mit Kleister und Schere* vor, in dem er – wie vormals Helmut Becker – Döblins Arbeitsweise anschaulich beschreibt. JORIS DUYTSCHAEVER entdeckte 1969 »eine Hebbel-Satire«, DRAGO GRAH »bänkelsängerische Elemente« (1972) und WOLFGANG MIEDER *Das Sprichwort als Ausdruck kollektiven Sprechens* (1973).
Seit den sechziger Jahren nahm sich auch die DDR-Germanistik verstärkt des Döblinschen Werkes an. Zu den Exponenten der Forschung wurden ROLAND LINKS, der 1965 eine Monographie über *Leben und Werk* vorlegte, und MANFRED BEYER, der sich vor allem mit Döblins essayistischem Werk beschäftigte und sich seit den siebziger Jahren auch als Herausgeber der Theaterkritiken und Dramen Döblins profilierte.
ROLAND LINKS setzte in seinem *Alexanderplatz*-Kapitel unter dem Titel »Warnung vor dem Faschismus« insofern neue Akzente, als er den Roman vor allem unter ideologisch-politischen Gesichtspunkten untersuchte und eine Deutung aus marxistischer Sicht vornahm, ohne jedoch in die starren Argumentationsmuster der *Linkskurve* zurückzufallen:

»Er [Döblin] wollte kritisieren und warnen. Er wollte in unverhohlen didaktischer Absicht darlegen, daß man sich in der kapitalistischen Gesellschaftsordnung s o nicht behaupten kann, und er wollte ein verbindliches Verhaltensschema, ein Vorbild, eine Lehre entgegensetzen.
Die Warnung ist Döblin eindringlich gelungen [. . .]. Döblin sammelt in wahrer Besessenheit Einzelheiten des äußeren Erscheinungsbildes einer hektisch betriebsamen, von Werbeappellen erfüllten kapitalistischen Großstadt.

[...] Franz Biberkopf ist der entfremdete Mensch, der seine Hilflosigkeit durch den Glauben an ein übermächtiges Schicksal zu rechtfertigen versucht und in seinem Verlangen nach einem Halt, in seiner Sehnsucht nach einer geschlossenen Welt zur Beute jedes verbrecherischen Fanatikers werden kann. So leben Millionen, so haben sich Millionen den Nazis verschrieben.

[...] In der Wahl des Verbrechermilieus liegt bereits eine kritische Absicht. Nicht zufällig wird Biberkopf nach seiner Resignation zum Einbrecher. Döblin wollte damit sagen, daß in dieser Gesellschaft der Mensch zum Verbrecher wird, zum Mitläufer der Hure Babylon, wenn er sich assimiliert, wenn er dieser Gesellschaft nichts entgegenzusetzen hat. [...]

So erschließt sich einem der Wert dieses Romans erst nachträglich, eigentlich erst bei der zweiten Begegnung ganz. [...] Dann begreift man auch, daß mit dem Verbrechermilieu der verbrecherische Charakter des Kapitalismus enthüllt werden soll. [...] Auch der Schlußappell zielt auf das Verhalten des einzelnen, auf seine revolutionäre Haltung; nicht auf die historisch konkrete Überwindung und Beseitigung der kapitalistischen Verhältnisse, sondern auf deren Veränderung durch Besinnung und Besserung der einzelnen Mitglieder. Darum werden die französische und die ›russische‹ Revolution, die Bauernkriege und die Wiedertäufer in einem Atemzuge genannt. Döblin setzt zwar hinzu: ›die alte Welt muß stürzen‹, aber das bleibt eine rhetorische Forderung, für die es innerhalb des Romans keine dem Leser faßbare Voraussetzung gibt. Der Appell an den einzelnen wird an Biberkopfs Beispiel noch verständlich, die Aufforderung zum Sturz der Gesellschaft muß jedoch ungehört verhallen.«

Roland Links: Alfred Döblin. Leben und Werk. Berlin: Verlag Volk und Wissen, 1965. S. 86–88. – Mit Genehmigung der Volk & Wissen Verlag GmbH, Berlin.

Auf ganz anderem Wege als Links, jedoch aus der gleichen ideologischen Perspektive näherte sich 1971 MANFRED BEYER dem Roman, dessen entstehungsgeschichtliche Hintergründe er offenzulegen versuchte. Er konzentrierte sich dabei ganz auf die journalistischen Texte Döblins aus den zwanziger Jahren und erkannte darunter einige, die er als Vorstufen zu *Berlin Alexanderplatz* wertete. Wenngleich Beyer sich bei der Beschreibung der »weltanschaulich-ästhetischen Genese der Werkkonzeption« recht einseitig auf die sozialkritischen Essays stützte und entsprechende Deutungsakzente setzte, ist der Beitrag doch zweifellos wertvoll für die Rekonstruktion des politischen Umfeldes, aus dem der Roman entstand:[21]

»Der politisch-weltanschauliche Standpunkt des Schriftstellers [Döblin] ist in diesen Artikeln eindeutig im Kampf gegen alle reaktionären Kräfte und deren Handlanger, die die junge Republik zu einem ›deutschen Maskenball‹ degradieren; er ist widersprüchlich gegenüber der revolutionären Arbeiterklasse. [...] als Mitarbeiter in Komitees und Ausschüssen tritt *Alfred Döblin* zwischen 1919 und 1929 streitbar gegen die politische Reaktion und die Klassenjustiz der Weimarer Republik auf, steht er ein für die Verteidigung der Freiheit der Kunst [...], für eine freundschaftliche Zusammenarbeit mit der Sowjetunion und für das politische Demonstrationsrecht der organisierten Arbeiterbewegung.
[...] Nach den oben getroffenen Feststellungen kann es nicht weiter verwundern, daß der Hinweis des Dichters auf den Spartakusaufstand, die Inflation und die nachfolgenden Krisenjahre als wichtige Erfahrungsgrundlagen für seine Arbeit an *Berlin Alexanderplatz* in der Forschung bis heute

21 Zur Leistung Beyers bemerkt OTTO KELLER (1990) in seinem Forschungsbericht: »Dadurch wird erstmals die Einseitigkeit der apolitisch-individualistischen Ansätze von Minder und Muschg sowie auch Martinis, Schönes und anderer sichtbar. Ein neues Feld der Analyse wird hier aufgezeigt, das bis heute noch lange nicht völlig erschlossen ist« (S. 156).

nicht ernst genommen wurde. Dabei ist der inhaltliche und entstehungsgeschichtliche Bezug des Romans zu den politischen Satiren dieser früheren Jahre so offenkundig, daß er jedem Kenner der Linke Poot-Glossen auffallen muß, es sei denn, man ignoriert die politisch-weltanschauliche Problematik von *Berlin Alexanderplatz* oder betrachtet sie lediglich als ein Ärgernis.«

Manfred Beyer: Die Entstehungsgeschichte von Alfred Döblins Roman *Berlin Alexanderplatz*. In: Wissenschaftliche Zeitschrift der Friedrich-Schiller-Universität Jena. Gesellschafts- und Sprachwissenschaftliche Reihe. 20. Jg. 1971. S. 398–401.

Von seiner Polemik gegen die ›blinden‹ westlichen Interpreten nahm Beyer ausdrücklich James H. Reid aus, der als einer der ersten 1967 *Berlin Alexanderplatz* als politischen Roman gesehen und auf die darin enthaltene Darstellung zeitgenössischer sozialer Probleme aufmerksam gemacht hatte:

»[...] the most striking social aspect of the novel is the criminality of its characters. As far as *Berlin Alexanderplatz* is concerned, society consists mainly of burglars, prostitutes, souteneurs, pickpockets and armed bandits. The ›honest‹ people are exceptions. This in itself is a social, indeed a political comment on the Weimar Republic in 1928. [...] Not only is the criminal an ordinary member of society, but conversely the apparently honest, ordinary members of society may well be criminals. And so the ›Pums-Bande‹ is portrayed as a gang of criminals organized according to strict capitalist principles, concerned with markets, retailers and the ›Konjunktur‹ [...].
By associating each important stage of Biberkopf's career with this nationalistic song [*Lieb Vaterland* ...], Döblin implies that Biberkopf's career should be interpreted allegorically in terms of the political development of Germany

since the war. After four years of punishment for ›Totschlag‹ [...], Germany has become strong and potentially dangerous again.«

Reid war auch der erste, der auf Döblins Sympathie für anarchistisches Gedankengut hinwies. Kaum haltbar erscheint jedoch seine These, daß der Anarchist, dessen Rede im Roman in extenso wiedergegeben wird, als Sprachrohr (»mouthpiece«) Döblins fungiere:[22]

»Finally, when the anarchist episode is seen as central, the implications of the formal qualities of the novel at once become clear. [...] The techniques of montage and association are the natural means of expression of a novel in which anarchism, but not anarchy, is the dominating principle.«

James H. Reid: *Berlin Alexanderplatz* – A Political Novel. In: German Life & Letters 21 (1967/68) S. 217–219, 222 f.

Auch Leo Kreutzer legte im *Alexanderplatz*-Kapitel seiner 1970 erschienenen Döblin-Monographie den Schwerpunkt auf die politisch-philosophischen Implikationen des Werkes, deren Fragwürdigkeit für ihn im Romanschluß erkennbar wird:

»Der unaufgelöste Widerspruch im Abschluß von Döblins *Alexanderplatz*-Roman liegt darin, daß Biberkopf die Notwendigkeit eines Zusammenschlusses der Individuen zu einer kritischen und kämpferischen Gemeinschaft zwar anerkennt, daß er aber die Art und Weise ablehnt, wie diese Notwendigkeit in die Wirklichkeit umgesetzt wird, als Partei nämlich.
[...] Aber hinter Biberkopfs Mißtrauen gegen eine als Partei organisierte Solidarität steht Döblins Mißtrauen gegen einen klassenmäßig organisierten Sozialismus.«

22 Vgl. die Kritik an Reid von Klaus Müller-Salget (1972), S. 345 f.

Die Problematik der Schlußsequenz hängt für Kreutzer ursächlich damit zusammen, daß Döblin selbst die – zuerst in seinem Traktat *Das Ich über der Natur* entwickelte – »identitätsphilosophische Lösung: ›Erkennen bewegt und verändert wirklich‹« verwarf und er deshalb eine frühere Version des Schlusses, in der die »Identität von Erkennen und Verändern« sich in der Haltung des neuen, wissenden Franz Karl Biberkopf widerspiegelte,[23] revidiert habe:

»Die endgültige Fassung nimmt diesen Schluß wieder zurück, mit dem die Geschichte zwar äußerlich zu einem guten und runden Ende gebracht war, der die wirkliche Problematik aber lediglich harmonisierend zudeckte. Sie reißt diese Problematik statt dessen in all ihrer Widersprüchlichkeit wieder auf, und das kann nur bedeuten, daß Döblin selbst die Lösung, Erkennen und Verändern, Theorie und Praxis kurzerhand gleichzusetzen, doch als höchst fragwürdig erschien. So heißt es denn auch in dem Brief an [Julius] Petersen [vom 18. 9. 1931]: ›Bisher sehe ich: Der Dualismus ist nicht aufzuheben.‹«

Leo Kreutzer: Alfred Döblin. Sein Werk bis 1933. Stuttgart [u. a.]: Kohlhammer, 1970. S. 119, 122 f.

In die Diskussion um den Romanschluß schaltete sich im gleichen Jahr auch Hans-Peter Bayerdörfer ein. In seinem Beitrag *Der Wissende und die Gewalt* ging er von der Erzählstruktur des Romans aus, die dadurch bestimmt sei,

»daß der Erzähler dem ganzen Geschehensablauf, in den er Held und Gesellschaft einflicht, als Erzähler gegenübertritt, indem er – dem Leser deutlich erkennbar – diesen Ablauf schon vom Ende her entwirft. Ständig gibt er zu verstehen, daß er mehr weiß als sein Held, indem er über dessen

23 Gemeint ist die früheste überlieferte Version; sie wird zitiert in Kap. II,3 (BA 813 f.).

Bewußtsein hinwegredet [...], indem er abrupte Einblendungen vornimmt, die erst verständlich werden, nachdem sich die Lebenslandschaft der Großstadt auf dem Röntgenschirm der Erzählung als Szenerie des Totentanzes entschleiert hat. [...] Alle Stilmittel, wie Leitmotivik, Ironie, innerer Monolog, erlebte Rede, Syntaxbrechung, Perspektivenwechsel, Simultandarstellung etc. fügen sich dem übergeordneten Montageprinzip ein. Dieses ist die stilistische Verwirklichung des Formgesetzes der beispielhaften Enthüllung, deren didaktisches Postulat, Biberkopfs menschliche Öffnung, vom Erzähler in seiner Öffnung für die ›Produktivkraft‹ der Sprache von vornherein erfüllt wird.

[...] Der Erzähler hat seinen Helden und damit auch seinen Leser [am Schluß] auf den Bewußtseinsstand gebracht, der sein eigener ist. In den Kategorien der Erzählstruktur ausgedrückt: nachdem die eigentlich bewegende Frage nach der gesellschaftlich-politischen Realisierbarkeit des neuen Wissens zum Bewußtseinsinhalt des Helden geworden ist, ist die wissende Überlegenheit des Erzählers zu Ende. Er entläßt seinen Helden an dem Punkt, wo auch er mit seinem Wissen an eine Grenze stößt. Das bedeutet, daß er sich selbst als Erzähler zurücknimmt; und darin besteht die eigentliche Ironie des Schlußabschnittes.

[...] Die Möglichkeit der Darstellung einer utopischen neuen Welt versagt er sich, um statt dessen auf die Politisierbarkeit des erreichten Bewußtseinsstandes hinzuweisen. Deshalb läßt er den Roman mit ironischer Zuspitzung in das alte Kolonnenlied ausklingen, nicht ohne damit seine eigene Didaktiker-Rolle zu Ende zu führen und gleichzeitig aufzuheben. [...] Im entscheidenden Moment verwandelt sich die didaktische Überlegenheit gegenüber dem Helden in den moralischen Appell an den Leser, der das ihm zugespielte Problem Biberkopf als sein eigenes verstehen und die sich daraus ergebenden Konsequenzen selbst ziehen soll.

Die beabsichtigte Zweideutigkeit ist daher nicht die der widersprüchlichen, doppelten Moral, sondern die von der Erzählform geforderte Ambivalenz. Diese bedingt die Offenheit des Schlusses, die ihrerseits dem Leser die eigentliche Lehre als ungelöste Aufgabe überläßt.«

Hans-Peter Bayerdörfer: Der Wissende und die Gewalt. Alfred Döblins Theorie des epischen Werkes und der Schluß von *Berlin Alexanderplatz*. In: Deutsche Vierteljahrsschrift 44 (1970) S. 323 f., 333 f. – Mit Genehmigung von Hans-Peter Bayerdörfer, München.

Neben der auch in den folgenden Jahrzehnten weitergeführten Kontroverse um den Romanschluß wurde gleichzeitig in immer differenzierteren Analysen die Erzähltechnik und Sprache von *Berlin Alexanderplatz* untersucht – mit jeweils verschiedenen methodischen Ansätzen und thematischen Schwerpunkten. Die Reihe der Studien, die sich auf Döblins Großstadtdarstellung konzentrieren, eröffnete 1969 VOLKER KLOTZ in seinem komparatistisch angelegten Buch *Die erzählte Stadt*. Im Kapitel über *Berlin Alexanderplatz* legte er eine subtile Stiluntersuchung vor und zeigte auf, daß Döblin die Stadt als »dynamischen Widerpart« zu Biberkopf inszeniert und »im doppelten Sinn des Begriffs« als »Agon« vergegenwärtigt, als »Kampfplatz und Kampf« (S. 411): »In diesen agonal beschaffenen und agonal erfaßten Raum also wird die Testfigur Biberkopf beordert, um ihn gleichfalls agonal zu bestehen« (S. 415). Der Kampf ist für den Protagonisten zu Ende, als er während seines Aufenthaltes in Buch vom Tod »die kehrreimende Losung ›Herankommen lassen‹« erfährt; damit führe der Tod »den neu zu gebärenden Biberkopf neu ins Leben ein, indem ers ihm evokativ vorführt« (S. 416):

»Mit diesem nüchternen Preislied ist nicht sein persönlicher Agon, es ist auch der epische Agon zwischen *Berlin Alexanderplatz* und der *Geschichte vom Franz Biberkopf* ausgetra-

gen. Die gegenständliche Fülle der Stadt, ihre multiplen Bewegungen und Gegenbewegungen, das erzählerische Aufgebot ihres faßbaren Bestands, der weder tieferen Sinn noch höhere Botschaft kennt, siegt endlich über die lehrhafte Parabel. [. . .]
Obwohl Franz Biberkopf anschließend noch einige metaphysische Schritte gehen muß, um wieder im Physischen, auf dem Pflaster Berlins Fuß fassen zu können, bleibt doch dieses Plädoyer des Todes für die Stadt, wie sie ist, das nachhaltigste Schlußwort des Romans.«

Volker Klotz: Agon Stadt. Alfred Döblins *Berlin Alexanderplatz* (1929). In: V. K.: Die erzählte Stadt. Ein Sujet als Herausforderung des Romans von Lesage bis Döblin. München: Hanser, 1969. S. 417 f. – Mit Genehmigung der Carl Hanser Verlag GmbH & Co., München.

In der ersten Hälfte der siebziger Jahre wurden durch die Veröffentlichung einer Reihe von Monographien entscheidende Fortschritte in der Döblin-Forschung erzielt. Zu nennen sind hier vor allem Wolfgang Kort mit seiner Studie über *Alfred Döblin. Das Bild des Menschen in seinen Romanen* (1970), Monique Weyembergh-Boussart, die im gleichen Jahr ein Buch unter dem Titel *Alfred Döblin. Seine Religiosität in Persönlichkeit und Werk* publizierte, Wolfgang Veit mit seiner Dissertation *Erzählende und erzählte Welt im Werk Alfred Döblins* (1970), Klaus Müller-Salget, der 1972 eine bahnbrechende Arbeit unter dem Titel *Alfred Döblin. Werk und Entwicklung* vorlegte, sowie Matthias Prangel mit seiner grundlegenden Einführung in Leben und Werk von *Alfred Döblin* ([1]1973). Daneben erschien 1972 die erste umfassende Bibliographie der Primär- und Sekundärliteratur von Louis Huguet, die alle früheren Verzeichnisse in den Schatten stellt und viele bis dahin unbekannte Erstdrucke Döblins, zeitgenössische Rezensionen zu seinen Werken und andere

Materialien in bis dahin ungeahnter Vollständigkeit erfaßt.[24]

Große bibliographische Verdienste erwarb sich im gleichen Jahr auch KLAUS MÜLLER-SALGET, der seiner Döblin-Studie ein Schriftenverzeichnis anhängte, das zwar nicht an Huguets Datenfülle heranreicht, jedoch durch seinen klaren Aufbau besticht. Diese 1972 publizierte Dissertation zählt zu den Meilensteinen der Döblin-Forschung, da sie mit vielen Festlegungen, Vorurteilen bzw. Mystifikationen aufräumte und eine Reihe neuer Perspektiven eröffnete. Unter Heranziehung aller relevanten philosophischen und ästhetischen Schriften Döblins zeichnete Müller-Salget in überzeugender Weise die Entwicklungslinien im Werk nach und machte die Mitte der zwanziger Jahre vollzogene »naturalistische Wende«, die sich in der Aufwertung des Einzelmenschen manifestiert, zum Angelpunkt seiner Werkdeutungen, die er durch detaillierte Strukturanalysen fundierte. Damit gelang ihm z. B. die endgültige Widerlegung der von Walter Muschg vorgenommenen Charakterisierung des Autors als »Proteus«, der in jedem Werk ein neues Gesicht zeige. In seiner *Alexanderplatz*-Interpretation argumentierte er zunächst gegen die These der Abhängigkeit Döblins von Joyce und nahm dann polemisch Bezug auf andere Deutungsklischees, so auf die »These vom Chaos der Darstellung und des Dargestellten«, die Müller-Salget für »völlig haltlos« erklärte »angesichts der Lehre von einem alles durchwaltenden Ursinn und angesichts der Darlegungen Döblins über die Bedeutung des ›Jetzt‹« (S. 294). Mit besonderer Vehemenz wandte er sich auch gegen die ›Opfer-Theorie‹, nach der die »Symbolepisoden« des Romans, d. h. die Bibelparaphrasen und das

24 Allerdings wird die Benutzung dieser – mit Hilfe des Döblin-Nachlasses erstellten – Bibliographie durch ihre uneinheitlichen Gliederungsprinzipien und die z. T. wenig präzisen Angaben erschwert. Im übrigen halten längst nicht alle Einträge einer Überprüfung durch Autopsie stand, so daß eine Überarbeitung und Aktualisierung dringend geboten erscheint.

Schlachthauskapitel, für den Protagonisten Leitbildfunktion hätten:

»Döblin selbst [...] hat später immer wieder das Opferthema als die Kernidee des Buches bezeichnet, und die meisten Interpreten sind ihm darin gefolgt. Offensichtlich haben wir es hier mit einer Korrektur der Vergangenheit vom Standpunkt des Konvertiten aus zu tun. Bei genauerer Betrachtung stellt sich nämlich sehr schnell heraus, daß schon der Begriff ›Opfer‹ hier ganz unangemessen ist. [...] Die Ergebung in Gottes Willen, die innerhalb des biblischen Kontextes von Hiob und Abraham gefordert wird, kann Biberkopf gar nicht nachvollziehen, weil die göttliche Instanz im *Alexanderplatz* fehlt, weil dieses Buch eben nicht ›Döblins erste christliche Dichtung‹ [Muschg] ist.
[...] Diese [im Vorabdruck der *Frankfurter Zeitung*] engere Verschachtelung der Schlachthof-Passagen mit der Biberkopf-Fabel läßt deutlich werden, daß sie der Kritik an Franzens Lethargie dienen, daß der Stier und das Kälbchen keineswegs vorbildliche Ergebenheit in das Schicksal demonstrieren, daß ihr Sterben vielmehr eine Warnung darstellt: so wird Franz enden, wenn er auf seinem dumpfen Trotz beharrt.«

Auch die »politische Thematik« des Romans begreift Müller-Salget »als ein Stück des Generalthemas: der Ichverkrampfung und der Blindheit für die Realität« (S. 348). Dieser Hauptthese folgend, interpretiert er die Schlußsequenz als Appell an die Solidarität:

»Biberkopfs Schicksal hat bewiesen, daß der einzelne in seiner hochmütigen Abkapselung in Wahrheit schwach ist und in sein Unglück rennt. Erst in Gemeinschaft mit anderen erkennt er sich selbst [...] und kann er darangehen, die Verhältnisse zu ändern. [...]
Es geht nicht darum, entweder als stumpfsinniges Massen-

partikelchen draufloszumarschieren oder aber sich eigene Gedanken zu machen, sondern darum, ein bewußtes, denkendes Mitglied der Gemeinschaft zu sein, sich weder hochmütig abzukapseln noch im Schlagworthagel der Parteifunktionäre auf eigenes Denken Verzicht zu tun. [. . .] Die These vom Menschen als Stück und Gegenstück der Natur findet hier ihre Konkretisierung im gesellschaftlichen Bereich. [. . .] *Wissen und Verändern!* ist nicht nur die Parole der *Offenen Briefe an einen jungen Menschen*, ist nicht nur das Motto des Dramas *Die Ehe*, sondern könnte ebensogut über den Schlußkapiteln des Romans *Berlin Alexanderplatz* stehen. Döblin zeigt, wie die Erkenntnis der eigenen Stellung in der Welt die Mär vom übermächtigen Schicksal zerstört, dem einzelnen, der seine Isolierung durchbricht, erst die Möglichkeit zum Handeln gibt. Die Abschätzung der eigenen Kräfte führt zur Forderung nach dem Zusammenschluß Gleichgesinnter [. . .] und zum Bewußtsein von der relativen Macht des Menschen.«

Klaus Müller-Salget: Alfred Döblin. Werk und Entwicklung. Bonn: Bouvier, 1972. S. 318–321, 352–354. – Mit Genehmigung des Bouvier Verlags, Bonn.

Müller-Salget wurde mit seiner wegweisenden Studie zu einer Zentralfigur der Döblin-Forschung, zumal der Autor in den folgenden Jahren weitere kleinere Publikationen vorlegte und immer wieder als kritischer Rezensent neuerer Forschungsbeiträge hervortrat. Neben ihm profilierte sich in den siebziger Jahren vor allem MATTHIAS PRANGEL durch eine fundierte Einführung in das Werk Döblins (1973), die nicht nur einen vorzüglichen Überblick über die damalige Forschungssituation gibt, sondern durch die Auswertung von Nachlaßquellen auch neue biographische Erkenntnisse in komprimierter Form vermittelt.[25] 1975 veröffentlichte

25 Eine vor allem im bibliographischen Teil aktualisierte und erweiterte Neuauflage erschien 1987.

Prangel dann einen wertvollen (inzwischen vergriffenen) Materialienband zu *Berlin Alexanderplatz*, der neben textgenetischen und autobiographischen Zeugnissen eine Auswahl an zeitgenössischen Rezensionen und Forschungsbeiträgen sowie einen Nachdruck der von Wolfgang Weyrauch transkribierten Hörspiel-Fassung[26] enthält. Unter den wissenschaftlichen Aufsätzen finden sich auch zwei Orginalbeiträge: Während Klaus Müller-Salget die *Entstehung von Döblins »Berlin Alexanderplatz«* rekonstruiert, stellt Joris Duytschaever nochmals die Frage *Joyce – Dos Passos – Döblin: Einfluß oder Analogie?* und kommt dabei zu dem Ergebnis, »daß es sich bei Döblins Verhältnis zu Joyce und Dos Passos eher um Analogien und Spontanparallelen als um Abhängigkeit und Einfluß handelte. Ein Ergebnis jedenfalls, das hinreichen sollte, um dem Fortwuchern des platten Einfluß-Klischees entgegenzuwirken« (in: Materialien, 1975, S. 149).
Für Diskussionsstoff sorgte in der Folgezeit vor allem der bereits 1973 (in leicht abweichender Form) veröffentlichte Aufsatz von Ekkehard Kaemmerling über *Die filmische Schreibweise* Döblins in *Berlin Alexanderplatz*. An jeweils einem Textbeispiel versuchte er zu zeigen, daß diesen Romanpassagen filmästhetische Gestaltungsprinzipien zugrunde liegen wie »Blickwechsel / Schuß – Gegenschuß«, »Einstellungsgröße«, »Zeitlupe«, »Zeitraffer«, »Vorlauf / Rücklauf / Vertauschung« und »Montage«, wobei er zwischen Kontrast-, Parallel-, symbolisierender und Synchron-Montage unterschied. Daneben stellte Kaemmerling Affinitäten des Romans zu einem Drehbuch fest, indem er ausgewählte Abschnitte zu »Szenenanmerkungen« bzw. zum »Filmdialog« erklärte. Sein Fazit lautete:

»Die filmische Schreibweise erschafft das Lesen neu als filmisches Sehen in der Lektüre des geschriebenen Textes. Folglich wird die Erkenntnis im Lesen zu einer ästhetisch-

26 Vgl. dazu die Ausführungen in Kap. IV,1.

technisch zweifach vermittelten Erkenntnis, daß sich das, was erkannt wird, kaum davon trennen läßt, auf welchem Wege es in Erfahrung gebracht wird. Die Konstruktion der ästhetischen Bedeutung ist die Rekonstruktion des Films im Text auf dem Weg über die Schreibweise. Die filmtechnischen Mittel wie Kamerafahrten, Überblendungen, Schnitte, Einstellungsgrößen, Blickwinkel, Zeitraffer u. a. setzen sich dabei dermaßen konsequent in die Erzählstruktur um, daß sie nur mehr dem Leser-Cineasten noch deutlich erkennbar sind.«

Ekkehard Kaemmerling: Die filmische Schreibweise. Am Beispiel Alfred Döblin: *Berlin Alexanderplatz*. In: Matthias Prangel (Hrsg.): Materialien zu Alfred Döblin *Berlin Alexanderplatz*. Frankfurt a. M.: Suhrkamp, 1975. S. 197 f.

Die Thesen Kaemmerlings blieben nicht unwidersprochen und wurden, so z. B. von Volker Hage (1984) und von Matthias Hurst (1996), als simplifizierend und in ihrer Verabsolutierung als höchst problematisch zurückgewiesen.[27]

In den siebziger Jahren wurde nicht nur die Frage nach dem Einfluß des filmischen Mediums auf Döblins Erzählweise aufgeworfen, sondern auch die nach Affinitäten und Parallelen zu anderen Autoren und Werken. Besondere Beachtung fand dabei das Verhältnis zwischen Döblin und Brecht, der zu den Bewunderern des älteren Schriftstellerkollegen zählte, diesem aber auch seinerseits Impulse für sein Schreiben gab. Mit dieser fruchtbaren wechselseitigen Beziehung beschäftigten sich unter jeweils verschiedenen Aspekten u. a. Otto F. Best (1972), Otto Keller (1975), Werner Stauffacher (1976) und Wilhelm Heinrich Pott (1984). Während Otto F. Best *Berlin Alexanderplatz* als »Parallele

27 Vgl. die Ausführungen bei V. Hage (S. 101–103) und das Kapitel »Filmische Schreibweise« bei M. Hurst (S. 254–263).

und Antithese zu Brechts *Mann ist Mann*« (UA 5. 1. 1928) interpretierte (S. 302),[28] stellte OTTO KELLER in seinem Buch *Brecht und der moderne Roman* die These auf, daß das Drama *Die Heilige Johanna der Schlachthöfe* »unter dem Eindruck von Döblins Meisterwerk« entstanden, d. h. vor allem durch die Schlachthof-Motivik in *Berlin Alexanderplatz* inspiriert sei (S. 21). WERNER STAUFFACHER wies auf »auffällige Parallelen« zwischen Brechts *Badener Lehrstück vom Einverständnis* (UA 28. 7. 1929) und *Berlin Alexanderplatz* hin: »in beiden spielt das Todesthema eine entscheidende Rolle, und zwar wird in beiden Werken das Sterben als Metapher einer radikalen Wandlung eingesetzt«; »Voraussetzung ist hier wie dort die Erkenntnis der Ausweglosigkeit bisheriger Existenz« (S. 466 f.). Stauffacher räumte jedoch ein, daß »die chronologischen Verhältnisse eher verwirrend als klärend« seien, so daß die »merkwürdige Gleichzeitigkeit« beider Texte sehr differenziert betrachtet werden müsse und auch deren Unterschiede nicht verleugnet werden dürften:

»Wenn man einmal von dem hier zur Diskussion stehenden besonderen Textverhältnis absieht, wäre man freilich geneigt, den Verfasser von *Berlin Alexanderplatz* Brecht gegenüber als den Empfangenden anzusehen. Erinnert nicht die Auseinandersetzung zwischen Franz Biberkopf und Reinhold an den schwierigen Kampf zwischen Shlink und Garga in Brechts *Dickicht der Städte*? Beide Male ist ein homosexuelles Moment im Spiel, und Döblins Berliner Dickicht hält wohl dem Dickicht Chicagos die Waage. Und war es nicht Brecht, der 1927, bevor Döblin sich an die Arbeit machte, das Todesmotiv in *Mann ist Mann* als Bild der

28 Einen Vergleich zwischen den beiden Werken bzw. zwischen Galy Gay und Biberkopf stellte jüngst auch KLAUS SCHUHMANN auf dem Leipziger Döblin-Kolloquium in seinem Vortrag an; s. dazu *Internationales Alfred-Döblin-Kolloquium Leipzig 1997*, hrsg. von Ira Lorf und Gabriele Sander, Bern [u. a.]: Lang, 1998 [in Vorb.].

Wandlung – allerdings einer negativen – behandelt hat? Um zum Soldaten umfunktioniert zu werden, muß Galy Gay die Prozedur des Scheintodes über sich ergehen lassen.«

Werner Stauffacher: Alfred Döblin und Bertolt Brecht. Zwischen *Berlin Alexanderplatz* und dem *Badener Lehrstück vom Einverständnis.* In: Germanisch-Romanische Monatsschrift N. F. 26 (1976) S. 467. – Mit Genehmigung von Werner Stauffacher, Lausanne.

Starke rezeptionsgeschichtliche Impulse erhielt das Werk Döblins im Jahr 1978, als dem Autor zu seinem 100. Geburtstag durch zahlreiche publizistische Würdigungen und Gedenkveranstaltungen eine nach seinem Tode noch nie erreichte öffentliche Aufmerksamkeit zuteil wurde. So erschien z. B. in der *Frankfurter Allgemeinen Zeitung* am 5. August 1978 eine Beilage mit Originalbeiträgen von Wolfgang Koeppen, Peter Rühmkorf und Wolfdietrich Schnurre, in denen die Autoren ihr persönliches Verhältnis zu Döblin beschrieben und ihre Wertschätzung kundtaten. Den wohl wichtigsten Anstoß zur breiteren Beschäftigung mit Döblin und insbesondere für die philologische Forschung gab jedoch die Ausstellung im Schiller-Nationalmuseum in Marbach a. N., in der zahlreiche bis dahin unbekannte Dokumente aus dem Nachlaß Döblins (Romanhandschriften, Briefe usw.) gezeigt wurden. Dazu erschien ein von Jochen Meyer in Zusammenarbeit mit Ute Doster verfaßter (leider inzwischen vergriffener) Katalog, der eine exakte Chronik von Leben und Werk enthält und aufgrund der darin zitierten und abgebildeten Zeugnisse bis heute zu den wertvollsten Hilfsmitteln der Forschung gehört. Im mehrteiligen Kapitel über *Berlin Alexanderplatz* wurden nicht nur von Döblin verwendete Quellen wie z. B. das Buch *Der richtige Berliner in Wörtern und Redensarten* oder eine Verkehrskarte mit Fahrplan vom Mai 1928 und einem Straßenverzeichnis präsentiert, sondern auch Notizzettel, Photos und Postkarten aus Döblins Sammlung sowie Manuskriptseiten vorgestellt.

Ebenfalls im Jubiläumsjahr erschien eine Monographie über Döblin von KLAUS SCHRÖTER, die innerhalb der Forschung einen wahren Proteststurm auslöste, weil der Autor in diesem reich bebilderten, preisgünstigen und entsprechend weit verbreiteten Taschenbuch ein geradezu denunziatorisches Bild von Döblin entworfen hatte. Dieser wird von Schröter nicht nur als politisch blinder, kleinbürgerlicher Literat und philosophierender Dilettant beschrieben, sondern Döblin werden sogar – ›belegt‹ durch entsprechende Zitatcollagen – rassistische und präfaschistische Tendenzen unterstellt. Fachkundige Repliken auf Schröters teils ideologisch bedingte, teils aus Ignoranz resultierende Negativ- bzw. Fehlurteile erfolgten u. a. von KLAUS MÜLLER-SALGET[29] und OTTO KELLER[30]. WOLFDIETRICH RASCH wählte für seine Rezension in der *Frankfurter Allgemeinen Zeitung* (vom 18. 8. 1978) die Überschrift *Die Zerstörung des großen alten Mannes*. Selbst an *Berlin Alexanderplatz* hatte Schröter kein gutes Haar gelassen und den Erfolg des Romans folgendermaßen erklärt:

»Und sie [die Besonderheit von BA] bestand darin, daß Döblin [. . .] der *Geschichte* harmonisierende Tendenzen zugrunde legte, die das gesellschaftliche Leben der Weimarer Republik von 1924 bis 1928 vorübergehend bestimmten und die mit der historischen Bezeichnung dieser Phase als der einer relativen Stabilisierung des Kapitalismus genau genug bezeichnet sind. Sie gipfeln im Roman in Franz Biberkopfs politischem Programm von *Ruhe* und *Ordnung*. Der Erfolg des Buches beim bürgerlichen Lesepublikum ist zum Teil darin bis heute begründet.

29 Klaus Müller-Salget, »Neuere Tendenzen in der Döblin-Forschung«, in: *Zeitschrift für deutsche Philologie* 103 (1984) S. 263–277, hier S. 264–269. Vgl. auch: Klaus Müller-Salget, »Zum Stand der Döblin-Ausgabe«, in: *Zeitschrift für deutsche Philologie* 106 (1987) S. 283–288.

30 Otto Keller (1980), S. 267–273.

Marxisten lehnten *Berlin Alexanderplatz* ab. Ihre Kritik am Stoff und Inhalt des Romans war durch eben die Umstände verschärft, die das Buch den Bürgerlichen angenehm machten: das Ausweichen vor der Polarisierung der Klassengegensätze. Die Kritik war gerechtfertigt. Aber sie berücksichtigte nicht die Bedingungen seines Schaffens und war in diesem Sinn weder historisch noch dialektisch-materialistisch fundiert.

[...] Bis zum Ende der Weimarer Republik bleibt Döblin unfähig, die Gefahren des Nationalsozialismus, ja auch nur der ›Völkischen‹ zu erkennen. Franz Biberkopf läßt er vorübergehend mit ihnen sympathisieren.«

Klaus Schröter: Alfred Döblin. In Selbstzeugnissen und Bilddokumenten dargestellt von K. S. Reinbek: Rowohlt, 1978. S. 93 f., 104. – © 1978 Rowohlt Taschenbuch Verlag GmbH, Reinbek.

Von solchen geradezu rufschädigenden Publikationen abgesehen, brachte der 100. Geburtstag insgesamt wichtige Impulse zu einer gewissen Popularisierung des Autors. In der Folgezeit war es vor allem die 1980 ausgestrahlte 14teilige Fernsehverfilmung des Romans *Berlin Alexanderplatz* von RAINER WERNER FASSBINDER, die – wenngleich heftig umstritten – dazu beitrug, Döblins Hauptwerk einem Millionenpublikum zumindest in Grundzügen nahezubringen.[31]

Die in der Döblin-Forschung für die achtziger Jahre zu verzeichnenden großen Fortschritte wurden vor allem durch die entscheidend verbesserte Quellenlage ermöglicht: Die Wahl ANTHONY W. RILEYS zum Hauptherausgeber der Werke erwies sich als glückliche Entscheidung und führte zu einem neuen editorischen Standard der Einzelbände, durch die nicht nur die verstreut publizierten Essays Döblins wieder leicht zugänglich, sondern allmählich auch die

31 Vgl. dazu Kap. IV,3.

Dimensionen des Œuvres sichtbar wurden. Die systematische Verbreiterung der philologischen Basis trug erheblich zur Belebung des wissenschaftlichen Diskurses bei, der seit 1980 durch die Initiierung von Döblin-Kolloquien ein neues Forum erhielt. Sie fanden im Zweijahresrhythmus bislang in Basel, New York, Freiburg i. Br., Berlin, Lausanne, Münster, Marbach a. N., Leiden und 1997 in Leipzig statt und wurden zumeist vom jeweiligen Präsidenten der 1983 gegründeten Internationalen Alfred-Döblin-Gesellschaft organisiert. Die Vorträge werden jeweils im *Jahrbuch für Internationale Germanistik* veröffentlicht und erscheinen im Peter-Lang-Verlag Bern.

Forschungsgeschichtlich bedeutsam ist für das Jahr 1980 vor allem die umfangreiche Studie von Otto Keller über *Döblins Montageroman als Epos der Moderne*, in der er sich aus strukturalistisch-semiotischer Perspektive mit den Romanen *Der schwarze Vorhang*, *Die drei Sprünge des Wang-lun* und *Berlin Alexanderplatz* auseinandersetzt. Für Keller sind es Döblin und Brecht, die »mit ihren Reflexionen über die Dissoziation der Elemente, über die Funktion des Gestus und einer gestischen Gestaltung der Motiv- und Figurennetze die entscheidenden Ansätze entwickelt [haben], von denen aus sich der Umbruch der Erzählkunst der Moderne erfassen läßt« (S. 11). Den Roman *Berlin Alexanderplatz* sieht Keller antithetisch bestimmt vom Eroberer-Gestus, durch den die Biberkopf-Figur geprägt ist, und vom Helfer-Gestus, der erstmals in der Esther-Paraphrase (BA 19/12) begegnet und im weiteren dann vor allem durch Mieze verkörpert wird. Erst am Schluß könne Biberkopf seine egozentrische und anmaßende Haltung überwinden:

»Das Schlußbild zeigt Franz Biberkopf am Fenster, wie er marschierenden Kolonnen nachblickt. Er ist skeptisch geworden, will wachsam sein. ›Wir wissen, was wir wissen, wir habens teuer bezahlen müssen.‹ [. . .] Diesem letzten inneren Monolog von Franz geht ein Zitat aus dem Totentanzkapitel voran. Es evoziert durch seine kriegerischen Motive ein letztes Mal die überwundene Position des Eroberers Franz, stellt sie neben sein neues Dasein. [...] wie im Motivfeld des ganzen Romans werden hier nochmals die beiden Grundgestus, das Eroberer- und das Helfertum, nebeneinander gesetzt, wird [...] ihre unaufhebbare Antithetik, aber auch ihre Dialektik verbildlicht. Franz ist zuletzt Wissender geworden. Als solcher kann er wahrhaft Helfender werden, kann er den Schicksalsfatalismus zerschlagen und zu wirklicher Verantwortung finden. Aber weiterhin werden ihn kontradiktorische Kräfte umtosen.«

Nach Keller ist Döblins Darstellung von Biberkopfs »heroischem Gestus« gesellschaftskritisch motiviert:

»Das Erorberertum von Franz ist auch das einer Epoche. [...] Der Roman weitet sich so aus zu einer umfassenden Auseinandersetzung mit einer Grundhaltung der abendländischen Völker, ihrem Heroismus.
Döblins BA wird dadurch zu einem satirisch-humoristischen Roman, zum Spiegelbild der Grundkräfte einer Epoche. [...] Indem der heroische Gestus in den Mittelpunkt der Handlung und des Motivnetzes gerückt wird, [...] werden die ökonomischen, sozialen und politischen Faktoren, wird die ganze Geistigkeit der bürgerlichen Welt und ihrer Staaten in ihren Wurzeln erfaßt, in den Roman integriert und zugleich kritisch durchdrungen. Durch die gestische Gestaltung der Figuren ist hier die Möglichkeit einer umfassenden Kritik auf struktureller Basis erreicht.«

Otto Keller: Döblins Montageroman als Epos der Moderne. Die Struktur der Romane *Der schwarze Vorhang*, *Die drei Sprünge des Wang-lun* und *Berlin Alexanderplatz*. München: Fink, 1980. S. 196, 205 f. – Mit Genehmigung der Wilhelm Fink GmbH & Co., Verlags-KG, München.

Keller sieht in Döblin einen »radikalen Aufklärer«, der »als Schöpfer seiner Montageromane [...] zu einem der kühnsten Neuerer innerhalb der Literatur des zwanzigsten Jahrhunderts« geworden sei, zum »revolutionären Begründer eines Romans, der sich vom bürgerlichen Roman, der subjektiven Epopöe, grundsätzlich unterscheidet, indem er dessen Grundlage, das, was Brecht den festen Charakter nennt, indem er das axiomatische Ich sprengt, und zwar durch eine neue absolute Prosa, durch eine neue Erzählstruktur« (S. 241 f.).

In den achtziger Jahren bemühte sich die Forschung verstärkt um eine Klärung des Collage- und Montagebegriffes. Sowohl Nikolaus Miller (1982) als auch Volker Hage (1984) wählten dabei *Berlin Alexanderplatz* als ein für diese literarische Technik klassisches Beispiel aus, an dem sie die verschiedenen Spielarten des Zitierens bzw. Integrierens von Fremdtexten in die Romanhandlung aufzeigten und unter Rückgriff auf frühere Definitionsversuche (z. B. von Volker Klotz, Karl Riha und Manfred Durzak) zumindest teilweise neue Gliederungskategorien entwickelten. Nikolaus Miller entwarf im Döblin-Kapitel seines Buches *Prolegomena zu einer Poetik der Dokumentarliteratur* auf der Grundlage der Romanhandschrift eine »Typologie der epischen Montage« und lenkte dabei die Aufmerksamkeit auf den Kontext des Zitats, durch den ein Montageelement angekündigt und für den Leser als solches erkennbar werde:

»Ob das jeweilige Zitat dem auktorialen Ich [...] oder der Romanfigur [...] als Bewußtseinsinhalt zugeschrieben wird, hängt einzig vom epischen Stellenwert des Zitats oder genauer: von dessen *epischem Anknüpfungspunkt* ab. Das Ladenschild, der Aushang im Schaufenster, der Wandanschlag, die Litfaßsäule – all diese Medien der Bekanntmachung fungieren innerhalb der epischen Fiktion als Medien der Dokumentation und somit als *Zitatsignale*. Erscheinen sie nicht expressis verbis im Erzähltext, so bleiben sie gleichwohl unterstellt und übertragen ihre Signalfunktion einem Doppelpunkt, einem Bindestrich oder gar nur den sprachlichen Auffälligkeiten des Zitats selber. Es entstehen damit freilich Unklarheiten bezüglich der epischen Situation und mitunter auch bezüglich der subjektiven Origo des Zitats: die Zuordnung des Bewußtseinsdokuments seis zum auktorialen Ich, seis zur Romanfigur kann in der Schwebe bleiben.«

Nikolaus Miller: Prolegomena zu einer Poetik der Dokumentarliteratur. München: Fink, 1982. S. 185. – Mit Genehmigung der Wilhelm Fink GmbH & Co., Verlags-KG, München.

Während Miller eine spezielle Typologie für *Berlin Alexanderplatz* erstellte, die nur bedingt auf andere Romane der Moderne übertragbar ist, unternahm Volker Hage in seinem 1984 veröffentlichten Buch *Collagen in der deutschen Literatur* eine (teilweise durch Filmtheoretiker inspirierte) Klassifizierung der verschiedenen »Bauformen« der Montage. Er gestand jedoch ein, daß seine Unterscheidung zwischen der Kontrast-, Kommentar-, Parallel-, Mosaik- und Additionsmontage nicht zu verabsolutieren sei und »interpretatorische Arbeit zur Voraussetzung« habe (S. 78). Seinem Schema entsprechend, deutete Hage die Zitate der Gefängnisordnung als Parallelmontage, den Exkurs über sexuelle Potenz als Beispiel für eine Kommentarmontage und die auf die Stadt Berlin bezogenen Textteile summarisch als Mosaikmontage.
Auch in der von Harald Jähner im gleichen Jahr vorgelegten Neuinterpretation des Romans unter dem Titel *Erzählter, montierter und soufflierter Text* spielt der Montagebegriff eine zentrale Rolle. Anders als Otto Keller, an dessen Buch Jähner das Fehlen »jeder gesellschaftlichen oder geschichtlichen Orientierung« bemängelt (S. 14), versucht er die strukturalistische Methode mit der Kritischen Theorie zu verknüpfen. Jähner sieht *Berlin Alexanderplatz* durch

die »Antinomie von Geschichte und Montage« bestimmt, die darin besteht,

»daß die Montage die Zentrierung des Textmaterials um eine bestimmte Figur und deren raumzeitliche Logik sprengt. Ihr Material kann aus jedem beliebigen Wirklichkeitszusammenhang und jeder Wahrnehmungsperspektive entlehnt und in den Textraum disparat eingefügt werden. So ergibt sich keine narrative Linie, kein Handlungsstrang, sondern eine Fläche, die an jeder Stelle gleich einem Flikkenteppich erweitert und überlagert werden kann. [. . .]
Wer also die Geschichte erzählen will, [. . .] muß nach einem Parameter suchen, der die Brücke zu den montierten Tableaus aufrechtzuerhalten vermag [. . .].
Ein solcher Parameter findet sich in Biberkopfs Gang – in den Darstellungen seines oft ziellosen Gehens durch die Stadt. [. . .]
Leitmotivisch kann das Gehen vor allem deshalb wirken, weil es ein Scharnier bildet zwischen der subjektzentrierten Geschichte und dem anonymen Textraum der Stadt.«

Das Leitmotiv des Gehens bestimme auch den Romanschluß, der »bis in Wortwahl und Interpunktion hinein auf den Romananfang bezogen« sei:

»Biberkopf wird derselben Versuchsanordnung unterworfen, in der dort das initiale Eintreten des Subjekts in die Welt probiert wurde. [. . .] Kein stolzes Subjekt geht hier mehr mit hochfliegendem Lebensplan, [. . .] sondern ein ramponierter, desillusionierter, ein ums Ich gebrachter Mann. Der zur blinden Gewalt heruntergekommene Habitus des Subjekts, dem Biberkopf zu Beginn sich unterwarf, wird nun durch eine Haltung passiver Rezeption abgelöst, die Döblin durch das mehrmals intonierte, suggestive Motiv des ›Herankommmenlassens‹ unterstreicht [. . .].
[. . .] Im ›neuen‹ Biberkopf entwirft Döblin die Utopie einer passivischen Bescheidenheit, in der der Mensch so selbstver-

ständlich an seiner Umwelt partizipieren soll wie die Alge am Strom des Baches. Doch auch diese Naturhaftigkeit ist bloßer Schein; sie verhüllt das bereits bekannte Maschinenmotiv in einem euphemistisch-totalisierenden Gewande. Denn ›Herankommen lassen‹ kann man nur etwas, das sich von selbst bewegt, das automatisch, ohne Zutun des Menschen ›ankommt‹ wie jene ›Welt von Eisen‹, die zuvor ihr drohendes, nun aber ihr lockendes Gesicht gezeigt hat. Sie scheint versöhnt zu sein, weil Biberkopf gebrochen ist. [. . .] So verfällt die Utopie einer besseren Welt schnell zur Regression auf die Anfänge: Biberkopf kehrt – um alles zu sagen – in die Arme des Gefängnisses, den Mutterleib zurück, aus dem er zu Beginn hinausgesetzt worden war.

[. . .] Nun stellt sich das Problem der Initiierung und Konstitution des Subjekts aufs Neue: doch es wirft sich nicht mehr unter dem nun überwundenen individuellen Aspekt des Gehens und Weltbetretens auf, sondern in seinen unmittelbar gesellschaftlichen Momenten.

[. . .] Biberkopfs Problem ist am Ende nicht gelöst, sondern auf die Ebene der Gesellschaft, der Masse übertragen worden.«

Harald Jähner: Erzählter, montierter und soufflierter Text. Zur Konstruktion des Romans *Berlin Alexanderplatz* von Alfred Döblin. Frankfurt a. M. [u. a.]: Lang, 1984. S. 35, 38, 55–59. – Mit Genehmigung von Harald Jähner, Zepernick.

Einen ausdrücklich an Jähner anknüpfenden Beitrag über den *Großstadtdiskurs in »Berlin Alexanderplatz«* publizierte 1988 Klaus R. Scherpe. Er äußerte Zweifel daran, daß, »wie bei Volker Klotz, auch die Großstadtromane von Döblin und Dos Passos noch unter dem Repräsentationsmuster der ›erzählten Stadt‹ – Symbolisierung, Subjektzentrierung, Dramatisierung von Gegensätzen – zu fassen sind«. Scherpe will dagegen zeigen, wie in *Berlin Alexanderplatz* »das Konzept der erzählten Stadt substituiert wird durch ein strukturell und diskursiv angelegtes narratives

Verfahren« (S. 421 f.). In Döblins Roman sei nicht nur »der einstmals erzählerisch virulente Stadt-Land-Gegensatz gänzlich eskamotiert«, sondern das Werk verhalte sich »auch gegenüber der Wahrnehmungsästhetik der Epiphanie [...] als sperrig«: »In Frage zu stellen ist das Gegeneinander von narrativem und montiertem Text, das der Forschung zumeist nur dazu diente, in Döblins Roman den alten Subjekt-Objekt-Dualismus von gefährdetem Individuum und gefährlicher Großstadt noch einmal zu bestätigen« (S. 424 f.). Scherpes Lesart des Romans ist bewußt nicht harmonisierend und autor-intentional ausgerichtet:

»Im Stadtdiskurs des Romans werden die einzelnen Diskurse gewissermaßen skelettiert. Übrig bleiben vereinzelte, funktionelle und transformierbare Bedeutungseffekte, Verweise auf eine in den Diskursen der Stadt stets schon vorstrukturierte Bild- und Zeichenwelt.
[...] Strukturell betrachtet kämpft ein narrativer Text, eben der der Geschichte des Franz Biberkopf, mit einem montierten Text der Stadt, der den narrativen Text als Lernprozeß von Anfang an zunichte macht. Dem Helden wird in Döblins Roman noch einmal das Motiv der Identitätssuche unterstellt, das der Bewährung und Läuterung, und am Ende beschert ihm die Geschichte gar die Verwandlung, die ›Entrückung in den Himmel der Romanfiguren‹, wie Benjamin ironisch sagt [...].
[...] Franz Biberkopfs Geschichte jedenfalls ist vom Diskurssystem der Stadt zu lückenlos durchstrukturiert, als daß ein narrativer Wunderglaube die Erlösung bringen könnte, noch dazu mit einem Schlag. Der Text exekutiert auch an seiner Hauptfigur jenes Prinzip des Tauschs und der Trennung, das die Behauptung der Identität als Fiktion entlarvt.
[...] Um seinen Stadtroman doch noch mit einem einheitlichen Sinn zu besetzen, greift Döblin zurück auf die bekannten Symbolisierungen des ›Ungeheuers‹ Stadt (Schlachthof,

Dschungel, Hure); er versetzt seinen Text mit alttestamentarischen Sinnbildern (Hiob, Jeremia, Isaak und Jakob); er arbeitet mit einer naturmythischen Elementarisierung des Geschehens (Wind und Wald), und zwar immer dort, wo sowohl die Logik in den beobachteten Stadtdiskursen wie auch der Erzähltext des Franz Biberkopf, der ihm ein vernünftiges Handeln zuspricht, am Ende ist. [. . .]
Folgen wir auch hier der Lesart des Autors nicht, zeigen wir uns ungläubig gegenüber der metaphysischen Wegweisung, so können wir feststellen, daß im systematisch strukturierten und diskursiv aufgemachten Erzähltext der Stadt ein Bedeutungspotential freigesetzt wird, das keineswegs gleichbedeutend ist mit der gewollten symbolischen Ordnung des Textes. Der literarische Diskurs rührt hier an ein imaginäres ›Mehr‹ an Bedeutungen, das genauer zu bestimmen wäre. Nicht in der progressiven Verklärung und Aufhebung des Ich, sondern in Biberkopfs sprachlicher Regression [. . .] manifestiert sich ein Rest an Widerstand gegen die sprachliche Übermacht der Diskurse [. . .].«

Klaus R. Scherpe: Von der erzählten Stadt zur Stadterzählung. Der Großstadtdiskurs in Alfred Döblins *Berlin Alexanderplatz*. In: Diskurstheorien und Literaturwissenschaft. Hrsg. von Jürgen Fohrmann und Harro Müller. Frankfurt a. M.: Suhrkamp, 1988. S. 427, 431 und 433 f. – Mit Genehmigung von Klaus R. Scherpe, Berlin.

Scherpe unterscheidet sich mit seiner Interpretation des Romanschlusses also erheblich insbesondere von Klaus Müller-Salget (1972) und Helmut Koopmann (1983 und 1989), die ihrerseits diametral entgegengesetzte Positionen eingenommen hatten und darüber einen erbitterten Streit führten. Anders als Müller-Salget, der aus der Schlußsequenz einen Appell zur Solidarisierung mit der Gemeinschaft herausgelesen hatte (s. o.), behauptete Koopmann:

»Am Ende des Romans steht [...] nicht die Initiation in eine neue Massengesellschaft oder ein neues Kollektiv, sondern das Wissen um die tödlichen Gefahren einer solchen Verführung durch Massenparolen, und von dorther gesehen, ist der Schluß des Romans eine Aufforderung, ihnen zu widerstehen, nicht aber eine solche, ihnen zu folgen. [...] Vom Ende des Romans her gesehen ist die Verführung zur Menge zugleich die Verführung zur Gewalt, die Aufforderung zum Mitmarschieren endet beim Marsch in den Tod, und die kursiv gesetzten Sätze am Ende sind eine Kriegsvision, die sich unmittelbar innerhalb des Kontexts des Romans an die Aufforderung zur Einigkeit und zum Zusammenschluß anschließt und die zugleich die Vision der Freiheit und der neuen Welt ad absurdum führt, weil eben diese Wirklichkeit im Krieg endigt. Der Roman enthält am Schluß ähnlich wie Thomas Manns *Zauberberg* eine Vorwegnahme des Kriegsausbruchs, zugleich aber damit eben auch die Einsicht, daß die Freiheitsparolen und die von der neuen Welt tatsächlich nur zum Untergang der alten Welt führen [...]. So gesehen ist der Schluß des Romans eine Aufforderung zur Individualität, zum bewußten Erkennen der Vorgänge um 1930, das Gegenteil einer Einstimmung in eine Massenideologie und Hordenmentalität. [...] Davon handelt der Roman, und so ist er [...] die deutlichste Warnung vor dem Faschismus, die in Romanform am Ende der 20er Jahre ausgesprochen worden ist, und zugleich ein ebenso deutliches Dokument einer existentiellen Ich-Suche, wie sie so manche große Romane der 20er Jahre bestimmt hat.«

Helmut Koopmann: Der klassisch-moderne Roman in Deutschland. Thomas Mann, Alfred Döblin, Hermann Broch. Stuttgart [u. a.]: Kohlhammer, 1983. S. 110–112. – Mit Genehmigung der W. Kohlhammer GmbH, Stuttgart.

Trotz des Widerspruchs von Müller-Salget im Vorwort zur zweiten Auflage seiner Monographie (1988), wo er Koopmann vorwarf, »den Schein der Vertretbarkeit« seiner These nur dadurch zu »erwecken, daß entscheidende Zitate tendenziös verkürzt werden« (S. XXII), hielt Koopmann an seiner Deutung fest und wiederholte sie 1989 auf dem Münsteraner Döblin-Kolloquium.

Die achtziger und neunziger Jahre standen ganz im Zeichen neuer methodischer Zugriffe auf den Roman, der nun u. a. aus semiotischer, psychoanalytischer, feministischer, intertextueller, diskurs- und systemtheoretischer Perspektive betrachtet wurde. Daneben wurde die Reihe von teilweise komparatistisch ausgerichteten Studien zu biblischen,[32] mythologischen[33], literarischen und anderen Einzelmotiven[34] sowie zu stilistischen und erzähltechnischen Aspekten[35] fortgesetzt. Ferner erschienen einige Beiträge zur Gattungsproblematik, die sich mit der Zuordnung von *Berlin Alexanderplatz* zum Bildungs- bzw. Entwicklungsroman,[36] Schelmen- oder Verbrecherroman

32 Den Beiträgen von Werner Stauffacher über »Die Bibel als poetisches Bezugssystem« (1977) und von Timothy Casey über »Alttestamentliche Motive in Döblins *Berlin Alexanderplatz*« (1989) folgten in den neunziger Jahren Einzelstudien zum Hiob-Motiv von Ulrike Schrader (1992) und Georg Fromm (1993), der sich in einem weiteren Aufsatz (1995) auch mit der Isaak-Paraphrase beschäftigte, sowie die Untersuchung von Barbara Becker-Cantarino (1997) über »Die Hure Babylon«.

33 Vgl. die Beiträge von Werner R. Lehmann, Joris Duytschaever (beide 1979), Klaus Bohnen (1984), Barbara Baumann-Eisenack und Frauke Tomczak (beide 1992).

34 Einen Schwerpunkt bilden die Studien zum Thema Gewalt und Kriminalität z. B. von Maria Tatar (1992 und 1995), Otto Klein (1995) und Joachim Linder / Claus-Michael Ort (1997) sowie die Beiträge zur Großstadtdarstellung u. a. von Andreas Freisfeld (1982), Ulrike Scholvin (1985), David B. Dollenmayer (1988), Sabina Becker (1993) und Sabine Hake (1994).

35 Diesem Thema widmeten sich u. a. die Studien von René Schmidt (1985), Werner Stauffacher (1990), Christoph Dunz und Wolfgang Martynkewicz (beide 1995).

36 So z. B. von Susanne Ledanff (1981) und Matthias Uecker (1996).

auseinandersetzten,[37] und Studien zum zeitgeschichtlichen Hintergrund des Romans.[38] Zunehmend wurde der Roman auch didaktisch erschlossen, d. h. für den Unterricht in der Oberstufe aufbereitet.[39]

Um den Methodenpluralismus der neunziger Jahre zu veranschaulichen, sollen zum Schluß noch einige Monographien und Aufsätze referiert werden, die in diesem Sinne besonders interessant sind. OTTO KELLERS Neuinterpretation des Romans unter dem Titel *Die Grossstadt im Spiegel ihrer Diskurse* geht insofern weit über seine frühere Studie über die Montagetechnik (s. S. 201 ff.) hinaus, als sie stringent textsemiotisch ausgerichtet ist und – wie dem Vorwort zu entnehmen ist – als praktisches Beispiel für diese neue, von Roland Barthes und Algirdas J. Greimas inspirierte Methode verstanden werden soll. Die Lektüre setzt allerdings eine Vertrautheit mit dem zeichentheoretischen Vokabular voraus, so daß die Rezeption von Kellers Forschungsergebnissen vorerst auf einen Kreis ›Eingeweihter‹ beschränkt bleiben dürfte. Seiner sehr genauen und textnahen Strukturanalyse läßt der Autor ein freilich sehr abstraktes Resümee folgen, in dem er »Döblins neue Epik montiert, verfremdet und zugleich gestisch« nennt:

»Die gestische Schreibweise [in BA] lässt sich [. . .] als neuartige Epik bezeichnen. Sie ermöglicht durch ihren radikalen Verzicht auf jede Art von Mediation und eine dadurch bedingte Transzendierung des Geschichtlichen einen neuen Zugang zum Objekt, zu den Dingen einer umfassenden Natur. Er ist von Döblin beschritten und erschlossen in der neu entbundenen Sprachkraft als der bedeutendsten Er-

37 Vgl. die Aufsätze von URSULA R. MAHLENDORF (1986) und BIRGIT KREUTZAHLER (1987).

38 Vgl. die Studien von RENATE MÖHRMANN, DIETER MAYER (beide 1978), GIOVANNI SCIMONELLO (1989 und 1991) und SANG-NAM PARK (1995).

39 Zu nennen sind hier die Beiträge bzw. Unterrichtshilfen von HELMUT SCHWIMMER (1973), DIETER MAYER (1980), PETER BEKES (1995), FRIEDBERT STÜHLER (1996) und BORIS PREM (1997).

schliessungs- und Produktivkraft des Menschen. In diesem Sinne wird die gestische Schreibweise als neue Epik unseres Jahrhunderts ein Weg zu neuer Lebenswahrheit.«

Otto Keller: Döblins *Berlin Alexanderplatz*. Die Grossstadt im Spiegel ihrer Diskurse. Bern [u. a.]: Lang, 1990. S. 148. – Mit Genehmigung der Peter Lang AG, Bern.

Nicht nur methodisch völlig anders ausgerichtet ist die 1991 erschienene Studie von Ursula Elm, die sich ganz auf den ideengeschichtlichen, d. h. lebensphilosophischen Hintergrund von *Berlin Alexanderplatz* konzentriert. Mit ihrer Interpretation versucht sie, die Auffassung vom Roman als organischer Ganzheit zu rehabilitieren, indem sie zum einen die Strukturprinzipien der De- und Rekomposition als komplementäre Formen begreift, zum andern von der »strukturgebenden Funktion der Resonanz« spricht, die »Analogien zwischen verwandten Bausteinen des Romans« aufdecke (S. 143):

»Der Roman *Berlin Alexanderplatz* vereinigt inhaltlich wie strukturell den Widerspruch, der aus dem Wesen des Menschen, aus dem Autonomiestreben des *Ich* und aus der Naturgebundenheit der *Person* resultiert. Übersetzt man diese psychologischen Begriffe in poetische Begriffe, ergibt sich als Grobstruktur des Romans: Seine Dekomposition, also die Autonomie seiner Strukturteile, wird von organisch-anorganischer Formung, die zur Ganzheit tendiert, rekomponiert. [. . .] Berücksichtigt man nur den Strukturbegriff der Dekomposition, ist der Roman *Berlin Alexanderplatz* ein moderner Roman im Sinn der klassischen Moderne, doch sein lebensanschaulicher Gehalt widerspricht der Tendenz zur Ideologiekritik. [. . .] Dekomposition ist hier nicht Ausdruck eines vom Ich erlittenen Wirklichkeits- und Wertezerfalls, sondern poetischer Ausdruck für Döblins ästhetische Anschauung vom Leben [. . .]. Der Erzähler in *Berlin*

Alexanderplatz ist kein Kultur- und Gesellschaftskritiker, weder Verneiner des technischen Fortschritts noch Richter über die Lebensfeindlichkeit der Großstadt, sondern Bejaher de[s] Lebens in all seiner changierenden Widersprüchlichkeit. Pessimistische Untergangsstimmung ist für ihn undenkbar, da er von der vitalen Kraft des Lebens, sich stets erneuern zu können, überzeugt ist.
[...] Die ideologische Voraussetzung für Döblins poetische Tendenz, die Großstadt als Organismus zu gestalten, ist sein lebensanschaulich fundierter Monismus von Ich und Welt.«

Ursula Elm: Literatur als »Lebensanschauung«. Zum ideengeschichtlichen Hintergrund von Alfred Döblins *Berlin Alexanderplatz*. Bielefeld: Aisthesis-Verlag, 1991. S. 95, 119, 157. – Mit Genehmigung des Aisthesis-Verlags, Bielefeld.

Ein Jahr später unternahm Bernd Widdig in seinem Buch über *Männerbünde und Massen. Zur Krise männlicher Identität in der Literatur der Moderne* den Versuch, die zuerst von Robert Minder eröffnete psychoanalytische Perspektive auf *Berlin Alexanderplatz* zu vertiefen.[40] Er interpretiert Biberkopfs Entlassung aus dem Gefängnis (dem »Mutterleib«) als Trauma einer »zweiten Geburt«, das sich »auf zwei Ebenen« manifestiere: »als Geburtsschmerz des Neugeborenen und als Kastrationsangst« (S. 160). Folgerichtig spiele das Thema der sexuellen Identität im Roman eine zentrale Rolle. Biberkopfs Verhältnis zu Frauen und zu Reinhold beschreibt Widdig so:

40 In den neunziger Jahren erschienen noch weitere Studien, in denen die Biberkopf-Figur mit Hilfe von psychopathologischen Begriffen gedeutet wurde. Zu nennen sind hier vor allem Helmuth Kiesel, der im Nachwort zu der von ihm 1993 herausgegebenen Neuausgabe des Romans den Versuch unternahm, »den Zusammenhang zwischen der psychotischen Befindlichkeit des Protagonisten und der Erzählweise von *Berlin Alexanderplatz* aufzuweisen und die sozusagen psychopathologisch modellierte Textstruktur zu verdeutlichen« (S. 542), und Wolfgang Schäffner (1995), der Biberkopf als »Kriegsneurotiker« interpretierte (S. 360).

»Keine dieser Frauen, auch Mieze nicht, gelingt es, den starren Panzer aufzubrechen, Liebe als eine verändernde Erfahrung fehlt diesen Beziehungen. Statt dessen fungieren Frauen in Biberkopfs Leben als Bestandteil eines Systems von Tausch und Besitz, verbunden mit der möglichen Schaffung eines Mehrwertes durch die Ausbeutung in der Prostitution. [...] Der Wert einer Frau bestimmt sich nicht durch den Selbstwert ihrer Person, sondern durch die Wertschätzung, die ihr aus der Sicht Dritter entgegengebracht wird. [...] Mieze wird Reinhold vorgeführt, von dem Biberkopf [...] eine Expertise erwartet, das notwendige Feedback, das für die Bewertung seines Besitzes entscheidend ist. In diesem Augenblick jedoch zeigt sich ein schreckliches Gespenst, das dem Besitzer Biberkopf die Währung ›Frau‹ zu zerstören droht: eine Inflation. Mieze gesteht die Liebe zu ihrem Gönner: der Besitz droht sich zu zerteilen, wertlos zu werden. Die Währung zerrinnt ihm zwischen den Fingern, und dies, das ist entscheidend, unter den Augen von Reinhold, dem er ja gerade eine Bewertung der Solidität seiner Anlage angetragen hatte.

[...] Bis zu seinem Zusammenbruch verbindet sich seine Lust an der Unterwerfung mit Reinholds Begehren, diesen Biberkopf leiden zu sehen. Mit dem Verlust des Armes ist jene symbolische Kastration verbunden, die dem sadomasochistischen Verhältnis der beiden seine Geschlechtsspezifik verleiht. [...] In der Person Reinholds schafft sich Biberkopf jene Projektion des unabhängigen, starken Mannes, der er selber nicht sein kann. [...] Was Freud in *Massenpsychologie und Ich-Analyse* als zentrale Merkmale der Masse bestimmt hat, trifft auch für Biberkopf zu: Schwund der bewußten Persönlichkeit, die Aufgabe des eigenen Ichs durch Identifizierung mit einem Führer, der Wille zur Unterwerfung.«

Seiner Argumentationslinie entsprechend, stellt Widdig für den Romanschluß die Frage,

»durch welche geschlechtsspezifischen Codierungen das neue Leben von Biberkopf in Berlin gekennzeichnet ist. Es fällt auf, daß auf diesen Seiten [. . .] nicht mehr von Männern oder Frauen gesprochen wird, sondern nur noch von ›Menschen‹, von unpersönlichen Formeln wie ›man‹ oder ›andere‹. [. . .]
Wenn diese Stadt Berlin Biberkopf nun Arbeit und offensichtlich auch eine Art von Geborgenheit gibt, so geschieht dies um den Preis einer Geschlechtsindifferenz.
[. . .] Der Schluß von *Berlin Alexanderplatz* bietet keine Lösungen an, auch keine Erlösung. Als utopisches Moment mag das ›Entronnensein‹ am Horizont der Moderne weiterhin aufleuchten, in *Berlin Alexanderplatz* wird es nicht eingelöst. Biberkopf ist sicherlich mit dem Leben davongekommen, indem er sich geopfert hat. Die Hure Babylon verläßt das Feld, und von seinen omnipotenten, (männlichen) Vorstellungen ist nichts mehr übrig. Doch ist der neue Franz Karl Biberkopf nicht mehr als eine bloße Hülle. Endet der traditionelle Bildungsroman mit einer ›Erfüllung‹, mit der ›Auffüllung‹ von geronnener Erfahrung in den Helden, so schließt *Berlin Alexanderplatz* mit einer Entleerung. Das Ende des Romans gibt ein gefährliches Vakuum wieder, und das macht die bedrohliche Qualität der scheinbaren Ruhe der letzten Seiten aus. [. . .] Der Konflikt zwischen individueller Identität und Massengesellschaft ist in der Figur des neuen Franz Karl Biberkopf nicht gelöst, sondern unterdrückt.«

Bernd Widdig: Männerbünde und Massen. Zur Krise männlicher Identität in der Literatur der Moderne. Opladen: Westdeutscher Verlag, 1992. S. 166 f., 170 f., 175–177. – Mit Genehmigung der Westdeutscher Verlag GmbH, Wiesbaden.

Daß unterschiedliche methodische Ansätze zu völlig anderen Ergebnissen führen können, belegt der mit *Franz Biberkopf und das Wissen des Wissens* überschriebene, 1995 gehaltene Vortrag von Matthias Prangel, in dem er versucht, den Romanschluß systemtheoretisch zu deuten. Er selbst räumt zunächst ein, man werde »denn auch nicht erwarten dürfen, daß die Konfrontierung des *Alexanderplatz*-Schlusses mit neuen oder bislang ungenutzten Theoriekonzepten zu wirklich radikal anderen Einsichten führen könnte« (S. 171). Die Wandlung des Protagonisten Franz Biberkopf, der ja am Ende bezeichnenderweise Franz Karl Biberkopf heißt, interpretiert Prangel als eine Wandlung in einen »Beobachter zweiter Ordnung«. Biberkopf habe demnach einen fortgeschrittenen Beobachtungsgestus erreicht, der nicht nur die »Verurteilung seiner früheren Blindheit und Gewalttätigkeit« voraussetzt, sondern der neben dieser »kritischen Selbstdistanzierung« auch eine »ständige Selbstbezüglichkeit« einschließt, die »einem Bewußtsein den Weg frei (macht), dem Wirklichkeit als von Menschen konstruiert gilt«. Wenn Biberkopf am Schluß scheinbar tautologisch verkündet: »Wir wissen, was wir wissen, wir habens teuer bezahlen müssen«, so ist dies für Prangel das »Bekenntnis zum dreiwertigen Denken, zu einem Wissen nämlich, das über sich selbst und sein Zustandekommen bescheid weiß« (S. 177 f.). Er beendet seine Ausführungen mit einer offenen Frage, die erst die weitere Zukunft der Forschung beantworten wird, nämlich die, »ob die hier zutage geförderten Einblicke in die Struktur von Biberkopfs neuer Erkenntnislage Anschlußmöglichkeiten eröffnen, die das Gespräch über das Döblinsche Werk fortsetzbar erscheinen lassen oder nicht« (S. 179).

Auch die 1996 von Yoshihito Ogasawara vorgelegten *Intertextuellen, motiv- und kulturgeschichtlichen Studien zu Alfred Döblins Poetik und dem Roman »Berlin Alexanderplatz«* zeigen, daß selbst das am meisten interpretierte Werk

Döblins immer wieder neue Fragestellungen evoziert und bisher unerprobte methodische Zugriffe weitere Anstöße geben können. Das titelgebende Zitat *»Literatur zeugt Literatur«* signalisiert, daß »das Zitieren fremder Texte Döblin nicht nur als ein besonderes Erzählmittel gilt, sondern von ihm auch als episches Zugriffsmedium auf das kulturelle Gedächtnis vorgestellt wird« (S. 13). Ogasawara skizziert zunächst die »intertextuelle Poetik« Döblins und analysiert dann exemplarisch drei der wichtigsten im Roman vertretenen Fremdtexte. Im Kapitel über den leitmotivischen Intertext des Schnitter-Liedes kommt er zu dem Schluß, daß »im Roman nahezu sämtliche in der abendländischen Kulturgeschichte denkbaren Todesgestalten vorgeführt werden«:

»[. . .] die Todesgestalt des Romans weist unter dem Aspekt der Intertextualitätsforschung eine Mosaikarbeit vergangener zum Teil aus der Bibel motivierten Kunst- und Literaturproduktionen auf. Neben dem aus der Totentanzdichtung bekannten beilschwingenden Tod [. . .] sind als isolierbare Textkontingente das Motiv des triumphierenden Todes (›mors triumphans‹), der mahnende Tod im Motiv des Memento-mori [. . .], der Tod als Prediger und der ›grimmige Tod‹ im Lied vom Tod und dem Mädchen festzustellen.«

Im folgenden Kapitel über die Hure Babylon versucht Ogasawara, Döblins spezifische Behandlung dieses seit dem Naturalismus weit verbreiteten Motivs durch den Vergleich mit den biblischen subscriptiones und ihrer Verarbeitung in der Literatur der Moderne herauszukristallisieren:

»Eine eschatologische Untergangsvision der Großstadt findet sich in *Berlin Alexanderplatz* im Unterschied zu dem großstadtfeindlichen Diskurs und der expressionistischen

Großstadtlyrik nicht; den einzelnen Großstadtepisoden, die die destruktive Wirkung der Großstadt symbolisch aufzeigen, wird die Ahnung einer produktiven, aufbauenden Kraft der Großstadt gegenübergestellt [...].«

Yoshihito Ogasawara: »Literatur zeugt Literatur.« Intertextuelle, motiv- und kulturgeschichtliche Studien zu Alfred Döblins Poetik und dem Roman *Berlin Alexanderplatz*. Frankfurt a. M. [u. a.]: Lang, 1996. S. 93, 125. – Mit Genehmigung der Peter Lang GmbH, Frankfurt am Main.

Nicht ganz zu überzeugen vermag das letzte Kapitel über »Wörter der Liebe«, in dem Ogasawara auf Intertexte verweist, »die auf Grund schwach ausgebildeter Intertextualitätssignale relativ leicht zu übersehen sind, nichtsdestominder ein gewisses Potential an kulturgeschichtlicher Erinnerungsleistung aufweisen« (S. 133). Er glaubt, daß die idealisierte Beschreibung Miezes, die bei ihrem ersten Auftritt ein »weißes leichtes Kleidchen« trägt und von der Biberkopf »auf den ersten Blick entzückt« ist, u. a. auf die von Goethe im *Werther* dargestellte Begegnung zwischen dem Protagonisten und Lotte zurückverweist. Im weiteren zitiert Ogasawara noch eine Stelle aus Gottfried Kellers *Der grüne Heinrich*, wo ebenfalls »der Intertext des ›weißen Kleides‹ als ein die Liebesthematik leitendes Moment« erscheint (S. 136). Trotz solcher in ihrer Beliebigkeit problematischen Referenzen könnte diese Dissertation mit ihrem methodisch fruchtbaren Ansatz den Anstoß geben zu weiteren Forschungsanstrengungen, die sich auf die Fülle intertextueller Bezüge in *Berlin Alexanderplatz* richten.

In welchem Umfang Fremdtexte in den Roman eingegangen sind, ist in jüngster Zeit vor allem im Kommentarteil der 1996 von Werner Stauffacher herausgegebenen kritischen Neuedition sichtbar geworden. Damit liegt nun nicht nur endlich eine gesicherte Textgrundlage vor, sondern durch die Erläuterungen werden auch die Kenntnisse über die von Döblin benutzten Quellen wesentlich bereichert. Der Band bietet neben dem kritisch geprüften, mit der Handschrift verglichenen Text auf der Grundlage des Erstdruckes einen umfangreichen Apparatteil, der neben bislang unbekannten Dokumenten zur Entstehung (Entwurfsfassungen und Varianten) auch sämtliche Vorabdrucke sowie ein Verzeichnis der Nachdrucke und Übersetzungen enthält. Besonderen Wert gewinnt diese Ausgabe jedoch durch den Kommentar, in dem sich Stauffachers Recherchen in Berliner Bibliotheken und Museen, im Deutschen Volksliedarchiv in Freiburg i. Br. und im Frankfurter Rundfunkarchiv niedergeschlagen haben. Der Erläuterungsteil bietet den bislang vollständigsten und genauesten Nachweis der in den Erzähltext montierten Zeitungs- und Reklametexte, Lieder und Schlager, Redensarten sowie der Allusionen und Zitate aus mythologischen, biblischen und literarischen Vorlagen.[41] Mit Hilfe von zeitgenössischen Stadt- und Fahrplänen, Adreß- und Telefonbüchern konnten auch im Roman erwähnte, heute nicht mehr existierende Lokalitäten sowie Namen von vergessenen Personen, Firmen, Produkten usw. eruiert werden.

Besondere Schwierigkeiten bereitete dem Editor das Aufspüren der von Döblin benutzten Informations- und Zitatquellen für die tagespolitischen Anspielungen und Meldungen, auch wenn ein Teil der von Döblin zitierten Zeitungsdokumente in Form von direkt in die Romanhandschrift eingeklebten oder von beigelegten Originalblättern und -ausschnitten vorliegt. Stauffacher weist darauf hin, daß »man bei *Berlin Alexanderplatz* auch im Falle von Hinweisen auf Tagesereignisse einer kaum überblickbaren Masse von Informationsmöglichkeiten gegenüber[steht], die sich überdies über eine beträchtliche Zeitspanne erstrecken kön-

41 Stauffachers Kommentar geht sowohl quantitativ wie qualitativ weit über die sehr selektiven und unsystematischen »Anmerkungen« von Ute Bertram-Hohensee in der von Helmuth Kiesel herausgegebenen Ausgabe des Romans im Winkler-Verlag (1993) hinaus.

nen. Die systematische Suche nach den vermuteten Originalen stößt daher bald an die Grenze, wo das Reich von Glück und Zufall beginnt und wo der Aufwand sich vom Ergebnis her nicht mehr verantworten läßt« (in: BA 478).

Da *Berlin Alexanderplatz* nicht nur – wie ALBRECHT SCHÖNE bereits 1963 meinte – ein »Kompendium moderner Erzähltechniken« ist (S. 325), sondern darüber hinaus ein Kompendium zeitgeschichtlicher Diskurse vielfältigster Art, so bleiben auch weiterhin noch weiße Stellen, die gefüllt werden können.

IV. *Berlin Alexanderplatz* in Hörspiel, Film und anderen Bearbeitungen

1. Das Hörspiel *Die Geschichte vom Franz Biberkopf*

Seine grundsätzliche Aufgeschlossenheit gegenüber dem neuen Medium Rundfunk hatte Döblin seit 1925 durch eine Reihe von Beiträgen für die »Berliner Funkstunde« unter Beweis gestellt.[1] Aufgrund seiner verschiedenen Aktivitäten auf dem Radiosektor war Döblin dazu prädestiniert, am 30. September 1929 den Eröffnungsvortrag *Literatur und Rundfunk* auf einer diesem Thema gewidmeten Tagung in Kassel zu halten, die von der Sektion für Dichtkunst der Preußischen Akademie der Künste und der Reichsrundfunkgesellschaft organisiert worden war. In seiner Rede plädierte er entschieden dafür, die neuen rezeptiven Möglichkeiten des Rundfunks für die Literatur produktiv zu nutzen (SÄPL 255): »Da tritt nun im ersten Viertel des 20. Jahrhunderts überraschend der Rundfunk auf und bietet uns, die wir mit Haut und Haaren Schriftsteller sind, aber nicht Sprachsteller, – und bietet uns wieder das akustische Medium, den eigentlichen Mutterboden jeder Literatur. [. . .] In eine ursprüngliche und natürliche Situation werden wir von dem Rundfunk nicht zurückgeführt. Es ist zwar die mündliche Sprache, die lebende Sprache, die dort am Mikrophon gesprochen werden kann, aber das Radio zeigt sich doch sofort als künstliches, sehr künstliches technisches Mittel; denn unsere mündliche Sprache lebt vom Kontakt zwischen Redner und Hörer. [. . .] Immerhin wird hier der Literatur wieder die tönende Sprache angeboten, und das ist ein

1 Einige der Funkessays aus den zwanziger Jahren sind im Anhang des von Alexandra Birkert herausgegebenen Bandes *Kritik der Zeit* (1992) abgedruckt. Vgl. neben den entsprechenden Einträgen in der Döblin-Chronik von Jochen Meyer (in: Marbacher Katalog, 1978) auch die Dokumentation von Andrea Melcher (1996).

großer Gewinn [...]. Es ist ein Vorteil, der ausgenützt werden muß. Es heißt jetzt Dinge machen, die gesprochen werden, die tönen. Jeder, der schreibt, weiß, daß dies Veränderungen bis in die Substanz des Werkes hinein im Gefolge hat.«

Diese Veranstaltung, die Döblin die theoretische Auseinandersetzung mit dem Medium Rundfunk abverlangte, dürfte, wie Erich Kleinschmidt annimmt, den »entscheidenden Anstoß« (DHF 641) für die funkische Neubearbeitung von *Berlin Alexanderplatz* gegeben haben. Nach dem außergewöhnlichen Erfolg des Romans bei Kritik und Publikum bot eine Hörspielfassung die Chance, sich den »ungeheuren Aktionsradius« des Radios (SÄPL 253) zunutze zu machen und damit die »Riesenkluft zwischen der eigentlichen, schon überartistischen Literatur und der großen Volksmasse« zu überwinden. Döblin war sich bewußt, daß dies um den Preis geschah, »literaturfremden, funkformalen Ansprüchen« genügen und »einfach sein« (SÄPL 256 f.) zu müssen. Was der Hörspielautor leisten muß, hatte Döblin in Kassel so formuliert (SÄPL 260 f.): »Der Rundfunk kann zwar nicht die Epik und die Dramatik der Literatur übernehmen; aber er muß sich nur wie Antäus auf seinen eigenen Boden zurückbewegen, dann kann er sich Epik und Dramatik auf eigene Weise assimilieren und kann eine spezifische, volkstümliche Rundfunkkunst, eine besonders große, interessante Kunstgattung entwickeln. Diese Gattung hat den Merkmalen des Radio – Hörbarkeit, Kürze, Prägnanz, Einfachheit – Rechnung zu tragen. [...] Es ist mir sicher, daß nur auf eine ganz freie Weise, unter Benutzung lyrischer und epischer Elemente, ja auch essayistischer, in Zukunft wirkliche Hörspiele möglich werden, die sich zugleich die anderen Möglichkeiten des Rundfunks, Musik und Geräusche, für ihre Zwecke nutzbar machen.«

Inwieweit die Idee zum Hörspiel, dessen programmatisch-ästhetische Basis er in dieser Rede gelegt hatte, nun von Döblin selbst ausging oder ob vielmehr seine persönlichen

Kontakte zur Berliner Rundfunkanstalt für das Projekt ausschlaggebend waren, darüber läßt sich bislang nichts Schlüssiges sagen. ANDREA MELCHER vermutet in ihrer 1996 vorgelegten Studie, daß »Döblins Entscheidung wahrscheinlich auf die Initiative des Rundfunks« zurückging (S. 189). Jedenfalls waren die kulturpolitischen Rahmenbedingungen für ein solches Unternehmen sehr günstig.
Erste Erfahrungen mit der noch jungen Gattung des Hörspiels hatte Döblin anläßlich der von Hans Peter Schmiedel bearbeiteten Funkfassung seines 1919 entstandenen, 1926 uraufgeführten Dramas *Lusitania* gesammelt. Die Ursendung dieses (leider verschollenen) Hörspiels, zu dem Döblin nur den »Sprechtext eines Ansagers« (abgedr. in: DHF 103–105) zwischen den einzelnen Szenen beigetragen hatte, fand am 18. Oktober 1929 unter dem Titel *Der Untergang der Patagonia* statt.
Mit der Funkbearbeitung des Romans *Berlin Alexanderplatz* begann Döblin wahrscheinlich Anfang 1930. Dabei reduzierte er den Stoff ganz auf das Schicksal der Hauptfigur; dies signalisiert bereits der Titel: *Die Geschichte vom Franz Biberkopf*. Zum Verhältnis zwischen Roman und Funkfassung bemerkt ERICH KLEINSCHMIDT:

»Zunächst gilt es festzuhalten, daß auch nach Döblins Verständnis trotz der stofflichen Kongruenz das Hörspiel nicht einfach eine Rundfunkfassung des Romans gewesen ist, an dessen epischem Panorama beurteilt es defizitär wirken müßte. Entfällt dieser Bezug, der die Forschung, scheinbar sicher gestützt durch den Untertitel des Funk-Manuskriptes [»nach dem Roman *Berlin Alexanderplatz*«], durchweg beherrscht hat, so bleibt das ›Hörspiel‹ Döblins, das ja diesen Gattungsnamen nirgends im erhaltenen Typoskript führt, ein literarisches Radiowerk von ganz neuer und besonderer Qualität. [...]
Döblin vollzog ähnlich wie Brecht [...] eine Anpassung seiner Vorstellungen über das epische Drama an die spezifi-

schen Möglichkeiten des Rundfunks. Dem Massenmedium angemessen erschien beiden eine Lehrstück-Form, die Brecht auf der Ebene seines musikliterarischen Lehrstück-Konzeptes fortentwickelte, während Döblin auf der rein didaktischen Grundhaltung beharrte. Wie *Die Ehe*[2] und *Das Wasser*[3] konzentriert sich auch das Biberkopf-Hörspiel auf eine ›Lehre‹. Roman und Radiotext unterscheiden sich dem Kern nach dabei nicht, wie der nahezu wörtlich übernommene Schluß sinnfällig zum Ausdruck bringt. Darum ist das Hörspiel kein in der Aussage neues Modell. Was Döblin entscheidend ändert, ist aber die Vermittlung der Opfer-Thematik von *Berlin Alexanderplatz*, für dessen erzählerisch weiträumige urbane Situierung aufgrund der theoretischen Einsichten im Hörspiel kein Platz war. [. . .]
Der erhaltene Entwurf noch mehr als die Sendefassung ging ohnehin bis an die Grenzen der damals für möglich gehaltenen Hörspielgestalt. Die Kritiker, die eine zu große Zahl der ›Stimmen‹ monieren, deren akustische Differenzierung schwierig sei, belegen nur eine von Döblin möglichst komplex gehaltene Textstruktur, die innerhalb des Hörmediums wenigstens eine Andeutung der produktiven Idee von *Berlin Alexanderplatz* bewahren sollte.«

Erich Kleinschmidt: Nachwort. In: DHF 644–646.

Im Mai 1930 wurde die Ausstrahlung des Hörspiels bereits in einer Radiozeitung angekündigt.[4] Als Sprecher waren prominente Schauspieler engagiert, darunter Heinrich George als Biberkopf und Hilde Körber als Mieze; Regie führten Alfred Braun und Max Bing. Die Sendung, die ursprünglich am 30. September 1930 stattfinden sollte, wurde jedoch

2 Das 1929/30 verfaßte Stück wurde am 29. November 1930 uraufgeführt.
3 Das Lehrstück entstand vermutlich Anfang 1930; die Uraufführung der »Kantate nach Worten von Alfred Döblin« mit der Musik von Ernst Toch fand etwa Mitte Juni 1930 statt.
4 Vgl. dazu Melcher (1996), S. 190.

kurzfristig aus dem Programm genommen, wie erst Ende der siebziger Jahre eruiert wurde.[5] Der Grund für die Absetzung war, daß, wie Döblin selbst vor der Sendung öffentlich verkündete, »viele Szenen im Funkhaus kaum darzustellen sind«.[6] Sowohl dem Autor als auch dem Intendanten der »Berliner Funkstunde«, Hans Flesch, erschien das Hörspiel »in der bisher vorliegenden Form noch nicht mikrophongeeignet«; deshalb sei geplant, daß Döblin »eine Reihe von Passagen« umarbeite.[7] Es waren also in erster Linie künstlerische Motive und nicht – wie frühere Darstellungen nahelegen – politische Gründe, die die Sendung verhinderten.

Seine Premiere erlebte das Hörspiel erst 1963, zuerst im Berliner Rundfunk der DDR (11. 8. 1963) und wenig später im Norddeutschen Rundfunk (15. 9. 1963). Grundlage der Neuinszenierungen war eine Transkription des Plattensatzes von 1930, da Döblins Manuskript bis dahin als verschollen galt. Allerdings enthält diese von Wolfgang Weyrauch vorgenommene Transkription eine Reihe von Hörfehlern und ist im übrigen um etwa ein Sechstel kürzer als die später wiederentdeckte ursprüngliche Sendevorlage.[8] Da die Kürzungen neben den biblisch-allegorischen Hiob-Passagen vor allem die politischen Textelemente betrafen, wurde bislang vermutet, die Streichungen sowie die mehrfache Verschiebung des Sendetermins und die schließliche Absetzung des Hörspiels seien aufgrund des angespannten

5 Während Heinz Schwitzke im Nachwort zu seiner Edition des Hörspiels (1976) noch davon ausging, daß es tatsächlich gesendet worden sei, ist dies inzwischen mehrfach widerlegt worden. Vgl. den Kommentar von Erich Kleinschmidt in DHF 559 und 648 ff. sowie Melcher (1996); Melcher nennt auch die Autor(inn)en, die den Nachweis der Nichtsendung erbrachten.

6 So berichtete der *Berliner Börsen-Courier* vom 1. Oktober 1930; zit. nach: Melcher (1996), S. 192.

7 Zit. nach: Melcher (1996), S. 192.

8 Darauf beruhen die Editionen von Heinz Schwitzke (Stuttgart: Reclam, 1976) und Erich Kleinschmidt (in: DHF, 1983). Bei Matthias Prangel (Materialien, 1975) ist dagegen die Transkription von Weyrauch abgedruckt.

politischen Klimas im Umfeld der Reichstagswahlen am 14. September 1930 vorgenommen worden. So meinte etwa Heinz Schwitzke, daß man dadurch den von »wüsten Rechtsextremisten als Jude und ›kommunistischer Asphaltliterat‹ beschimpften Dichter [Döblin] und sein Werk erst einmal aus der Schmutzlinie des Wahlkampfs« bringen wollte.[9] Diese Argumentation ist nun durch neue Quellenfunde hinfällig geworden, denn mit entsprechenden Zeitungsmeldungen und vor allem mit der oben erwähnten persönlichen Stellungnahme Döblins kann belegt werden, daß der Autor selbst für die Absetzung plädiert hat. Die alte Aufnahme von 1930 wurde zwar seit den sechziger Jahren mehrfach ausgestrahlt, doch eine Ursendung des authentischen, kompletten Textes steht bis heute noch aus (vgl. DHF 559).

2. Die Verfilmung von Phil Jutzi (1931)

»Drüben gab es ein Kino. Ich finde den Platz nicht mehr; es brachte einmal die Premiere eines Films nach meinem *Alexanderplatz*. Auch der dicke Schauspieler [Heinrich George], der damals die Hauptrolle spielte, existiert nicht mehr, im Osten gestorben [am 25. 9. 1946 in Sachsenhausen]. Nur ich bin noch da« (Sch 339). Nur noch vage erinnerte sich Döblin nach 1945 an den nach seinem Roman entstandenen, nur mäßig erfolgreichen Film, dessen Drehbuch er zusammen mit Hans Wilhelm Anfang 1931 verfaßt hatte. Die Idee zur Verfilmung von *Berlin Alexanderplatz* war ihm seinerzeit nicht selbst gekommen, sondern ihm durch einige zeitge-

9 Heinz Schwitzke (s. Anm. 5), S. 64. Vgl. dazu Erich Kleinschmidt: »Die Forschung hat dabei vor allem den Wegfall ›politischer Passagen‹ bemerkt und entsprechend interpretiert. Doch dieser zweifellos richtige Sachverhalt erfaßt nur bedingt die gestalterische Tendenz der Kürzung, obwohl die völlige Streichung der mythisch-allegorischen Hiob-Szenen eigentlich den Blick dafür hätte schärfen müssen« (in: DHF 647).

nössische Rezensenten nahegelegt worden, die auf die Affinität des Romans zum Film[1] hingewiesen und damit implizit eine Übertragung ins filmische Medium angeregt hatten. Konkreter wurde das Projekt, als Döblin von dem Schauspieler und Ufa-Star Emil Jannings angesprochen wurde, der bei seiner Suche nach geeigneten Filmrollen auf den Roman gestoßen war und sich für die Biberkopf-Figur begeisterte. Der Berliner *Film-Kurier* berichtete am 16. August 1930 über diese Begegnung:

»Alfred Döblin [. . .] sieht die Schwierigkeiten der Autorenfrage [für Tonfilmmanuskripte]. Er selbst hat sich seinerzeit mit diesem Problem befaßt, als Jannings vor dem *Blauen Engel* an die Rolle des Franz Biberkopf in *Berlin-Alexanderplatz* [sic] dachte.
Döblin nimmt einen anderen Standpunkt gegenüber dem Film ein als die meisten Autoren: [. . .] ›Man muß sich klarmachen, was der Film vom Autor verlangen muß. Mir ist das vor allem aufgegangen, als ich mich damals mit Jannings über meinen Roman unterhalten habe. Mir sind ganz neue Begriffe klar geworden [. . .].
Denn der Autor findet beim Film ein Publikum, das er nicht übersehen kann. Ein Buch, ein Theaterstück, hat sein isoliertes Publikum, seine Begrenzung. [. . .] Aber der Film kennt keine Begrenzung. Es muß dem Autor zumute sein wie einem Menschen, der plötzlich aus einer Stube in eine große, freie Landschaft tritt oder in eine große Versammlung.‹
[. . .] ›Es könnte‹, meint Döblin, ›eine neue Gruppe von Autoren entstehen. Vielleicht ist sogar auch eine Möglichkeit offen in der Mitarbeit eines Autors mit einem Filmschaffenden. Nur müßte es sich da um eine wirkliche intensive Gemeinschaftsarbeit handeln. [. . .]‹

1 Vgl. Kap. III,1 (S. 147). – Der Befund wurde später teilweise durch die Döblin-Forschung bestätigt, so z. B. durch den Aufsatz von Ekkehard Kaemmerling über »Die filmische Schreibweise« (1973/75) und den entsprechenden Abschnitt in der Studie von Matthias Hurst (1996), S. 253 ff.

Und Döblin faßt seine Meinung zusammen: ›nur der veränderte Autor kann den Film verändern.‹ [...] Verfilmungsmöglichkeit des *Berlin Alexanderplatz*? Sie scheint Döblin da zu sein, weil dieser Roman bereits auf der Linie einer anderen sozialen Ebene liegt und darum den Filmmassen zugänglich sein kann.«

Film-Kurier. Sondernummer. 16. August 1930. Zit. nach: BAD 237 f.

Trotz der Aussicht, mit einer Verfilmung auch ein literarisch ungebildetes Publikum zu erreichen, blieb Döblin zunächst skeptisch, vielleicht weil seine konkreten Erfahrungen mit dem Film eingestandenermaßen gering waren. Daran änderte auch nichts, daß er sich nicht nur verschiedentlich in theoretischer Form mit dem ihn faszinierenden neuen Medium auseinandergesetzt und bereits 1913 im *Berliner Programm* für die Epik das ästhetische Postulat eines »Kinostils« aufgestellt hatte, sondern Ende 1913/Anfang 1914 sogar einen Fragment gebliebenenen »Roman im Kinostil« entworfen hatte.[2] Weitere Versuche in dieser Richtung hatte er im Sommer/Frühherbst 1920 mit einer skizzenhaften Filmerzählung *Siddi* (ED 1930, abgedr. in: DHF 321–324) und einem komplett ausgearbeiteten Filmszenarium *Die geweihten Töchter* (DHF 325–364) unternommen, von dem 1924 ein kleiner Teil gedruckt, das aber niemals verfilmt wurde. Diese Experimente in einer neuen Gattung, die vom Autor selbst als mißlungen eingestuft wurden,[3] blieben jedoch Episode im Leben des »Filmdilettanten Döblin, der die realen Gegebenheiten des Films nur unzureichend überblickte« (Kleinschmidt, in: DHF 658).

2 Vgl. dazu den Beitrag mit Edition von Erich Kleinschmidt, »Roman im Kinostil. Ein unbekannter ›Roman‹-Entwurf Alfred Döblins«, in: *Deutsche Vierteljahrsschrift* 63 (1989) S. 574–586.

3 Vgl. den autobiographischen Text *Stille Bewohner des Rollschrankes* (1927): »Die Sache ist von A bis Z verfehlt. Ich habe später daraus [aus dem Drama *Comteß Mizzi*] zwei Filme gemacht, die Sache ist nicht besser geworden. Kranke Tiere muß man vergiften oder ersäufen« (SLW 82).

Obwohl Jannings dann doch die Rolle des Professor Unrat aus Heinrich Manns Roman vorzog und mit Josef von Sternberg den *Blauen Engel* (UA 1. 4. 1930) drehte, blieb sein Anstoß nicht ohne Folgen. Zunächst bemühte sich der Ufa-Produzent Erich Pommer um die Option auf die Verfilmung von *Berlin Alexanderplatz*, doch wurde diese trotz eines positiven Beschlusses auf einer Ufa-Vorstandssitzung am 23. September 1930 aus bislang unbekannten Gründen nicht wahrgenommen.[4] Schließlich erwarb Arnold Preßburger (1885–1951) von der Allianz-Tonfilm GmbH Ende 1930[5] die Filmrechte an Döblins Roman und verpflichtete Heinrich George (1893–1946), der bereits im Hörspiel den Biberkopf gesprochen hatte, für die Hauptrolle. Nach eigener Erinnerung hatte der Schauspieler einen entscheidenden Anteil daran, Döblin für die Verfilmung zu gewinnen: »Ich spielte einen Schwerverbrecher [Anfang 1931 in Hollywood], der seine Mitgefangenen zum Aufstand verleitet. [. . .] Und da bekam ich den Roman Döblins *Berlin Alexanderplatz* zugeschickt. Zuerst blätterte ich, las die ersten Seiten.[6] Als aber plötzlich der Mann Biberkopf, von Döblin schon auf den ersten Seiten so meisterhaft gezeichnet, vor mir stand, ließ ich das Buch nicht mehr aus der Hand. [. . .] und plötzlich stand es klar vor mir: du mußt diesen Men-

4 Vgl. dazu Yvonne Rehhahn, in: BAD 212 f.

5 Während Erich Kleinschmidt als Datum das Frühjahr 1931 nennt und sich dabei auf entsprechende Meldungen in einschlägigen Filmzeitschriften von Anfang April stützt, in denen das Projekt angekündigt wurde (in: DHF 658), führt Yvonne Rehhahn als Quelle eine im Dezember 1930 publizierte Übersicht der Südfilm-AG über die Produktionen des kommenden Jahres an, unter denen auch *Berlin Alexanderplatz* auftaucht (in: BAD 213 f.). Widersprüchlich erscheinen demgegenüber jedoch die Aussagen von Heinrich George, die Rehhahn im folgenden selbst zitiert. Auch ihre Annahme, Filmdrehbuch und Hörspielfassung seien »gleichzeitig« entstanden (in: BAD 217), ist falsch. Trotz dieser Unstimmigkeiten ist es Rehhahns Verdienst, viele neue Quellen entdeckt und ausgewertet zu haben.

6 Daß George den Roman erst in Hollywood kennengelernt haben will, ist wohl eine bewußte Stilisierung, da er ja bereits ein Jahr zuvor am (nicht gesendeten) Hörspiel mitgewirkt hatte.

schen, diesen dramatisch noch ergreifenderen Kampf in der Freiheit, durcherleben und spielen. In einer Szene, in der ich in der Zelle zu kritzeln hatte, setzte ich das Kabel an Alfred Döblin auf. Die Antwort kam auf Umwegen. Döblin sehe nicht die Möglichkeit, aus dem Buch ein Bühnendrama zu machen« (*Mein Film*, Wien, Nr. 305, 1931; zit. nach: BAD 214 f.).

Auch nachdem eine Dramatisierung des Romans für die Berliner Volksbühne »am Widerstand Döblins« gescheitert war, »der den Biberkopf für das Theater nicht sah«, ließ George nicht locker: »Nun, dachte ich mir, dann erst recht. [. . .] in Berlin stürze [ich] zu Döblin, hoffe ihn umzustimmen. Seine sachlichen, kühl vorgebrachten Gründe vermag ich aber nicht zu widerlegen. *Vielleicht ein Rundfunkspiel? Vielleicht ein Film?* meint er zum Schluß. *Mit fliehenden Schauplätzen, schnell wechselnden Stimmungen, kaleidoskopartig abrollendem, dahingleitendem Geschehen, nur nicht die Enge der Bühne*. Film? . . .? schrie ich. Film? Damit wären Sie einverstanden? Warum sagen Sie es nicht gleich? Meine Freude war jedoch zu verfrüht. Zum Filmen braucht man bekanntlich Geld. Geldgeber sind jedoch rar, und am rarsten, wenn es sich um einen sogenannten literarischen Film handelt« (ebd.; zit. nach: BAD 215).

George führte bei seiner »Jagd nach der Rolle« (so der Titel einer Reportage im *8 Uhr-Abendblatt* vom 7. 10. 1931) in der Folgezeit sogar Verhandlungen »mit verschiedenen großen Filmgesellschaften, machte Vorschläge über Gestaltung, Regie, Umfang des Werkes bis ins kleinste Detail« (ebd.). Seine Bemühungen blieben erfolglos, bis er schließlich in England durch einen Zufall mit dem Produzenten Arnold Preßburger zusammentraf und diesen für das Projekt begeistern konnte.

Als Regisseur wurde Phil/Piel (eigentlich Philipp) Jutzi (1896–1946) engagiert, der zunächst mit »schlichter Unterhaltungsware begonnen« und sich »ab Mitte der 20er Jahre zum führenden Regisseur des proletarisch-realistischen

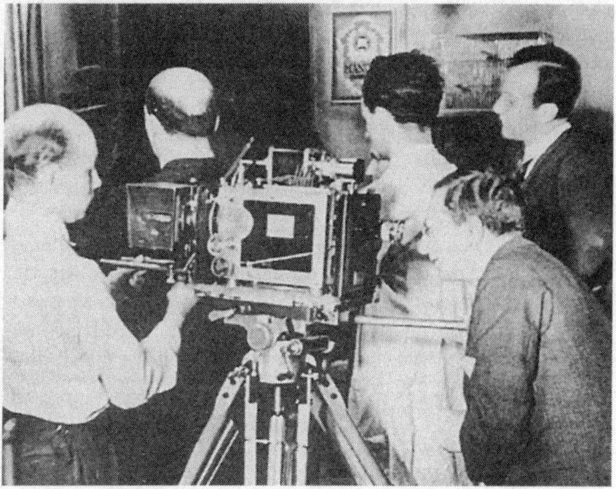

Döblin bei den Dreharbeiten zum Film

Films«[7] entwickelt hatte. Besondere Anerkennung fand sein auf Erzählungen Heinrich Zilles beruhender Stummfilm *Mutter Krausens Fahrt ins Glück* (1929), in dem Jutzi Berliner Milieu eindrucksvoll in Szene gesetzt hatte.

Bei der Erarbeitung des Drehbuchs hielt sich Döblin an seine in jenem Interview formulierte Zielvorgabe von der »intensiven Gemeinschaftsarbeit« mit einem »Filmschaffenden«. Nachdem die Allianz-Tonfilm GmbH den Drehbuch-Entwurf des jungen Autors Heinrich Oberländer verworfen hatte,[8] entschied sie sich für den erfahrenen Drehbuch-

7 Wolfgang Jacobsen, zit. nach: Rehhahn, in: BAD 213.

8 Die Gründe dafür sind unbekannt. Vgl. die Besprechung von Herbert Ihering, der im *Berliner Börsen-Courier* vom 9. Oktober 1931 schrieb: »In Döblins Roman ist die Filmform vorgezeichnet. Er war, übertrieben gesagt,

autor Hans Wilhelm (1904–80), der zusammen mit Döblin ein »Tonfilmbuch« verfassen sollte. Die Dialogleitung wurde dem Berliner Theaterregisseur Karl Heinz Martin (1888–1948) übertragen. Wie die Zusammenarbeit der drei funktionierte und »welchen konkreten Anteil Döblin am vorliegenden Manuskript tatsächlich« hatte, »läßt sich« nach Yvonne Rehhahn »nicht mehr detailliert rekonstruieren« (in: BAD 219). Zwar wurde noch am 24. April 1931 gemeldet, daß die Dreharbeiten »angesichts der katastrophalen Unsicherheit, die durch die neuerlichen Gewalt-Akte der Zensur geschaffen ist, [...] auf unbestimmte Zeit« verschoben werden müßten, aber die »relativ kurze Drehzeit« begann dann doch trotz der »zugespitzten politischen Situation« am 7. Mai 1931 in Babelsberg (ebd., S. 220).[9] Daß die Befürchtungen der Allianz nicht unbegründet waren, zeigte sich, als die *Berliner Tribüne* am 25. Juli 1931, also wenige Monate vor der Premiere, meldete, die »nationale Opposition« rüste zum »Krawall gegen [den] Alexanderplatz-Film« (zit. nach: BAD 222); die angekündigten Tumulte blieben jedoch aus.

Die Fachpresse nahm bereits im Vorfeld regen Anteil an der Verfilmung und berichtete mehrfach über die Dreharbei-

ein geschriebener Film. Diese vorgezeichnete Form hatte ein junger Filmautor, Heinrich Oberländer, benutzt, um ein Manuskript zu bauen, das die Elemente Döblins selbständig konzentrierte und durchkomponierte. Unbegreiflicherweise setzte sich Alfred Döblin mit Hans Wilhelm zusammen, um aus dem Roman *Berlin Alexanderplatz* den Film ›Heinrich George als Franz Biberkopf‹ zu machen« (zit. nach: BAD 228).

9 Die Befürchtungen der Allianz standen vermutlich in Zusammenhang mit den Tumulten, die die amerikanische Verfilmung von Erich Maria Remarques Roman *Im Westen nichts Neues* ausgelöst hatte. Bei der deutschen Uraufführung am 5. Dezember 1930 hatten nationalsozialistische Trupps unter Führung des Reichstagsabgeordneten Joseph Goebbels die Vorstellung planmäßig gestört und Krawalle angezettelt; die von der NSDAP und dem Frontkämpferbund gesteuerten tagelangen Demonstrationen bewirkten schließlich, daß am 11. Dezember der Film von der Filmoberprüfstelle verboten wurde.

ten.[10] Vor der Uraufführung des Films am 8. Oktober 1931 brachten die Feuilletons Interviews mit den Hauptbeteiligten; so wurde neben Heinrich George auch Döblin zur Entstehung des Films befragt: »Sehen Sie, es wäre mir nicht möglich gewesen, gleichzeitig mit dem Roman etwa einen Film *Alexanderplatz* zu schreiben, oder ein Theaterstück daraus zu machen. Ich kannte ja Biberkopf viel zu wenig. Ich hatte nur einen Einfall gehabt und ein Buch geschrieben. Richtig kennengelernt habe ich Biberkopf eigentlich erst ein halbes oder dreiviertel Jahr später. Dann sah ich ihn voll und ganz. Dann sah ich auch, daß ein Theaterstück sich nicht aus Alexanderplatz formen ließ. Denn die Schicksalslinie Biberkopfs, besser gesagt, die Schicksalsmelodie war nicht in die Bühnenform zu pressen. In die Bühnenform, deren Form vorschreibt – Aufteilung in Szenen und in Aktabschlüssen und in einem Schluß, eiserner Vorhang herunter – das ging nicht. Es konnte nur ein Rundfunk-Hörspiel oder ein Film werden. Gerade die Mittel des Films, die der Tonfilm dem Drama voraus hat, konnten hier helfen. Die Photographie – die unverändert die Atmosphäre, das Lokalkolorit des Alexanderplatz-Viertels spiegelt, zweitens die Sprache, die Franz Biberkopf unmittelbar sprechen läßt und daher akustisch echter als es jeder Roman sein kann, und dann drittens – die Begleitmusik, die besonders wirksam das ewig Gleitende in diesem Biberkopfschicksal unterstützt und ausdrücken kann« (*Licht-Bild-Bühne*, 7.10.1931; zit. nach: BAD 238 f.).

Auch der Regisseur Phil Jutzi erhielt Gelegenheit, nach Fertigstellung des Filmes seine Intentionen zu erläutern: »Als ich an die Verfilmung eines so umfassenden Stoffes wie *Berlin Alexanderplatz* heranging, war ich mir darüber klar, daß es nicht leicht sei, aus der großen Menge des Materials [. . .] das auszuwählen, was am klarsten und überzeugendsten die

10 Vgl. z. B. den Beitrag *Der Döblin-Film im Werden*, in: *Film-Bild-Bühne* (Berlin), 24. Jg., Nr. 122, 22. Mai 1931.

ganze Fülle der Gedanken des Autors ausdrückte. Mein Streben war, so tief wie möglich in die Eigenheit des Werkes einzudringen und das zu zeigen, was nur mit einem geschärften Blick gesehen werden kann, das alles Überflüssige und Oberflächliche entfernt. Bedingt durch die Eigenart des Döblinschen Romans wollte ich die Wirklichkeit nicht immer so zeigen, wie sie dem realen Durchschnittsmenschen entgegentritt. Die Charakteristik der handelnden Personen – oder Dinge – im Film bleibt ohne Bedeutung, wenn sie nicht in optisch wirksamen Bewegungen, Situationen oder Stellungen gebracht wird. Eine der interessantesten Aufgaben des Films war für mich, einen so außerordentlich starken Schauspieler wie Heinrich George, der den Franz Biberkopf verkörpert, sich frei bewegen zu lassen, die natürliche Kontinuität seiner Bewegungen nicht zu hemmen und doch nur das für die filmische Gestaltung Notwendige zu zeigen« (*Licht-Bild-Bühne*, 8. 10. 1931; zit. nach: BAD 239).

Nach Augenzeugenberichten fand die feierlich inszenierte Uraufführung von *Berlin-Alexanderplatz* am 8. Oktober 1931 im Capitol-Kino am Zoo »stärksten Beifall« (*Licht-Bild-Bühne*, 9. 10. 1931). Die Premiere, die »zugleich eine Sondervorstellung im Rahmen der gerade gestarteten ›Berliner Winterhilfe‹« war (Rehhahn, in: BAD 222), lockte viel Prominenz an, darunter Bertolt Brecht, Lion Feuchtwanger, Käthe Kollwitz, Heinrich und Thomas Mann, Walter Mehring, Arnold Zweig u. a.[11] Obwohl die meisten Kritiker auf den mit erheblichem Werbeaufwand angekündigten Film verhalten bis enttäuscht reagierten, waren die Vorstellungen an den folgenden Tagen »glänzend besucht«: »Bereits am gestrigen, der Uraufführung folgenden Vormittag, setzte beim ›Capitol‹ eine lebhafte Kartennachfrage ein [. . .]. Auch

11 Da die Namen Döblin und George in den Premierenberichten fehlen, ist davon auszugehen, daß beide nicht zugegen waren.

am gestrigen Freitag fand der Döblinfilm lebhafte und ausgezeichnete Aufnahme. Beifall des ausverkauften Hauses bei offener Szene« (*Der Film*, 10. 10. 1931, S. 1).
Unterdessen erschienen weit über zwanzig Besprechungen des Films, viele davon in den damals sehr zahlreichen Fachzeitschriften. Fast alle Rezensenten attestierten den Beteiligten ihren Mut, sich »in dieser Periode schwerster Wirtschaftskrise« (HERMANN HIEBER in: *Die Volksbühne*, November 1931) »eines so schwierigen Werkes« (KONRAD GLÜCK in: *Berliner Morgenpost*, 10. 10. 1931) angenommen zu haben. Das Ergebnis der Literaturverfilmung wurde jedoch zumeist zwiespältig beurteilt und als mehr oder minder mißlungenes Wagnis eingestuft. So schrieb etwa KURT PINTHUS:

»Dies erste Werk, das in neuer epischer Technik heutiges Berlin packend packt, zu verfilmen, ist zumal in unseren Tagen des militärischen und zivilen Ablenkungsfilms, ein mutiges, preisenswertes Unternehmen. [. . .]
Wenn auf das Bravissimo für Plan und Kühnheit, für Hingabe von Geld, Arbeit und Hingabe selbst, jetzt, nachdem man den Film sah, nur ein zages Bravo in Gestalt eines Achtungserfolgs erschallt, so müssen die Ursachen dieses Zwiespalts ergründet und begründet werden.
Die Firma Allianz-Film und der Regisseur Phil Jutzi hatten Mut, als sie an diesen Stoff gingen, aber sie hatten nicht genug Mut. [. . .] Sie nahmen zu viel Rücksicht auf den vermeintlichen Publikumsgeschmack und bogen die Geschehnisse, die Gestalten an den entscheidenden Stellen ins Unentschiedene, in jenes Romanhafte, das Döblins Roman selbst nicht zeigt.«

8 Uhr-Abendblatt der National-Zeitung. 9. Oktober 1931. Zit. nach: BAD 224 f.

Einer der Gründe, weshalb die Mehrzahl der Kritiker den Film als letztendlich gescheitertes Experiment betrachtete, war das (Ver-)Fehlen echter Berliner Atmosphäre;[12] daher meinten etliche Rezensenten, der Titel *Berlin-Alexanderplatz* sei irreführend und müsse statt dessen »Die Geschichte vom Franz Biberkopf« lauten.[13] Felix Scherret etwa meinte, daß es dem Regisseur »trotz virtuoser Ueberschneidungen« nicht gelungen sei, »das Tempo Berlins einzufangen« (*Vorwärts*, 9. 10. 1931). Ähnlich urteilte auch Georg F. Salmony: »Der Roman selbst liefert, fast drehfertig, Bilder in Bündeln, die Vorarbeit Ruttmanns, die Technik René Clairs war zu benutzen. Es ist kein Berliner Film geworden und dieser Fehler der Anlage, diese Abweichung vom Roman brach ihm die innere Kraft. Wenn auch die Kamera häufig genug aus der Vogelschau auf den Alexanderplatz blickt und in die Schächte der U-Bahn-Bauten steigt – Berlin ist hier letzten Endes nur eine szenische Angabe. [...] Dieses döblinfremde Manuskript ist seltsamerweise von Döblin selbst (mit Carl Wilhelm); wie [Theodore] Dreiser [Josef von] Sternberg [wegen des Films *Amerikanische Tragödie*] müßte hier Döblin Döblin der Entwertung seiner Dichtung zeihen« (*B. Z. am Mittag*, 9. 10. 1931). Salmony war nicht der einzige, der über die Beteiligung Döblins und dessen Autorisierung des Films befremdet war. Rolf Nürnberg wunderte sich gar, daß der Autor »gegen diesen Film nicht protestiert« habe (*Neue Berliner Zeitung*, 9. 10. 1931); Ernst Jäger bemerkte zu Döblins Mitwirkung: »dieser *literarische* Film blieb eine Literatur-

12 Zu den wenigen, die in diesem Punkt den Film lobten, gehörte O. A. Palitzsch: »Er [Jutzi] hat Einfälle, Tempo und Sinn für die Atmosphäre der großen Stadt und der kleinen Kneipen. [...] Er gibt einen ›echten‹ Ausschnitt aus jener Welt, in der Kleinbürger und Verbrecher nebeneinander wohnen, ein Sittenbild auf Zolasche Art« (*Vossische Zeitung*, 9. 10. 1931).

13 So z. B. der anonyme Rezensent der *Filmwoche* (21. 10. 1931) und Heinrich Braune (*Hamburger Echo*, 31. 10. 1931). Herbert Ihering schlug gar ironischerweise den Titel »Heinrich George als Franz Biberkopf« (s. Anm. 8) vor.

Programmheft zum Film, 1931

Kopie; eines Romans Extrakt fürs Kino, die Umarbeitung größerer Werte in einen bescheidenen Wert. Mann irrte in einem: der Filmautor Döblin mußte gegenüber dem Dichter Döblin ein – *Amateur* bleiben. [...] Der Roman wurde nicht filmisch vervielfältigt – man *vereinfältigte* ihn. [...] Film hat seine eigene Sprache, muß neu erfunden werden, nicht abgeleitet, sonst entsteht: ein Dichtungs-Ableger« (*Film-Kurier*, 9. 10. 1931).

Für das Versagen wurde jedoch vielfach in erster Linie der Regisseur Phil Jutzi verantwortlich gemacht; mit diesem ging ein Rezensent mit dem Kürzel »Betz« sehr hart ins Gericht: »Das ist nicht die Schuld der Filmautoren *Alfred Döblin* und *Hans Wilhelm*. Im Rahmen ihrer Wirkungsmöglichkeiten schufen sie eine aufregende, wunderschöne Geschichte, so leise und zart, wie Dichter es tun, so mitwirbelnd und grandios. [...] Sondern das ist die einzige und alleinige Schuld eines Regisseurs, der sich übernommen hat, eines talentierten Mannes, der jedoch der ihm gestellten Aufgabe nicht gewachsen war. Die einzige und alleinige Schuld eines von allen guten Geistern verlassenen Mannes, der über ein primitives und filmgerechtes Denken nicht hinauskommt, eines mit avantgardistischen Ideen verliebt spielenden Handwerkers; er hat auf ›russische Eindringlichkeit‹ hin gearbeitet, der Schmetterlingsfänger billiger Effekte« (*Der Film*, 10. 10. 1931, Beilage).

Gerügt wurde in einigen Besprechungen auch die neue, vom Roman abweichende Schlußszene des Filmes, an der neben ERNST JÄGER (*Film-Kurier*, 9. 10. 1931) u. a. auch HANS SIEMSEN Anstoß nahm: »Übrig bleibt eine Verbrecher- und Zuhälter-Geschichte, die zufällig in Berlin spielt, und deren Held nach Mord und Totschlag sich zu der Erkenntnis durchringt: ›Lieber Hosenträger verkaufen, als Zuhälter und Verbrecher sein!‹ Das ist gewiß sehr brav. Es ist leider ein bißchen zu brav. Man glaubt's nicht ganz« (*Die Welt am Montag*, 12. 10. 1931; zit. nach: BAD 235).

Einen breiten Raum nahmen in den Besprechungen die kri-

Plakat zum Film

tischen Würdigungen der schauspielerischen Leistungen ein. Gespalten war das Urteil über den alles beherrschenden Hauptdarsteller Heinrich George, der nach Berichten von Augenzeugen auch die Dreharbeiten dominiert hatte.[14] Daß der Film, wie GEORG F. SALMONY und SIEGFRIED KRACAUER übereinstimmend bemängelten, in erster Linie ein »Starfilm« geworden war, entsprach durchaus der Werbestrategie der Allianz. Dies dokumentiert das Filmplakat von Curt Aren, auf dem die mächtige Gestalt des einarmigen Biberkopf alias George aus dem als Hinter- bzw. Untergrund schematisch gezeichneten Alexanderplatz herausragt (s. Abb. S. 239). Dieser bildnerischen Gewichtung entsprechend, lautete die Titelzeile: »Heinrich George in *Berlin Alexanderplatz*« und der Untertitel: »Die Geschichte vom Franz Biberkopf. Nach dem Roman von Alfred Döblin«. Nur wenige Kritiker waren jedoch von Georges Biberkopf-Darstellung gänzlich überzeugt und zeigten sich – wie ROLF NÜRNBERG – von seiner »grandiosen Leistung« begeistert (*Neue Berliner Zeitung*, 9. 10. 1931). Mehrfach wurde moniert, daß er »zu dick aufgetragen« habe und »vielleicht vom Regisseur nicht genug gebremst wurde« (ALFRED ROSENTHAL, in: *Der Montag*, 12. 10. 1931). Immerhin gebe Biberkopf-George dem kompositorisch heterogenen Film aber »Zusammenhalt«, wie ALFRED KANTOROWICZ einräumte (*Die Literarische Welt*, 16. 10. 1931).

Keine Einhelligkeit bestand auch bei der Beurteilung Bernhard Minettis als Reinhold: Einige sahen ihn als »fabelhaften Gegenspieler Georges« (*Deutsche Filmzeitung*, 16. 10. 1931), andere empfanden ihn als Fehlbesetzung. HERMANN SINSHEIMER kritisierte beide männlichen Hauptdarsteller: »George [. . .] ist für einen Proletarier zu feist, es hängt ihm daher ein Odium von Proletarierprominenz an, etwas von einem gemachten Helden, etwas von betonter

14 Vgl. dazu die Ausführungen und Zitate bei Yvonne Rehhahn, in: BAD 216.

Schaustellung des übertrieben Körperlichen. Aber sein Gefühl ist ungespalten stark, es ist jedes Überganges aus dem Leisen ins Laute und auch des umgekehrten Weges fähig, es ist lyrisch und dramatisch, ein dichterisches Instrument. [...] Minetti, als der angeblich dämonische Führer, wirkt wie ein Zärtling und Dümmling, und auch die anderen sind bestenfalls von mittlerer Art und Güte« (*Berliner Tageblatt*, 11. 10. 1931; zit. nach: BAD 230).

Uneinigkeit bestand auch in der Einschätzung der weiblichen Hauptfiguren Maria Bard als Cilly und Margarete Schlegel als Mieze. Während jene gelegentlich als zu manieriert und unglaubwürdig eingestuft wurde, konnte die Mieze-Darstellerin viel Lob entgegennehmen. So schrieb etwa Otto Alfred Palitzsch: »Die Bard vermag nicht ganz darüber hinwegzutäuschen, daß sie eine Rolle spielt, die ihr nicht liegt. Sie ist eine als Nutte verkleidete Dame. Die Schlegel ist viel echter, ein Zille-Typ« (*Vossische Zeitung*, 9. 10. 1931).

Die zitierten Äußerungen belegen, daß der Romanverfilmung insgesamt mehr Kritik als Lob zuteil wurde. Siegfried Kracauer faßte in seiner sehr negativen Rezension die Gründe für das Scheitern des ambitionierten Projektes so zusammen: »Das Ergebnis ist ein Film, der den Eindruck erweckt, als ob er einen Kolportagestoff verarbeite; während er doch faktisch aus einem Roman, der große filmische Möglichkeiten gewährte, in das Schema der Kolportage flüchtet. [...] Ferner sind die eingestreuten Stadtmontagen selbst richtungslos. Mechanisch leiert der Regisseur Phil Jutzi [...] Bildassoziationen herunter, die sich ohne jeden inneren Halt aneinanderreihen. [...] Schließlich verfehlt sich die aufgeklebte Bildepik wider die Absichten des Films, da sie die Spannung verringert, um derentwillen dieser die ihm vom Roman eingeräumten Chancen preisgegeben hat. [...] sind alle seine Inhalte auf George bezogen, und werden durch ihn allein zusammengehalten. Das aber ist doppelt widersinnig angesichts eines Helden, der nicht über dem Milieu waltet, sondern vom Milieu entscheidend mitbestimmt wird. Die Verdrängung der dem Filmwerk zugeordneten Romankomposition; die Leere der später angehefteten Assoziationen; die Verwandlung Biberkopfs in eine überragende Figur: diese drei Umstände verschulden gemeinsam die Substanzlosigkeit des Films« (*Frankfurter Zeitung*, 13. 10. 1931; zit. nach: BAD 233 f.).

Das Negativurteil der zeitgenössischen Rezensenten über den Film wurde von der Forschung später gewissermaßen bestätigt. Seine Einwände formulierte Leo Kreutzer in dem Aufsatz *Stadt erzählen. Roman Film Hörspiel »Berlin Alexanderplatz«* (1977) so: »Es ist die Verfilmung einzelner Episoden der Geschichte vom Biberkopf. In den ästhetischen Produktionsverhältnissen der Zeit steht dieser Film folgendermaßen: Mit Hilfe des allerneuesten Produktions- und Reproduktionsmittels, des Tonfilms, wird aus der Romanvorlage sauber herauspräpariert, was diese an die Ästhetik des 19. Jahrhunderts bindet; handelte es sich bei dem Buch um eine Arbeit, die den Roman an die ästhetischen Produktionsverhältnisse der Zeit heranführte, so verkuppelt umgekehrt seine Verfilmung das neue technische Mittel mit einer Ästhetik von gestern, indem sie Döblins ›Wortfilm‹ zu einem Bildungsroman in bewegten Bildern zurückverwandelt. Technisch wandert der Stoff ins Medium Film, ästhetisch entfernt er sich davon, wird er literarisiert« (S. 93).

Für Kreutzer ist der ästhetisch adäquate »Film zum Buch« nicht Jutzis, sondern Ruttmanns Film *Berlin – Die Sinfonie einer Großstadt* (S. 97), der ja seinerseits nicht ohne Einfluß auf Jutzi war, wie insbesondere die Eingangssequenzen von *Berlin Alexanderplatz* zeigen. Nach Hanno Möbius und Guntram Vogt (1990) ist es dem Regisseur und seinem Kameramann Nikolaus Farkas gerade zu Beginn gelungen, Biberkopfs Straßenbahnfahrt als »Fahrt in die Desorientierung« eindringlich zu inszenieren: »Jutzis Film wirkt gegenüber dem Buch narrativ traditionell. In einfacher Zuspitzung läßt sich im Roman das ›filmischere‹ Verfahren entdecken, *mit Ausnahme* der allerdings eindrucksvollen Sequenzen mit Überblendungs- und Montagereihen, die den sachlich-gegenständlichen Bezug zur Hektik des Verkehrs, zur punktuellen Dominanz der Dingwelt und damit zur Undurchschaubarkeit der sich an der Oberfläche stark machenden Stadt-Bilder sichern« (S. 102).

Doch beim Vergleich der Eingangsszenen mit dem Romantext erweist sich dieser als »vielschichtiger und aspektenreicher«, wie Helmuth Kiesel in seinem Beitrag *Döblin und das Kino* (1991) meint: »es gibt da noch eine Reihe von Rückblenden, Erzählerkommentaren, metaphorischen Verweisen, Detailbeobachtungen usw., auf die der Film verzichtet, wohl auch verzichten mußte: Ein Satz wie ›Seine Nasenspitze vereiste‹ ist wohl schwer ins Bild zu bringen. Der Film war beschränkt auf das Ineinander von subjektiver und objektiver Kamera und auf die optisch-akustische Tempo-Montage, aber auch dies, so der Befund von Möbius und Vogt, erlaubte einen ›vielversprechenden Auftakt‹, ›der die ‚filmischen' Intentionen des Romans weitgehend wahrt, indem er sie mit seinen eigenen Mitteln realisiert‹« (S. 291).

Übereinstimmung herrscht in der Forschung darüber, daß nach diesem fulminanten Beginn der Film im folgenden kaum je wieder eine ähnliche Intensität und Plastizität erreicht. Matthias Hurst (1996) faßt diesen Befund so zusammen: »Der Rest des Films folgt relativ geradlinig der Geschichte Biberkopfs, ohne die thematische und stilistische Vielfalt des Romans zu übernehmen. Lediglich einige Szenen versuchen, das Schema des konventionellen Spielfilms zu durchbrechen und Bilder ohne direkten Bezug zum Geschehen einzufügen; die Kamera löst sich dann von den Protagonisten und zeigt Ansichten des Berlins der dreißiger Jahre rund um den Alexanderplatz, Impressionenen einer Weltstadt, durch die Döblins dynamische Schilderung des großstädtischen Lebens filmisch nachgestaltet werden soll« (S. 268).

Im gleichen Jahr wie Hursts Studie – 1996 – erschien erstmals in der Reihe *FILMtext* das von Helga Belach und Hans-Michael Bock herausgegebene Drehbuch in einer kompletten, zuverlässigen Edition, versehen mit einem die Entstehungshintergründe erläuternden Aufsatz von Yvonne Rehhahn und wertvollen Textzeugnissen aus zeitgenössischen Periodika. Bei der Lektüre des Drehbuchs zeigt sich, wie Erich Kleinschmidt schon 1983 feststellte, daß die Hörspielversion »strukturell Pate für das Filmskript stand« (in: DHF 656), denn beide Bearbeitungen stellen die Biberkopf-Geschichte in den Mittelpunkt und bleiben erzähltechnisch vergleichsweise konventionell. Zwar wollten »die Drehbuchautoren Döblin und Wilhelm durchaus mehr von der Thematik und Motivik des Romans in den Film einbringen«, doch leider »wurden – aus welchen Gründen auch immer – viele ihrer reizvollen Ideen nicht realisiert.«[15]

Um zu einem historisch gerechten Urteil über Jutzis Film zu kommen, sollten also stets die kommerziellen Zwänge, unter denen das Projekt zustande kam, sowie die Unerfahrenheit vieler Beteiligter mit dem Medium des Tonfilms in Rechnung gestellt werden. Selbst Siegfried Kracauer, der zunächst einen ungewöhnlich scharfen Verriß über den Film veröffentlicht hatte (s. o.), kam auf den ›zweiten Blick‹ zu einer milderen Einschätzung; in seiner Sammelbesprechung *Literarische Filme* schrieb er: »Obwohl Döblin an ihm mitgearbeitet und Phil Jutzi die Regie geführt hat, ist er doch ein Kompromiß geworden: ein Kompromiß zwischen den filmischen Möglichkeiten des Romans und den Forderungen der Branche oder des vermeintlichen Publikumsgeschmacks« (*Die Neue Rundschau*, Dezember 1931, S. 859).

15 Matthias Hurst (1996) in Anlehnung an Eggo Müller (1992), S. 268; dieser hatte in seiner Studie »Adaption als Medienreflexion« auf die Abweichungen zwischen dem überlieferten Drehbuch und der filmischen Realisation hingewiesen.

3. Die TV-Serie von Rainer Werner Fassbinder (1980)

Die erste filmische Bearbeitung des Romans nach Döblins Tod stammt von Rainer Werner Fassbinder (1946–82), der sich u. a. durch Verfilmungen dramatischer Vorlagen – etwa *Pioniere in Ingolstadt* (1970) nach Marieluise Fleißer oder *Wildwechsel* (1972) nach Franz Xaver Kroetz – sowie der Romane *Effi Briest* (1972/74) von Theodor Fontane und *Bolwieser* (1976/77) von Oskar Maria Graf einen Namen gemacht hatte. Die 14teilige Serie *Berlin Alexanderplatz* wurde vom WDR in Auftrag gegeben und von der Bavaria Atelier-Filmgesellschaft mit dem italienischen Fernsehen RAI koproduziert. Für den WDR war der Mehrteiler »bei einem Kostenaufwand von 13 Millionen DM sein bislang größtes Serienprojekt«; es entstand »in einem relativ kurzen Zeitraum – zwischen Juni 1979 und April 1980 – in Berlin und München« (Zerges, 1983, S. 139).
Über das Verhältnis Fassbinders zu seinem Stoff erfuhr die Öffentlichkeit durch einen autobiographischen Essay, der kurz vor Beendigung der Dreharbeiten in der *Zeit* am 14. März 1980 erschien. Der Regisseur berichtete darin von seinen Lektüreerfahrungen mit Döblins Roman *Berlin Alexanderplatz*, dessen erstes Drittel er während seiner Pubertät zunächst eher gelangweilt gelesen hatte, bis das Buch dann in der Folgezeit für ihn eine »große, fast existenzielle Bedeutung« gewann und ihm »Lebenshilfe zu leisten in der Lage war«:

»[. . .] mein Leben, gewiß nicht im Ganzen, aber doch in einigem, manchem, vielleicht Entscheidenderem als ich es bis heute zu überblicken vermag, wäre anders verlaufen, als es mit Döblins *Berlin Alexanderplatz* im Kopf, im Fleisch, im Körper als Ganzes und in der Seele [. . .] verlaufen ist. In der Tat drückt sich der Autor, mag sein aus Feigheit, mag sein aus unerklärlicher Scheu gegenüber den bestehenden Moralbegriffen seiner Zeit und seiner Klasse, mag sein aus

der unbewußten Angst des irgendwie persönlich Betroffenen, drückt sich Döblin also viele Kapitel, viele, viele Seiten lang, zu lange fast, um sein Thema, oder besser das eigentliche Thema seines Romans *Berlin Alexanderplatz* herum. Die Begegnung des ›Helden‹, Franz Biberkopf, mit dem anderen ›Helden‹ des Romans, mit Reinhold nämlich, eine Begegnung, die den weiteren Verlauf des Lebens dieser beiden Männer bestimmt, geschieht in der 410 Seiten langen Taschenbuchausgabe des Romans auf der Seite 155, nach mehr als einem Drittel also und mindestens 150 Seiten zu spät, so schien es mir damals, beim ersten Lesen, ein Eindruck übrigens, der sich bei mir, zwangsläufig etwas differenziert gewiß, bis heute nicht grundsätzlich geändert hat. [...]
Dabei geht es beileibe nicht um Sexuelles zwischen Personen des gleichen Geschlechtes, Franz Biberkopf und Reinhold sind keineswegs homosexuell – nicht mal im weitesten Sinn haben sie Probleme in dieser Richtung, nichts deutet darauf hin. [...] Nein, das, was zwischen Franz und Reinhold ist, das ist nicht mehr und nicht weniger als eine reine, von nichts Gesellschaftlichem gefährdete Liebe.«

Der Film BERLIN Alexanderplatz. Ein Arbeitsjournal von Rainer Werner Fassbinder und Harry Baer. Frankfurt a. M.: Verlag Zweitausendeins, 1980. S. 6.

Mit diesen Erläuterungen offenbarte Fassbinder nicht nur seine höchst subjektive und provozierend einseitige Lesart des Romans, sondern signalisierte zugleich, daß von ihm weniger eine ›werktreue‹ Literaturverfilmung als eine biographisch motivierte »radikale Vereinnahmung des Stoffes« (Hurst, 1996, S. 275) zu erwarten war. So durfte es nicht verwundern, daß sich Fassbinders Regiearbeit aufgrund der besonderen lebensgeschichtlichen Verankerung gleichermaßen durch hohen Ehrgeiz und – trotz der bewußten

Ignoranz gegenüber der Döblin-Forschung[1] – große Ernsthaftigkeit wie durch extreme, identifikatorische Distanzlosigkeit auszeichnet.
Während Fassbinder in Intellektuellenkreisen mit Verständnis für seinen obsessiv-individuellen Zugang zu *Berlin Alexanderplatz* rechnen konnte, wurde sein opus magnum noch vor Ausstrahlung der einzelnen Folgen im Ersten Deutschen Fernsehen für die Konsumenten der Boulevardpresse durch gezielte Kampagnen zu einem Skandalon erster Güte. Am 14. Mai 1980 veröffentlichte die Illustrierte *Quick* einen Artikel unter dem Titel *Die Heiligen und ihr Narr*, in dem im Fettdruck zu lesen war:

»Regisseur Rainer Werner Faßbinder [sic] sprengt jeden Rahmen. Für seinen Film über den Döblin-Roman *Berlin Alexanderplatz* gab das Fernsehen die Rekordsumme von 13 Millionen Mark aus. [. . .]
Verrückte Visionen vom Regisseur: In seiner Bethlehem-Szene [im »Epilog«] will Hut-Träger Faßbinder ›alles zeigen, was man eigentlich nicht tut‹. Bei ihm werden Diebe zu Königen gekürt, und die Heilige Familie wird provozierend nackt gezeigt.«

Zit. nach: Kristina Zerges: Die TV-Serie *Berlin Alexanderplatz* von Rainer Werner Fassbinder. In: SPIEL – Siegener Periodikum zur Internationalen Empirischen Literaturwissenschaft 2 (1983) S. 160.

Die Reaktionen auf diesen Artikel schildert KRISTINA ZERGES so:

»Der Bericht in der Quick löst in kirchlichen Kreisen und bei gläubigen Christen Besorgnis bzw. Empörung aus. In einigen Anfragen (Juni, Juli 1980) bitten kirchliche Organisationen den Sender um eine Stellungnahme zu dem Quick-Artikel, da sie die Gefahr sehen, daß durch den Film die

1 Dies zeigt sich in aller Deutlichkeit im Schlußteil des Essays.

religiösen Empfindungen vieler Christen verletzt und mißachtet werden könnten. Andere wiederum, und das ist die Mehrheit, nehmen den Inhalt des Artikels für bare Münze und organisieren eine Protestaktion, die sich zwar unterschiedlicher Mittel bedient, die aber immer das gleiche Ziel verfolgt: Absetzung der gesamten Serie vom Programm bzw. Verhinderung der Ausstrahlung des Epilogs. Der Sender wird in der Folgezeit, und zwar noch *bevor* die Programmverantwortlichen des Senders den Film von Fassbinder abgenommen haben, mit Protestschreiben bombardiert.«

Ebd. S. 160 f.

WDR-Intendant Hübner ließ sich jedoch nicht einschüchtern und akzeptierte den umstrittenen »Epilog«, der ja keine Entsprechung in der Romanvorlage hat, in unveränderter Form. Allerdings wurde die Sendezeit der Serie von 20.15 Uhr auf 21.00 Uhr verlegt; für die Ausstrahlung des »Epilogs« unter dem Titel *Mein Traum von Franz Biberkopfs Traum* hingegen wurde die von Anfang an geplante Sendezeit um 23.00 Uhr beibehalten. Aufgrund der veränderten Plazierung kam es jedoch »bei der Vorführung des Films für die Presse und auf der Pressekonferenz am 25. 8. 80 zwischen den Vertretern des WDR und Fassbinder zum Eklat«. Der Sender argumentierte »mit dem Hinweis auf einige brutale Szenen«, während Fassbinder »darauf verwies, daß er bei der Verfilmung des Döblin-Romans äußerst werkgetreu vorgegangen sei, auch die drastischen Szenen würden nicht über die Vorlage hinausgehen«; er meinte, mit der späteren Sendezeit werde der WDR »die Serie um einen Gutteil ihres Publikums bringen«, und vermutete »Angst und Selbstzensur« (Zerges, S. 142 f.).
Ungeachtet dieser Streitigkeiten wurde die Erstaufführung des Filmes zu einem großen Erfolg bei den professionellen Kritikern, die das Werk mit Lob überschütteten. Für einen

zusätzlichen Werbeeffekt sorgte auch »die überwiegend positive Zustimmung zur Serie nach Präsentation auf dem Festival in Venedig (28. 8. 80 – 8. 9. 80) und auf dem Fest der Filmemacher in Düsseldorf, Duisburg und Oberhausen (23. 9. – 28. 9. 80)« (Zerges, S. 143).

Unterdessen setzte die Springer-Presse ihre Kampagne gegen die Fernsehserie fort und prognostizierte deren Mißerfolg beim Publikum. Tatsächlich stieß die im Zeitraum vom 12. Oktober bis 29. Dezember 1980 ausgestrahlte Serie »bei einem großen Teil der Zuschauer auf totale Ablehnung und Unverständnis«; »Hauptkritikpunkte« waren: »die Dunkelheit, die Gewalt, der Sex« (ebd.). Fassbinder selbst, dessen »Wohnung nach einer Morddrohung vorübergehend unter Polizeischutz gestellt werden mußte«, erklärte die Aggressionen des Publikums gegen seine Arbeit damit, daß es an eine konventionelle »Fernsehspielästhetik« gewöhnt sei, die »eine Fortsetzung der Tagesschau« sei, und deshalb auf Neuerungen »verärgert« reagiere (zit. nach: ebd., S. 144).

Aufgrund dieser besonderen Begleitumstände entwickelte sich die Romanverfilmung zum herausragenden, aber auch umstrittensten Medienereignis des Jahres 1980 und bewirkte zumindest, daß der Name Döblin einen hohen Bekanntheitsgrad selbst in den Schichten der Bevölkerung erreichte, die sonst niemals eines seiner Werke lesen würden. Dies bestätigten jedenfalls entsprechende Untersuchungen seitens der empirischen Literaturwissenschaft.[2]

Hatten zunächst viele prominente Feuilletonautoren wie Ulrich Greiner (*Die Zeit*, 10. 10. und 26. 12. 1980), Wolfram Schütte (*Frankfurter Rundschau*, 11. 10. 1980) oder Karsten Witte (*Deutsches Allgemeines Sonntagsblatt*, 12. 10. 1980) Fassbinders Verfilmung geradezu enthu-

2 Neben der Dokumentation von Kristina Zerges ist hier vor allem eine Untersuchung von Gebhard Rusch zu nennen, die er auf dem XI. Internationalen Alfred-Döblin-Kolloquium vorstellte; s. dazu *Internationales Alfred-Döblin-Kolloquium Leipzig 1997*, hrsg. von Ira Lorf und Gabriele Sander, Bern [u. a.]: Lang, 1998 [in Vorb.].

siastisch aufgenommen,[3] so meldete sich kurz darauf der Schweizer Schriftsteller und Literaturwissenschaftler HERMANN BURGER mit einer scharfen Kritik zu Wort. Seinen Haupteinwand gegen die TV-Serie brachte er bereits im Titel seines Beitrags (ED 13. 12. 1980) zum Ausdruck: *Kein Platz für den Alexanderplatz*; er richtete sich gegen die Verkürzung des Romans auf ein Kammer- bzw. Hörspiel:

»Faßbinder [sic] verzichtete, angeblich aus finanziellen Gründen, auf eine historische Rekonstruktion des Alexanderplatzes und beschränkte sich auf ein paar Atelier-Straßenszenen in den Bergmannschen *Schlangenei*-Kulissen. Die Weltstadt der Weimarer Republik wird reduziert auf pittoreske Symbole: auf Kraftomnibusse, glanzlackige Oldtimer, antiquarisch hergerichtete Schaufenster, Destillen-Schilder, Litfaßsäulen, eine U-Bahn-Station. [...] Faßbinders Rückzug in die Innenarchitektur, die Vernachlässigung der ›Exterieurs‹ zugunsten reich ausstaffierter Interieurs ist die logische Konsequenz aus der Interpretation von Döblins Roman, und diese Interpretation [...] ist leider falsch.

[...] Die weichgezeichneten Filterbilder in dunklen Pastelltönen, die den Zuschauer stimmungsmäßig eher in den noblen Westen Berlins als in die Halb- und Unterwelt des proletarischen Ostens versetzen, sind der kinetischen Phantasie Döblins in keiner Weise angemessen. Dafür bemüht sich Faßbinder um eine akustische Vergegenwärtigung des Simultanstils. Der Film ist weniger eine Seh- als eine Hörschule. [...]

Was auf der Tonspur geleistet wird, ist enorm. Diese Melodramatisierung des Stoffes, dieses requiemhafte Hin und Her zwischen Polyphonie und Kakophonie entspricht Döblins Montagetechnik. [...]

3 Eine umfangreiche Bibliographie der Zeitungsartikel, die zu der Serie veröffentlicht wurden, findet sich im Literaturverzeichnis von Matthias Hurst (1996), S. 319–323.

Und damit kommen wir zur Hauptschwierigkeit: Die kammerspielartigen Szenen, die psychologisch genau motivierten und auf ›Mittelpunktpersonnage‹ ausgerichteten Sequenzen täuschen eine Zwangsläufigkeit der Fabel vor, welche Döblins ›poésie brute‹ mit allen Mitteln bekämpft. [...]
Rainer Werner Faßbinder hat mit der Repsychologisierung des Stoffes zugleich eine ungeheure Banalisierung in Kauf genommen, und das ist es, was ihm die Zuschauer übel nehmen. Nicht die Vergewaltigungsszenen, sondern die psychologische Vergewaltigung der Szenen. [...] Der Film aber heißt ›Günter Lamprecht als Franz Biberkopf‹ und hat, bei allem Respekt vor einer hervorragenden Schauspielerleistung, mit *Berlin Alexanderplatz* wenig bis nichts zu tun.«

Hermann Burger: Kein Platz für den Alexanderplatz. Zu Döblins Roman *Berlin Alexanderplatz* und zu Faßbinders Verfilmung. In: H. B.: Als Autor auf der Stör. Frankfurt a. M.: Fischer, 1987. S. 181 f., 186–189. – Mit Genehmigung der S. Fischer Verlag GmbH, Frankfurt am Main.

In der Folgezeit – vor allem nach Fassbinders Tod im Jahre 1982 – trat zwar allmählich eine Versachlichung der zuvor mit höchster Emotionalität geführten Debatte ein, doch setzte sich die Kontroverse um die TV-Serie bei den Literatur- und Medienwissenschaftlern fort, die deren künstlerischen Stellenwert zu bestimmen versuchten. Während die zuvor mehrfach erwähnte empirische Studie von Kristina Zerges (1983) Pionierarbeit leistete in der Dokumentation und Analyse des Rezeptionsprozesses, konzentrierte sich die Forschung vor allem auf Fassbinders Filmästhetik.
Ähnliche Vorwürfe wie Burger erhoben Ende der achtziger Jahre die Germanisten Heinz Brüggemann und Hans Mayer, die vor allem die qualitativen Differenzen zwischen Vorlage und filmischer Version herausarbeiteten. Hans

MAYER äußerte sich lakonisch-kritisch über Fassbinders enthistorisierende und »willkürliche Verwertung des sorgfältig und gut interpretierten literarischen Materials«:

»Am deutlichsten zeigt sich das bei einem genau gearbeiteten Bericht des Essayisten Fassbinder über *Berlin Alexanderplatz*, wenn man ihn nachträglich konfrontiert mit der Fernsehreihe des gleichen Titels. In ihr nämlich hat Fassbinder bereits die Bedeutung des Romantitels eliminiert. Kein Alexanderplatz und kein Berlin. Ebensowenig eine wirkliche Beziehung zur Entstehungszeit des Romans, folglich zu der von Döblin durchgeführten Gleichzeitigkeit von Erzählzeit und erzählter Zeit. Ein Beziehungsgespinst zwischen Männern und Männern, Männern und Frauen, das ortlos bleibt und zeitlos. Eingeblendete Dokumentarfetzen aus den 20er Jahren unterstreichen das noch, statt die Zeit- und Ortlosigkeit zu kompensieren.«

Hans Mayer: Die unerwünschte Literatur. Deutsche Schriftsteller und Bücher 1968–1985. Berlin: Siedler, 1989. S. 191 – Mit Genehmigung des Siedler Verlags, Berlin.

Im gleichen Jahr legte HEINZ BRÜGGEMANN eine ausführliche Analyse vor, deren Stoßrichtung bereits der Untertitel signalisiert: »Polemik gegen einen Widerruf der ästhetischen Moderne« (1989). Exemplarisch untersuchte er die Eingangsszene der TV-Serie und kam zu dem Ergebnis, daß diese mit »naturalistisch ausgemaltem Personal und den üblichen Gesten« inszenierte Gefängnis-Sequenz nicht nur vom Regisseur frei (hinzu)erfunden sei, sondern auch voller sentimentaler »Wahrnehmungsklischees« stecke; bei Döblin dagegen finde man »eine mit äußerster Ökonomie hingestellte Situation, eine poetische Abstraktion gleichsam« (S. 53). Fassbinders den Roman in spezifischer Weise verändernde »Verfahrensweise« hält Brüggemann für äußerst problematisch, da sie die Erkenntnisse und Errungenschaften modernen Erzählens durch »Re-Psychologisierung«[4] wieder rückgängig mache:

»Er [Fassbinder] läßt, beinahe durchgängig, Texte, die Döblin *montiert* (wissenschaftliche Aufklärungsbroschüren, Reklame, Anstaltsordnungen etc.), vom Protagonisten oder anderen Personen *sprechen*. [. . .]
Die Gegenüberstellung macht deutlich, daß Fassbinder, indem er Biberkopf die Gefängnisordnung vor sich hinsprechen läßt, der Tendenz nach gerade *das* wiederherstellt, was bei Döblin keineswegs mehr gesichert, sondern zerstört ist, heruntergebracht auf die Leerform von Identität, allenfalls die Frage: ›Wo soll ick armer Deibel hin?‹ [. . .]
Es ist das *Prinzip des Abbaus*: Abbau, Reduktion ästhetischer Komplexität und Differenziertheit eines bedeutenden Textes der historischen Avantgarde, der Moderne, auf die schlichten Ausmaße einer melodramatischen Handlung [. . .].«

Heinz Brüggemann: *Berlin Alexanderplatz* oder »Franz, Mieze, Reinhold Tod und Teufel«? R. W. Fassbinders filmische Lektüre des Romans von Alfred Döblin. Polemik gegen einen melodramatischen Widerruf der ästhetischen Moderne. In: Rainer Werner Fassbinder. Hrsg. von Heinz Ludwig Arnold. München: edition text + kritik, 1989. (Text + Kritik. 103.) S. 56, 60. – Mit Genehmigung der edition text + kritik GmbH, München.

Helmuth Kiesel schloß sich in seinem Aufsatz *Döblin und das Kino* (1991) grundsätzlich dieser Argumentation an, gab jedoch methodisch zu bedenken, daß Brüggemann »nicht den Roman und den Film verglichen [hat], sondern den Roman und das Filmbuch oder ›Arbeitsjournal‹ von Fassbinder und Baer, das weder dem Drehbuch entspricht

4 Diesen Begriff hatte Wolfram Schütte in seiner Rezension mit dem Titel *Franz, Mieze, Reinhold, Tod & Teufel* (*Frankfurter Rundschau*, 11.10.1980) positiv gemeint, während er bei Hermann Burger zu einem Argument gegen Fassbinders Verfahren umgemünzt wurde.

noch dem fertigen Film, sondern einen eigenen Status hat.« Deshalb empfahl Kiesel, »das Zusammenwirken von Bild und Text, von Mimik und Ton genau zu beobachten«, denn »es könnte sein, daß man feststellen muß, daß trotz entmodernisierender Mediatisierung [wie sie Brüggemann Fassbinder vorwirft] eine ganz moderne Verstörung zum Ausdruck kommt« (S. 295). Im Nachwort zu der von ihm 1993 herausgegebenen Neuausgabe des Romans nannte er dann Fassbinders Verfilmung »ein gelungenes Beispiel für die kongeniale Übertragung des Stoffes von einem Medium in ein anderes« (S. 549).

Die referierten »vernichtenden Urteile« beruhen für Achim Haag schlicht auf dem »Unverständnis filmischer Ästhetik« (1991, S. 298). In mehreren Publikationen verteidigte Haag entschieden die von Fassbinder »entgegen dem literarischen Ausgangstext vorgenommene Verdichtung des Handlungsgeschehens auf die trianguläre Beziehung« zwischen Franz, Reinhold und Mieze (1989, S. 36), wobei er stets von der ästhetischen Autonomie des Films ausging und durch die Analyse der filmspezifischen Ausdrucksmittel zu einer ganz anderen Wertschätzung des Mehrteilers gelangte:

> »[...] die Zerstückelung des filmischen Diskurses in einzelne Kapitel nebst Kapitelüberschrift, wie dies für die *Alexanderplatz*-Verfilmung charakteristisch ist, konstituiert eine Parallele zur Situation des Lesers und verweist damit zugleich auf den Ursprungstext. [...] So bleibt der Film mit seiner literarischen Vorlage stets optisch verklammert. Aber auch akustisch kommt es zu dieser Verklammerung. Dergestalt nämlich, daß Fassbinder seinen Bildern den Off-Kommentar eines von ihm selbst gesprochenen Erzählers gegenüberstellt; manchmal ähnelt dies mehr einem Lesen als einem Sprechen. Der Erzählertext wiederum besteht aus direkt dem Roman entlehnten Zitaten. Dabei kommt es [...] durch das Nebeneinander von Döblins expressionistischer

Sprache und Fassbinders artifiziellen filmischen Artikulationsmustern zu einem gewaltigen semantischen Spannungsfeld von hohem ästhetischen Reiz.

[...] Indem Fassbinders *Berlin Alexanderplatz* den prekären Status des modernen, zur eigentlichen Subjektivation unfähigen Subjekts thematisiert und dabei sogar weiter geht als Döblins Roman, schreibt er sich ein in den Diskurs der Moderne. Aber auch ästhetisch weiß er sich der Moderne zugehörig. Die zahlreichen Verfremdungseffekte, die Umwandlung narrativer Stilmittel in diskursive und reflexive, wodurch Wirklichkeit nicht nur abgebildet, sondern gleichzeitig auch gedeutet wird, führen zu einer Offenlegung seiner Vermittlungstechniken und mithin seines Vermittlungscharakters. [...] Im vorliegenden Fall kommt es hierbei zu folgendem – vermeintlichen – Paradoxon: Je radikaler die *Alexanderplatz*-Verfilmung sich von dem Roman entfernt, indem sie Eigenes gestaltet und dadurch ihr individuelles Profil, ihre spezifische Qualität gewinnt, desto näher kommt sie wiederum dem Besonderen ihrer Vorlage.

Der Zitatcharakter des Films, gekennzeichnet nicht nur durch die kompilierten Musikzitate, sondern vor allem durch die filmästhetischen Zitate und Selbstzitate sowie verschlüsselte Hinweise auf die Filmgeschichte, macht ihn überdies zu einem Repräsentanten postmoderner Ästhetik.«

Achim Haag: Fassbinder ver-filmt *Berlin Alexanderplatz*. Bilder und Töne jenseits ihrer Vorlage: Wider eine Dogmatik der Literaturverfilmung. In: Internationale Alfred-Döblin-Kolloquien Münster 1989 – Marbach a. N. 1991. Hrsg. von Werner Stauffacher. Bern [u. a.]: Lang, 1993. S. 302, 309 f. – Mit Genehmigung der Peter Lang AG, Bern.

Matthias Hurst konzentrierte sich in seiner Studie über *Erzählsituationen in Literatur und Film* (1996) auf die narrative Technik der Fassbinder-Verfilmung und kam dabei zu einem anderen Befund als Haag, der in seiner Dissertation die »Perspektive der objektiven, das Geschehen distanziert beobachtenden Kamera« (1992, S. 147) zum dominanten Prinzip erklärt hatte. Hurst dagegen meint:

»Die kinematographische Gestaltung der Fernsehserie ist insgesamt durch das Prinzip einer *attached camera* bestimmt und hält somit die personale ES [Erzählsituation im Sinne Franz Stanzels] durchgehend aufrecht.
[...] Die mit der personalen ES verbundene Anteilnahme am Geschehen und die intensive Nähe zu den Personen und ihren Gefühlen lösen jedoch die Vieldeutigkeit und Komplexität der literarischen Vorlage Döblins auf, geben ihr eine Eindeutigkeit hinsichtlich der Erzählhaltung und steigern die Geschichte des Franz Biberkopf dadurch auf einer individuellen Ebene ins Melodramatische.«

Matthias Hurst: Erzählsituationen in Literatur und Film. Ein Modell zur vergleichenden Analyse von literarischen Texten und filmischen Adaptionen. Tübingen: Niemeyer, 1996. S. 273, 275. –

Mit Blick auf die kontroversen Urteile über Fassbinders Film »scheint es« Hurst fast »so, als ob eine so eindringliche und persönliche Auslegung des Romans entweder nur enthusiastische Zustimmung oder aber entschiedene Ablehnung provoziert« (S. 278). Seine eigene Studie leistet in diesem Sinne Vermittlungsarbeit zwischen den konträren, scheinbar unversöhnlichen Positionen. Nach Herbert Spaich (1992) hat die »monumentale Komplexität« von Fassbinders Film, der gerade auch im Ausland enthusiastisch rezipiert wurde,[5] in der Vergangenheit bewirkt, daß er »zu einem der am meisten beschriebenen und analysierten Filme in der Bundesrepublik« wurde (S. 233).

5 Großen Erfolg hatten die Aufführungen des gesamten Filmes in Frankreich und vor allem in den USA 1983 und 1997; die Retrospektive im Museum of Modern Art wurde zu einem postumen Triumph für den Regisseur.

4. Parodien, Bühnenbearbeitungen und andere wirkungsgeschichtliche Dokumente

Wie kaum ein anderes Werk der deutschsprachigen Moderne inspirierte der Roman *Berlin Alexanderplatz* seit seinem Erscheinen verschiedenste Künstler zu parodistischen oder epigonalen Nachahmungen, zu mehr oder minder originellen Weiterentwicklungen und Übertragungen in andere Kunstgattungen. Die wohl früheste Parodie auf den Roman erschien Ende Februar 1930 in der Zeitschrift *Der Querschnitt* unter dem Titel *Hier schreibt Berlin. Parodiert von Kurt Reinhold. Berlin Gedächtniskirche – nach Alfred Döblin*; sie beginnt folgendermaßen:

»Hup hup hup bellen die Autos von allen Seiten von wegen endlich Weiterfahrenwollen. Budapester Straße, Kurfürstendamm, Tauentzienstraße, Hardenbergstraße, Kantstraße, Immanuel Kant, Philosoph, * 22. 4. 1724, † 12. 2. 1804, der gestirnte Himmel über uns und das moralische Gesetz in uns. Junge, Junge, siehst du blaß aus. Al Jolson die vierte Woche prolongiert. Und der Verkehrsschupo regelt die Chose, ›Ehrentafel‹ im ›Tempo‹ und so, Zörgiebel sitzt, oft kopiert, nie erreicht, am Alexanderplatz. Berlin Alexanderplatz, die Geschichte von Franz Biberkopf, Umfang 528 Seiten. In vorzüglicher Ausstattung mit mehrfarbigem Schutzumschlag in Offset und Einband von Georg Salter. Geheftet 7 RM, in Ganzleinen 9.50 RM. Bereits eine Woche nach Erscheinen gelangte zum Druck das 11.–20. Tausend. S. Fischer Verlag, Berlin, schier 70 Jahre bist du alt. Erstklassige Pressereferenzen. O wie wohl ist mir im Haus Gurmenia. – Februar. Saukalt. Rosenmontag. Grüß Gott, Otto Erich Hartleben, alter Knabe, grüß ihn wenn du kannst, wär ja noch schöner, mußt ja können, Gott ist kein Unmensch. Gibt es einen Gott? Vortragszyklus des Predigers Berthold Müller der freireligiösen Gemeinde Pankow. Eintritt frei. Kinder un-

ter 12 Jahren zahlen die Hälfte. Ich zahle, du zahlst, er zahlt, wir zahlen nur in Raten.
Hup hup hup jaulen die Schofföre rund um die Kaiser Wilhelm-Gedächtniskirche. Dem Kaiser Wilhelm haben wirs geschworen, dem Kaiser Wilhelm reichen wir die Hand. Hoch soll er leben, hoch soll er leben, dreimal hoch, nieder mit die Hunde, nieder mit die Hunde, nieder mit die Hunde von die Reaktion. Immer weg mit Schaden; Ober, noch eine Runde für alle Mann an Deck, Artikel I der Verfassung: Das Deutsche Reich ist eine Republik, Paragraph II: Es wird weiter gesoffen. Wer niemals einen Rausch gehabt, der ist kein braver Mann, wer seinen Durst mit Achteln labt, fang lieber gar nicht an. Schrummwidibumjuchhei. Andererseits: Dämmerts am Broadway? Vorwärts mit Gott und der Lichtreklame.
Da steht nun unser Paule Brettholz vorm Rachmonischen Café, Gegend fein mit Ei, und verkauft die ›Nachtausgabe‹. Seine zwei Zentner wiegt der Mann gut und gerne, Plattfüße und besondere Kennzeichen keine, Brustkasten auch nicht von Pappe, nischt und für niemand dran zu tippen, ihm kann keiner, bzw. ihm können sie alle. Er hat aber seine vier Jahre abgemacht, weil er seinen Freund Max, der ihm das einträgliche und meist goldtreue Mädchen Frieda, so etwas war noch nie da, weggeangelt, etwas zu unvorsichtig und unsachgemäß an der Bauchmuskulatur massiert sowie ohne jede medizinische Vorkenntnisse, nur unter Zuhilfenahme seiner unpräparierten Fäuste, bitte die Herrschaften aus dem Publikum sich davon zu überzeugen, in Narkose versetzt hatte. [...]«

Der Querschnitt. 10. Jg. H. 2. Februar 1930. S. 119 f.

Eine weitere *Alexanderplatz*-Parodie veröffentlichte 1932 ROBERT NEUMANN in seinem Sammelband *Unter falscher Flagge.*[1] Der Roman bewies sein kreatives Potential in den folgenden Jahren nicht nur in solchen humoristisch-frechen Hommagen, sondern vor allem dadurch, daß jüngere Schriftstellerkollegen, die Döblin zu ihrem ›Lehrmeister‹ erhoben, sich einige seiner Erzähltechniken anverwandelten. So bekannte etwa KLAUS MANN (1906–49) in einer Besprechung von Hans Henny Jahnns Roman *Perrudja*: »Dieses moderne Fragment bedeutete für mich, mit *Alexanderplatz* zusammen, das stärkste Erlebnis, das mir aus der deutschen Literatur in letzter Zeit gekommmen ist« (*Neue Zürcher Zeitung*, 28. 9. 1930).

Das Erlebnis der Lektüre von Döblins Großstadtroman spiegelt sich in seinem Künstlerroman *Treffpunkt im Unendlichen* (1932) deutlich wider, in dem er Zeitungszitate, Reklamesprüche, politische Parolen u. ä. in den Text montiert, Prozeßgeschichten referiert oder U-Bahn-Stationen aufzählt. Beispielhaft sei folgender Ausschnitt zitiert:

»Zu Sonjas neuem Angstzustand gehörte die Vorstellung, was alles gleichzeitig sich in dieser Stadt zutrug, während sie, Schritt für Schritt übers Pflaster, von der Ecke Kurfürstendamm–Joachimsthaler Straße zum Untergrundbahnhof Zoo ging. Gleichzeitig –: diese Zwangsidee kam ihr so stark, daß ihr schwindlig wurde. Wie als summendes Geräusch hörte sie nur noch die todmüden Stimmen der Telephonfräuleins, die in unaufhörlicher Klage einander die Formeln ihrer Schmerzen zuriefen – Bismarck Zwoo Nuul – Zwo undsiebenzig; Pallas Vieer und dreißig Nuul Nuul Füneff –; während ihnen von den Straßen, ein männliches Echo, tiefer, heiserer und aufsässiger, die Rufe der Zeitungsverkäufer antworteten: ›B. Z. – B. Z. am Mittag – 8 Uhr! 8 Uhr-

1 Das Buch mit dem Untertitel *Ein Lesebuch der deutschen Sprache für Fortgeschrittene* erschien im Paul Zsolnay Verlag (Berlin/Wien/Leipzig); zu BA: S. 163–167.

Abendblatt! – Die Welt am Abend! M. M. der Montag Morgen!‹

[...] Sonja faßte jede Zeitung wie einen dämonischen Gegenstand an. Wie sich das Leben in seiner vielfältig und weit verzweigten Großartigkeit und Gemeinheit hier zu konventionell andeutenden und doch so schamlos offenen Formeln zusammendrängte! Vorne die verdächtigen Neuigkeiten der Politik (Abrüstungskonferenz in Genf, italienisch-französische Flottenparität, polnische Greuel); dann die übertrieben aufgezäumte Theaterpremiere (›unstreitig das große Ereignis des Winters; Reinhardts Zauberkünste; und unsere Herzen alle, alle, alle der angebeteten Elisabeth Bergner zu Füßen legen‹). Der amerikanische Sensationsprozeß. [...]

Hinter dem Sensationsprozeß: Annoncen, (›Und abends – – in die Scala‹, ›Leidiger Haarausfall – Trilysin‹, ›Es urbiniert der feine Mann erst seinen Schuh, zieht ihn dann an.‹) Dann eine Plauderei, ästhetisch, zeitkritisch. Dann die kupplerischen Kleinen Anzeigen.«

Klaus Mann: Treffpunkt im Unendlichen. Reinbek: Rowohlt, 1981. S. 108–110. –

Obwohl die Parallelen zu *Berlin Alexanderplatz* unverkennbar sind, bleibt Klaus Mann in seiner Schilderung simultaner Eindrücke doch – im Unterschied zu Döblin – der psychologisch-realistischen Erzähltradition verpflichtet und erreicht bei weitem nicht die Virtuosität und Lebendigkeit seines literarischen Modells.

In seinem Erzählstil noch konventioneller bleibt Hans Fallada (1893–1947), bei dem aber dennoch der Einfluß Döblins zu spüren ist, so etwa in seinem Arbeitslosen-Roman *Kleiner Mann – was nun?* (1932) oder in dem Gefängnis-Roman *Wer einmal aus dem Blechnapf frißt* (1934). Gleiches gilt für Irmgard Keun (1905–82) und ihre Romane

Gilgi – eine von uns (1931) und *Das kunstseidene Mädchen* (1932) sowie für Walter Kolbenhoffs (1908–93) Erstlingsroman *Untermenschen* (1933).
In der Zeit nach 1945 waren es u. a. die Schriftsteller Arno Schmidt, Wolfgang Koeppen,[2] Peter Rühmkorf und Hubert Fichte, die sich explizit auf Döblin beriefen und deren Werke unübersehbare Analogien zu seiner Schreibweise zeigen. Marcel Reich-Ranicki bemerkte zur Bedeutung von *Berlin Alexanderplatz* für diese Schriftstellergeneration ebenso lapidar wie treffend: »Ohne dieses Buch ist ein großer Teil der modernen deutschen Prosa schwer denkbar« (*Frankfurter Allgemeine Zeitung*, 7. 7. 1989). Die berühmteste Eloge, *Über meinen Lehrer Döblin*, hielt zu dessen 10. Todestag im Juni 1967 Günter Grass, der sich wie kein anderer Autor der Nachkriegszeit für den lange unterschätzten und viel zu wenig gelesenen Epiker einsetzte:

»Wenn wir heute von Alfred Döblin sprechen, [. . .] wird zumeist vom *Alexanderplatz* gesprochen. Diese Versimplung eines Schriftstellers, den ich neben wie gegen Thomas Mann, neben wie gegen Bertolt Brecht stellen möchte, diese ausschließliche Kenntnisnahme des einen einzigen Werkes hat Gründe: Die Arbeit eines Thomas Mann, mehr noch die Arbeit des Bertolt Brecht fügte sich bewußt in den von den Autoren entworfenen und im Detail vollendeten Plan der Klassizität. [. . .]
Die Sekundärliteratur über den einen wie den anderen Autor sprengt Bücherregale. [. . .] Solche Entführung in olympische Gefilde blieb Alfred Döblin erspart: Dieser antiklassische Schriftsteller hat nie eine Gemeinde gehabt, auch nicht eine Gemeinde der Feinde; die von Walter Muschg be-

2 Zum Verhältnis Koeppens und Schmidts zu Döblin vgl. Gabriele Sander: »Spurensuche ›in döblinener Waldung‹. Über den Einfluß Alfred Döblins auf die Literatur der zwanziger Jahre und der Nachkriegszeit«, in: IADK Münster/Marbach (1989/91), S. 128–153, hier S. 136–141. – Dort findet sich auch weiterführende Literatur zum Thema.

sorgte, ausgewählte Ausgabe der Werke beim Walter Verlag liegt wie Blei.
[. . .] nur Alfred Döblin bewegt keine Kongresse, lockt selten den Fleiß unserer Germanisten, verführt wenig Leser. Selbst der berühmte *Alexanderplatz* hat im heutigen Berlin keine Wiederkehr feiern können [. . .].
Deshalb sei es dem Vortragenden erlaubt, Mann, Brecht und Kafka, bei aller schattenwerfenden und oft angeführten Größe, respektvoll beiseite zu lassen und als Schüler dem Lehrer dankbar zu sein: Denn ich verdanke Alfred Döblin viel, mehr noch, ich könnte mir meine Prosa ohne die futuristische Komponente seiner Arbeit vom *Wang-lun* über den *Wallenstein* und *Berge, Meere und Giganten* [sic] bis zum *Alexanderplatz* nicht vorstellen [. . .] Ich komme von jenem Döblin her, der, bevor er von Kierkegaard herkam, von Charles de Coster hergekommen war und, als er den *Wallenstein* schrieb, sich zu dieser Herkunft bekannte.«

Günter Grass: Über meinen Lehrer Döblin. In: Akzente 14 (1967) S. 290 f. – © 1993 Steidl Verlag, Göttingen.

In den folgenden Jahren setzte Grass nicht nur seine Auseinandersetzung mit dem verehrten Vorbild in weiteren Reden und Essays fort,[3] sondern brachte seine Dankbarkeit vor allem dadurch zum Ausdruck, daß er 1978 den Döblin-Preis gemeinsam mit der Berliner Akademie der Künste stiftete. Preisträger waren bislang u. a. Gert Hofmann, Gerhard Roth, Libuse Moníková, Edgar Hilsenrath, Katja Lange-Müller, Reinhard Jirgl, Ingo Schulze und zuletzt Michael Wildenhain. Von diesen wiederum bekannten sich

3 Zu nennen ist hier vor allem die Eröffnungsrede zur Marbacher Ausstellung, die zum 100. Geburtstag Döblins präsentiert wurde. Die Rede, in der Grass sich mit dem Roman *Berge Meere und Giganten* auseinandersetzt, erschien unter dem Titel *Im Wettlauf mit den Utopien* am 16. Juni 1978 in der *Zeit*.

einige in ihren Preisreden zu Döblin, so daß sie auf ihre Weise das Fortleben des »Döblinismus« garantieren.
Für die Verankerung des Namens Döblin und seines Hauptwerkes *Berlin Alexanderplatz* im kollektiven Gedächtnis sorgen neben den genannten Schriftstellern, Publizisten und Germanisten auch Film- und Theatermacher, die sich des *Alexanderplatz*-Stoffes angenommen haben – selbst wenn ihre Adaptionen umstritten und problematisch sind.
Zu den aktuellsten künstlerischen Auseinandersetzungen mit Döblins Roman gehört die Bühnenbearbeitung von EIKE GRAMMS (1990), die ihre Uraufführung am 18. Januar 1990 an den Städtischen Bühnen Krefeld-Mönchengladbach erlebte; eine weitere Inszenierung fand am Badischen Staatstheater Karlsruhe (Premiere am 23. September 1990) statt.

V. Literaturhinweise

1. Ausgaben von *Berlin Alexanderplatz* (Roman, Hörspiel, Film- und Bühnenversionen)

Berlin Alexanderplatz. Die Geschichte vom Franz Biberkopf. Berlin: S. Fischer, 1929. [Erste Buchausg.]

Berlin Alexanderplatz. Die Geschichte vom Franz Biberkopf. Olten / Freiburg i. Br.: Walter, 1961. (Ausgewählte Werke in Einzelbänden. In Verb. mit den Söhnen des Dichters hrsg. von Walter Muschg.) [Nachwort des Hrsg.: S. 509–528.] – Taschenbuch-Ausg.:

Berlin Alexanderplatz. Die Geschichte vom Franz Biberkopf. Nachw. von Walter Muschg. München: Deutscher Taschenbuch Verlag, 1965. (dtv. 295.) [Nachwort des Hrsg.: S. 415–430.]

Berlin Alexanderplatz. Die Geschichte vom Franz Biberkopf. Hrsg. und mit Nachw. von Helmuth Kiesel. Anm. und Zeitt. von Ute Bertram-Hohensee. München: Artemis & Winkler, 1993. [Nachwort des Hrsg.: S. 511–555.]

Berlin Alexanderplatz. Die Geschichte vom Franz Biberkopf. Hrsg. von Werner Stauffacher. Zürich/Düsseldorf: Walter, 1996. (Ausgewählte Werke in Einzelbänden. Begr. von Walter Muschg. In Verb. mit den Söhnen des Dichters hrsg. von Anthony W. Riley.) [Kritische Ausg. Nachwort des Hrsg.: S. 837–875. – Zit. als: BA.]

Die Geschichte vom Franz Biberkopf. Hörspiel nach dem Roman *Berlin Alexanderplatz*. Mit einem Nachw. hrsg. von Heinz Schwitzke. Stuttgart: Reclam, 1976. (Universal-Bibliothek. 9810.) [Nachwort des Hrsg.: S. 61–68.]

Die Geschichte vom Franz Biberkopf. In: DHF 273–317. [Zur Überlieferung, Entstehung und zu den Drucken: S. 557–561. Nachwort von Erich Kleinschmidt: S. 641–650.]

Berlin-Alexanderplatz. Drehbuch von Alfred Döblin und Hans Wilhelm zu Phil Jutzis Film von 1931. Mit einem einführenden Essay von Fritz Rudolf Fries und Materialien zum Film von Yvonne Rehhahn. München: edition text + kritik, 1996. [Zit. als: BAD.]

Der Film BERLIN Alexanderplatz. Ein Arbeitsjournal von Rainer Werner Fassbinder und Harry Baer. Frankfurt a. M.: Verlag Zweitausendeins, 1980.

Berlin Alexanderplatz. Nach dem Roman von Alfred Döblin in einer Bearb. von Eike Gramms. Berlin: Kiepenheuer Bühnenvertriebs-GmbH, 1990.

2. Vorabdrucke (chronologisch)

Berlin Alexanderplatz. Erzählung von Alfred Döblin. In: Die neue Rundschau (Berlin/Leipzig) 39. Jg. Heft 8. August 1928. Bd. 2. S. 124–148. – Wiederabdr. in: BA (1996). S. 714–735.

Schlacht- und Viehhof. Von Alfred Döblin. In: Die Literarische Welt (Berlin). 4. Jg. Nr. 32. 10. August 1928. S. 3 f. – Wiederabdr. in: BA (1996). S. 736–743.

Berlin. Arbeitsgericht. Von Alfred Döblin. In: Frankfurter Zeitung. 74. Jg. Nr. 423. 9. Juni 1929. – Wiederabdr. in: BA (1996). S. 744–747.

12.30 am Arbeitsgericht. Aufzeichnungen für einen Roman von Alfred Döblin. In: Berliner Tageblatt und Handelszeitung. 58. Jg. Nr. 274. 13. Juni 1929. 1. Beibl. S. 1. – Wiederabdr. in: BA (1996). S. 748–751.

Berlin Alexanderplatz. Roman. Von Alfred Döblin. In: Frankfurter Zeitung. 74. Jg. [29 Folgen:] Nr. 670. 8. September 1929 – Nr. 759. 11. Oktober 1929. – Wiederabdr. in: BA 1996. S. 556–713.

Alfred Döblin: Berlin Rosenthaler Platz. In: Vorwärts (Berlin). 46. Jg. Nr. 457. 29. September 1929. Beilage. S. [19.] – Auch in: Berliner Volkszeitung. 77. Jg. Nr. 466. 3. Oktober 1929. Morgenausg. Beibl. – Wiederabdr. in: BA (1996). S. 752–756.

Unterhaltung über den Marxismus. Von Alfred Döblin. In: Blätter des Renaissance-Theaters (Berlin). Oktober 1929. S. 1–3. – Wiederabdr. in: BA (1996). S. 757–759.

Alfred Döblin: Berlin Alexanderplatz [Auszüge]. In: Almanach 1930. Berlin: S. Fischer, [Oktober] 1929. S. 7–32. – Wiederabdr. in: BA (1996). S. 760–777.

Alfred Döblin: Zwei Miniaturen aus dem Roman *Berlin Alexanderplatz*. In: Das neue Berlin. Großstadtprobleme. Hrsg. vom Stadtbauamt Martin Wagner. Heft 12. Berlin 1929. S. 239 f. – Wiederabdr. in: BA (1996). S. 778–780.

3. Andere Werke Alfred Döblins

a) Einzelausgaben (chronologisch)

Die drei Sprünge des Wang-lun. [ED 1915/16.] Hrsg. von Walter Muschg. Olten / Freiburg i. Br.: Walter, 1960.
Wadzeks Kampf mit der Dampfturbine. [ED 1918.] Hrsg. von Anthony W. Riley. Olten / Freiburg i. Br.: Walter, 1982. [Zit. als: WK.]
Wallenstein. [ED 1920.] Hrsg von Walter Muschg. Olten / Freiburg i. Br.: Walter, 1965. [Die kritische Neuausgabe, hrsg. von Erwin Kobel, erscheint voraussichtlich 1998 im Walter-Verlag.]
Berge Meere und Giganten. Berlin: Fischer, 1924. [Zit. als: BMG.]
Die beiden Freundinnen und ihr Giftmord. [ED 1924.] Reinbek: Rowohlt, 1978. [Zit. als: BF.]
Reise in Polen. [ED 1925/26.] Hrsg. von Heinz Graber. Olten / Freiburg i. Br.: Walter, 1968. [Zit. als: RP.]
Manas. Epische Dichtung. [ED 1927.] Hrsg von Walter Muschg. Olten / Freiburg i. Br.: Walter, 1961.
Das Ich über der Natur. Berlin: Fischer, 1927.
Unser Dasein. [ED 1933.] Hrsg von Walter Muschg. Olten / Freiburg i. Br.: Walter, 1964. [Zit. als: UD.]
Babylonische Wandrung oder Hochmut kommt vor dem Fall. [ED 1934.] Hrsg. von Walter Muschg. Olten / Freiburg i. Br.: Walter, 1962.
Pardon wird nicht gegeben. [ED 1935.] Hrsg von Walter Muschg. Olten / Freiburg i. Br.: Walter, 1960. [Zit. als: PW.]
Amazonas. Romantrilogie. [ED 1937/38.] Hrsg. von Werner Stauffacher. Olten / Freiburg i. Br.: Walter, 1988.
November 1918. Eine deutsche Revolution. Erzählwerk in drei Teilen. [ED 1939, 1948–50.] Hrsg. von Werner Stauffacher. Olten / Freiburg i. Br.: Walter, 1991. [Zit. als: Nov.]
Schicksalsreise. Bericht und Bekenntnis. [ED 1949.] Hrsg. von Anthony W. Riley. Olten / Freiburg i. Br.: Walter, 1993. [Zit. als: Sch.]
Hamlet oder Die lange Nacht nimmt ein Ende. [ED 1956.] Hrsg. von Walter Muschg. Olten / Freiburg i. Br.: Walter, 1966.

b) Sammelausgaben (alphabetisch)

Aufsätze zur Literatur. Hrsg von Walter Muschg. Olten / Freiburg i. Br.: Walter, 1963. [Zit. als: AzL.]
Briefe. Hrsg. von Heinz Graber. Olten / Freiburg i. Br.: Walter, 1970. [Zit. als: Br.]
Der deutsche Maskenball. Von Linke Poot. [ED 1921.] Wissen und Verändern! [ED 1931.] Hrsg. von Heinz Graber. Olten / Freiburg i. Br.: Walter, 1972. [Zit. als: DM; WuV.]
Drama – Hörspiel – Film. Hrsg. von Erich Kleinschmidt. Olten / Freiburg i. Br.: Walter, 1983. [Zit. als: DHF.]
Erzählungen aus fünf Jahrzehnten. Hrsg. von Edgar Pässler. Olten / Freiburg: Walter, 1977. [Zit. als: Erz.]
Jagende Rosse. Der schwarze Vorhang und andere frühe Erzählwerke. Hrsg. von Anthony W. Riley. Olten / Freiburg i. Br.: Walter, 1981. [Zit. als: JR.]
Kleine Schriften I: 1902–1920. Hrsg. von Anthony W. Riley. Olten / Freiburg i. Br.: Walter, 1985. [Zit. als: KS I.]
Kleine Schriften II: 1922–1924. Hrsg. von Anthony W. Riley. Olten / Freiburg i. Br.: Walter, 1990. [Zit. als: KS II.]
Kritik der Zeit: Rundfunkbeiträge 1946–1952. Im Anhang: Beiträge 1928–1931. Hrsg. von Alexandra Birkert. Olten / Freiburg i. Br.: Walter, 1992. [Zit. als: KdZ.]
Schriften zu Ästhetik, Poetik und Literatur. Hrsg. von Erich Kleinschmidt. Olten / Freiburg i. Br.: Walter, 1989. [Zit. als: SÄPL.]
Schriften zu jüdischen Fragen. Hrsg. von Hans Otto Horch in Verb. mit Till Schicketanz. Solothurn/Düsseldorf: Walter, 1995.
Schriften zu Leben und Werk. Hrsg. von Erich Kleinschmidt. Olten / Freiburg i. Br.: Walter, 1986. [Zit. als: SLW.]
Schriften zur Politik und Gesellschaft. Hrsg. von Heinz Graber. Olten / Freiburg i. Br.: Walter, 1972. [Zit. als: SPG.]

4. Dokumentationen, Bibliographien, Forschungsberichte usw.

Alfred Döblin im Spiegel der zeitgenössischen Kritik. Hrsg. von Ingrid Schuster und Ingrid Bode in Zsarb. mit dem Deutschen Literaturarchiv Marbach/N. Bern/München: Francke, 1973. [Rezensionen zu BA: S. 207–266. – Zit. als: Schuster/Bode (1973).]
Huguet, Louis: Bibliographie Alfred Döblin. Berlin/Weimar: Aufbau-Verlag, 1972. [Rezensionen zu BA: S. 258–265.]

Internationale Alfred-Döblin-Kolloquien Münster 1989 – Marbach a. N. 1991. Hrsg. von Werner Stauffacher. Bern [u. a.]: Lang, 1993. [Zit. als: IADK Münster/Marbach (1989/91).]

Internationales Alfred-Döblin-Kolloquium Paris 1993. Hrsg. von Michel Grunewald. Bern [u. a.]: Lang, 1995. [Zit. als: IADK Paris (1993).]

Internationales Alfred-Döblin-Kolloquium Leiden 1995. Hrsg. von Gabriele Sander. Bern [u. a.]: Lang, 1997. [Zit. als: IADK Leiden (1995).]

Materialien – Alfred Döblin *Berlin Alexanderplatz*. Ausgew. und eingel. von Dieter Mayer. Stuttgart [u. a.]: Klett, 1980.

Materialien zu Alfred Döblin *Berlin Alexanderplatz*. Hrsg. von Matthias Prangel. Frankfurt a. M.: Suhrkamp, 1975. (suhrkamp taschenbuch. 268.) [Zit. als: Materialien (1975).]

Zu Alfred Döblin. Hrsg. von Ingrid Schuster. Stuttgart: Klett, 1980. [Zit. als: Schuster (1980).]

5. Zeitgenössische Rezensionen

a) Zum Roman

[Anonym (el.):] *Berlin – Alexanderplatz* von Alfred Döblin. [Kurzrezension.] In: Berliner Volks-Zeitung. 77. Jg. Nr. 522. 5. November 1929. Morgenausg. S. 2.

[Anonym:] Neues vom Büchermarkt. [Kurzbesprechungen u. a. zu BA.] In: Weser-Zeitung (Bremen). 86. Jg. Nr. 677. 14. November 1929. Abendausg. S. 3.

[Anonym (G. K. S.):] Alfred Döblin: *Berlin Alexanderplatz*. In: Deutsche Republik (Berlin / Frankfurt a. M.). 4. Jg. Heft 7. 16. November 1929. S. 222 f.

[Anonym (j–s):] Ist das unser »Alex«? Gedanken zu Alfred Döblins Roman *Berlin Alexanderplatz*. In: Die Rote Fahne (Berlin). 12. Jg. Nr. 258. 17. Dezember 1929. 3. Beil. – Wiederabdr. in: Materialien (1975). S. 70 f.

[Anonym (M. W.):] *Berlin Alexanderplatz*. In: Die Stimme der Freiheit (Berlin). 2. Jg. Nr. 2. Februar 1930. S. 32.

[Anonym (E. W.):] Alfred Döblin: *Berlin Alexanderplatz*. In: Menorah. Jüdisches Familienblatt für Wissenschaft, Kunst und Literatur (Wien/Berlin). 8. Jg. Nr. 3/4. März/April 1930. S. 201.

[Anonym:] Herr Döblin wird gestrichen. In: Die Linkskurve (Berlin). 2. Jg. Nr. 10. Oktober 1930. S. 36. – Wiederabdr. in: Materialien (1975). S. 100.

Ackerknecht, E[rwin]: Döblin, Alfred: *Berlin Alexanderplatz*. In: Bücherei und Bildungspflege (Stettin). 9. Jg. Heft 6. November/Dezember 1929. S. 454 f.

Bab, Julius: Weg der Erneuerung. In: Der Morgen (Berlin). 5. Jg. Heft 6. Februar 1930. S. 640–649. [Zu BA: S. 642–645.] – Wiederabdr. in: Schuster/Bode (1973). S. 210–212.

Badt-Strauss, Bertha: Jüdische Motive in neuen Büchern. In: Jüdische Rundschau (Berlin). 35. Jg. Nr. 30. 16. April 1930. S. 214. – Wiederabdr. in: Schuster/Bode (1973). S. 248 f.

Becher, Johannes R.: Einen Schritt weiter! In: Die Linkskurve (Berlin). 2. Jg. Nr. 1. Januar 1930. S. 1–5. – Wiederabdr. in: Materialien (1975). S. 88–94.

Benjamin, Walter: Krisis des Romans. Zu Döblins *Berlin Alexanderplatz*. In: Die Gesellschaft (Berlin). 7. Jg. Bd. 1. Heft 6. Juni 1930. S. 562–566. – Wiederabdr. in: Schuster/Bode (1973). S. 249–254. Auch in: Materialien (1975). S. 108–114.

Biha, Otto: Herr Döblin verunglückt in einer »Linkskurve«. In: Die Linkskurve (Berlin). 2. Jg. Nr. 6. Juni 1930. S. 21–24. – Wiederabdr. in: Materialien (1975). S. 94–100.

Bin Gorion, Emanuel: Doktor Allwissend II. *Berlin Alexanderplatz*. In: Neue Revue (Berlin). Bd. 3. 1931. S. 199–204. – Wiederabdr. in: Schuster/Bode (1973). S. 258–264.

Blei, Franz: Alfred Döblin, *Berlin Alexanderplatz*. In: Der Querschnitt (Berlin). 9. Jg. Heft 11. November 1929. S. 826. – Wiederabdr. in: Materialien (1975). S. 66 f.

Brentano, Bernhard von: Keine Erschaffung von Menschen mehr. In: Der Scheinwerfer (Essen). 3. Jg. Heft 12. März 1930. S. 15–17. – Wiederabdr. in: Schuster/Bode (1973). S. 212–215.

Dehn, Günther: »Hammerschläge« gegen das Ich. Ein Wort zu Alfred Döblins *Berlin Alexanderplatz*. In: Eckart. Blätter für evangelische Geisteskultur (Witten/Berlin). 6. Jg. Heft 3. März 1930. S. 122–126.

Eggebrecht, Axel: Alfred Döblins neuer Roman [BA]. In: Die Literarische Welt (Berlin). 5. Jg. Nr. 45. 8. November 1929. S. 5 f. – Wiederabdr. in: Materialien (1975). S. 62–66.

– Zu Döblins Erfolg. In: Die Weltbühne (Berlin). 26. Jg. Nr. 6. 4. Februar 1930. S. 208–211. – Wiederabdr. in: Schuster/Bode (1973). S. 242–244.

Eloesser, Arthur: *Berlin Alexanderplatz*. Alfred Döblins neuer Roman. In: Vossische Zeitung (Berlin). Post-Ausg. Nr. 246. 15. Oktober 1929. Das Unterhaltungsblatt. Nr. 241.

Engel, Fritz: Alfred Döblin: *Berlin Alexanderplatz*. In: Central-Verein-Zeitung. Blätter für Deutschtum und Judentum (Berlin). 8. Jg. Nr. 51. 20. Dezember 1929. S. 685 f.

Fischer, E. Kurt: *Berlin-Alexanderplatz*. Roman von Alfred Doeblin. In: Leipziger neueste Nachrichten und Handelszeitung. 38. Jg. Nr. 345. 11. Dezember 1929. S. 2. – Wiederabdr. in: Schuster/Bode (1973). S. 215–217. Auch in: Materialien (1975). S. 67–69.

Frenzel, Christian Otto: *Berlin Alexanderplatz*. In: Die Tide. Niederdeutsche Heimatsblätter (Bremen). 6. Jg. Heft 11. November 1929. S. 492.

Friedrich, Hans E.: *Berlin Alexanderplatz*. In: Die Christliche Welt (Gotha/Leipzig). 43. Jg. Nr. 24. 14. Dezember 1929. S. 1224.

Frisch, Efraim: *Berlin Alexanderplatz*. Döblins epischer Versuch mit Berlin. In: Frankfurter Zeitung (Frankfurt a. M.). 73. Jg. Nr. 52. 29. Dezember 1929. Literaturblatt. S. 1 f. – Wiederabdr. in: Schuster/Bode (1973). S. 217–219. Auch in: Materialien (1975). S. 74–77.

Haas, Willy: Bemerkungen zu Alfred Döblins *Berlin Alexanderplatz*. In: Die neue Rundschau (Berlin/Leipzig). 40. Jg. Heft 12. Dezember 1929. S. 835–843. – Wiederabdr. in: Schuster/Bode (1973). S. 219–225. Auch in: Materialien (1975). S. 78–86.

Herwig, Franz: Neue Romane. In: Hochland (München). 27. Jg. Heft 3. 1929/30. S. 262–265. [Zu BA: S. 263 f.] – Wiederabdr. in: Schuster/Bode (1973). S. 245 f.

Hochdorf, Max: Döblin. In: Sozialistische Monatshefte (Berlin). 35. Jg. Nr. 69. 27. November 1929. S. 1070 f.

Ihering, Herbert: Döblins Heimkehr. *Berlin Alexanderplatz*. In: Berliner Börsen-Courier. 62. Jg. Nr. 591. 19. Dezember 1929. Morgenausg. – Wiederabdr. in: Schuster/Bode (1973). S. 226 f. Auch in: Materialien (1975). S. 72–74.

Jahnn, Hans Henny: Alfred Döblin, *Berlin Alexanderplatz*. In: Der Kreis. Zeitschrift für künstlerische Kultur (Hamburg). 6. Jg. Heft 12. Dezember 1929. S. 735. – Wiederabdr. in: Schuster/Bode (1973). S. 227 f. Auch in: Materialien (1975). S. 77 f.

Ježower, Ignaz: Alfred Döblin: *Berlin Alexanderplatz*. In: Das neue Berlin (Berlin). 1. Jg. Heft 12. Dezember 1929. S. 255.

Kaergel, Hans Christoph: Döblins neuer Roman [BA]. In: Schlesische Zeitung (Breslau). 188. Jg. Nr. 640. 17. Dezember 1929. S. 3.
Kästner, Erich: Döblins Berliner Roman. In: Das deutsche Buch (Leipzig). 9. Jg. Heft 11/12. November/Dezember 1929. S. 357 f.
Kesser, Armin: Ein Berliner Roman. In: Die Welt am Abend (Berlin). 7. Jg. Nr. 242. 16. Oktober 1929. 1. Beil. S. 1. – Wiederabdr. in: Materialien (1975). S. 53–56.
Kleinberg, Alfred: Alfred Döblin: *Berlin Alexanderplatz*. In: Die Bücherwarte. Zeitschrift für sozialistische Buchkritik (Berlin). 4. Jg. Heft 10. Oktober 1929. S. 163.
Lothar, Ernst: Unterhaltung über die Bücher des Jahres [BA u. a.]. In: Neue Freie Presse (Wien). Nr. 23 443. 18. Dezember 1929. S. 1–3.
Mauerhofer, Hugo: A. Döblin, *Berlin Alexanderplatz*. In: Der Bund (Bern). 80. Jg. Nr. 573. 8. Dezember 1929. S. 2 f.
Michel, Wilhelm: Alfred Döblins *Berlin Alexanderplatz*. In: Die schöne Literatur (Leipzig). 31. Jg. Heft 4. April 1930. S. 181 f. – Wiederabdr. in: Schuster/Bode (1973). S. 255 f. Auch in: Materialien (1975). S. 106–108.
Muckermann, Friedrich: Auf der Gralwarte. In: Der Gral (Münster). 25. Jg. Heft 2. Februar 1930. S. 130–142. [Zu BA: S. 137–139.] – Wiederabdr. in: Schuster/Bode (1973). S. 256–258. Auch in: Materialien (1975). S. 103–106.
Muschg, Walter: Ein Stoß Bücher. In: Schweizerische Monatshefte für Politik und Kultur (Zürich). 10. Jg. Heft 1. 1930. S. 46–49. [Zu BA: S. 48 f.] – Wiederabdr. in: Schuster/Bode (1973). S. 246 f.
Neukrantz, Klaus: *Berlin Alexanderplatz*. In: Die Linkskurve (Berlin). 1. Jg. Nr. 5. Dezember 1929. S. 30 f. – Wiederabdr. in: Schuster/Bode (1973). S. 228 f. Auch in: Materialien (1975). S. 86–88.
Österling, Anders: *Berlin Alexanderplatz*. In: Svenska Dagbladet (Stockholm). 110. Jg. 25. Januar 1930. S. 7.
Olden, Balder: *Berlin Alexanderplatz*. In: Das Tagebuch (Berlin). 10. Jg. Heft 45. 9. November 1929. S. 1880–1882, 1887 f.
Rang, Bernhard: *Berlin Alexanderplatz*. In: Hefte für Büchereiwesen (Leipzig/Wien). 13. Jg. Heft 12. Dezember 1929. S. 538–540. – Wiederabdr. in: Schuster/Bode (1973). S. 207–209.
Rychner, Max: Anmerkungen zur Literatur. In: Neue Schweizer Rundschau (Zürich). 22. Jg. Nr. 12. 1. Dezember 1929. S. 906. – Wiederabdr. in: Schuster/Bode (1973). S. 229.

Schulte ten Hoevel, Fritz [d. i. Erik Reger]: Döblins »Biberkopf« oder Die Krise der Literatur. In: Der Scheinwerfer (Essen). 3. Jg. Heft 12. März 1930. S. 17–20. – Wiederabdr. in: Schuster/Bode (1973). S. 229–233.

Sochaczewer, Hans: Der neue Döblin. *Berlin Alexanderplatz*. In: Berliner Tageblatt. 58. Jg. Nr. 492. 18. Oktober 1929. 1. Beibl. – Wiederabdr. in: Schuster/Bode (1973). S. 233–236. Auch in: Materialien (1975). S. 56–60.

Stang, S.: *Berlin Alexanderplatz*. In: Stimmen der Zeit. Katholische Monatsschrift für das Geistesleben der Gegenwart (Freiburg i. Br.). 61. Jg. Bd. 120. Heft 1. Januar 1931. S. 77 f. – Wiederabdr. in: Schuster/Bode (1973). S. 264–266.

Strecker, Karl: Alfred Döblin: *Berlin Alexanderplatz. Die Geschichte vom Franz Biberkopf*. In: Weltstimmen (Stuttgart). Bd. 4. Heft 2. Februar 1930. S. 69–72.

– Neues vom Büchertisch. In: Velhagen & Klasings Monatshefte (Bielefeld/Leipzig). 44. Jg. Heft 5. Januar 1930. S. 571–574. [Zu BA: S. 572 f.]

Stübs, Albin: Der babylonische Narziß. In: Neue deutsche Blätter (Prag). 1. Jg. Nr. 10. Juli 1934. S. 639–642. [Zu BA: S. 639 f.] – Wiederabdr. in: Schuster/Bode (1973). S. 266.

Valeton, A.: Alfred Döblin: *Berlin Alexanderplatz*. In: Schlesische Monatshefte (Breslau). 7. Jg. Nr. 1. Januar 1930. S. 42 f.

Weiskopf, Franz Carl: Die Pleite des großen deutschen Romans. [Tl.] 3. Döblin, der deutsche Normaleinheits-Joyce. In: Berlin am Morgen (Berlin). 2. Jg. Nr. 28. 2. Februar 1930. S. 5. – Wiederabdr. in: Materialien (1975). S. 100–103.

Werner, Bruno E.: Magie über dem Alexanderplatz. Alfred Döblins neuer Roman. In: Deutsche Allgemeine Zeitung (Berlin). 68. Jg. Nr. 494/495. 25. Oktober 1929. Unterhaltungsblatt.

Westecker, Wilhelm: *Berlin Alexanderplatz*, Alfred Döblins neues Werk. In: Berliner Börsen-Zeitung. 75. Jg. Nr. 535. 15. November 1929. Unterhaltungsbeilage »Kunst, Welt, Wissen«. Nr. 268. – Wiederabdr. in: Schuster/Bode (1973). S. 236–239.

Wolf, Friedrich: Dokumente der Zeit. In: Die Literatur (Stuttgart/Berlin). 32. Jg. Heft 4. Januar 1930. S. 194 f. – Wiederabdr. in: Schuster/Bode (1973). S. 247 f.

Wyss, H. A.: Ein neuer Roman Alfred Döblins [BA]. In: Neue Zürcher Zeitung (Zürich). 150. Jg. Nr. 2162. 8. November 1929. – Wiederabdr. in: Schuster/Bode (1973). S. 239–241.

Zobeltitz, Hans-Caspar von: Neues vom Büchermarkt [u. a. zu BA]. In: Daheim (Leipzig/Bielefeld). 66. Jg. Nr. 24. 13. März 1930. S. 7 f.

b) Zur Verfilmung von Phil Jutzi (1931)

[Anonym (n.):] Filmbesprechung. *Berlin-Alexanderplatz*. Allianz-Film der Südfilm / Capitol. In: Licht-Bild-Bühne (Berlin). 24. Jg. Nr. 242. 9. Oktober 1931. S. 2.

[Anonym:] Der Film vom Franz Biberkopf. In: Kinematograph (Berlin). 25. Jg. Nr. 235. 10. Oktober 1931. S. [1 f.]

[Anonym (S. und D.):] *Berlin Alexanderplatz*. In: Deutsche Filmzeitung (München). 10. Jg. Nr. 42. 16. Oktober 1931. S. 4, 6.

[Anonym (J.):] Kritiken. In: Filmwoche (Berlin). 9. Jg. Heft 43. 21. Oktober 1931. [Zu *Berlin-Alexanderplatz*:] S. 1366, 1368.

Arnheim, Rudolf: Zwei Filme [u. a. *Berlin-Alexanderplatz*]. In: Die Weltbühne (Berlin). 27. Jg. Nr. 41. 13. Oktober 1931. S. 572 f.

Betz und L[ondon], [Kurt]: Im Capitol: *Berlin-Alexanderplatz*. In: Der Film. Wochenschrift für Film, Bühne, Funk, Musik (Berlin). 16. Jg. Nr. 41. 10. Oktober 1931. S. 5 f.

Br[aune], [Heinrich]: Heinrich George in *Berlin-Alexanderplatz*. Ein deutsches Film-Ereignis. In: Hamburger Echo. 57. Jg. Nr. 300. 31. Oktober 1931. 4. Beil. S. 1.

Gl[ück], K[onrad]: *Berlin-Alexanderplatz*. Döblins Roman im Film. In: Berliner Morgenpost. 34. Jg. Nr. 242. 10. Oktober 1931. [n. p.] – Wiederabdr. in: BAD (1996). S. 226 f.

Henseleit, Felix: Döblin-Roman erfolgreich verfilmt: *Berlin-Alexanderplatz* im Capitol. In: Reichsfilmblatt. Nr. 41. 10. Oktober 1931. 1. Beil.

Hieber, Hermann: Filmschau [u. a. zu *Berlin-Alexanderplatz*]. In: Die Volksbühne. Zeitschrift für soziale Theaterpolitik und Kunstpflege (Berlin). 6. Jg. Nr. 8. November 1931. S. 337 f.

Ihering, Herbert: Der Alexanderplatz-Film. In: Berliner Börsen-Courier. 64. Jg. Nr. 472. 9. Oktober 1929. – Wiederabdr. in: Materialien (1975). S. 241–243. Auch in: BAD (1996). S. 227–229.

J[äger], E[rnst]: Film-Kritik. *Berlin-Alexanderplatz*. (Capitol.) In: Film-Kurier (Berlin). 13. Jg. Nr. 237. 9. Oktober 1931. [n. p.]

Kantorowicz, Alfred: Der Film vom Franz Biberkopf. In: Die Literarische Welt (Berlin). 7. Jg. Nr. 42. 16. Oktober 1931. S. 7. – Wiederabdr. in: Materialien (1975). S. 243 f.

Kracauer, Siegfried: *Berlin Alexanderplatz* als Film. In: Frankfurter Zeitung. 76. Jg. Nr. 761/762. 13. Oktober 1931. – Wiederabdr. in: BAD (1996). S. 232–234.
– Literarische Filme [u. a. *Berlin-Alexanderplatz*]. In: Die neue Rundschau (Berlin/Leipzig). 42. Jg. Nr. 12. Dezember 1931. Bd. 2. S. 859–861.
Nürnberg, Rolf: *Berlin-Alexanderplatz*. Döblins Geschichte vom Franz Biberkopf. Uraufführung im Capitol. In: Neue Berliner Zeitung – Das 12 Uhr Blatt. 13. Jg. Nr. 237. 9. Oktober 1931. [n. p.]
Palitzsch, O[tto] A[lfred]: *Berlin-Alexanderplatz*. Döblins Roman als Tonfilm im Capitol. In: Vossische Zeitung (Berlin). Nr. 477. 9. Oktober 1931. S. 6.
Pinthus, Kurt: *Berlin-Alexanderplatz*. Capitol am Zoo. In: 8 Uhr-Abendblatt der National-Zeitung (Berlin). Nr. 236. 9. Oktober 1931. 3. Beibl. – Wiederabdr. in: BAD (1996). S. 224–226.
Rosenthal, Alfred [Aros]: Die Geschichte vom Franz Biberkopf. Randbemerkungen zum neuen George-Film. In: Der Montag. Sonderausgabe des Berliner Lokal-Anzeigers. Nr. 39. 12. Oktober 1931. 2. Ausg. Beil. »Film-Echo«.
Salmony, G[eorg] F.: Der Film vom Franz Biberkopf. *Berlin-Alexanderplatz* zugunsten der Winterhilfe im Capitol. In: B. Z. am Mittag (Berlin). 55. Jg. Nr. 236. 9. Oktober 1931. S. 6.
Sch[erret], F[elix]: Döblin: *Berlin-Alexanderplatz*. Uraufführung im Capitol. In: Vorwärts (Berlin). 48. Jg. Nr. 474. 9. Oktober 1931. S. [3.]
S[iemse]n, H[ans]: Der Film der Woche. Alfred Döblin und Marlene Dietrich. In: Die Welt am Montag (Berlin). 37. Jg. Nr. 41. 12. Oktober 1931. S. 6. – Wiederabdr. in: BAD (1996). S. 235.
Sinsheimer, Hermann: *Berlin Alexanderplatz*. Capitol. In: Berliner Tageblatt. 60. Jg. Nr. 477. 11. Oktober 1931. Abendausg. S. 2. – Wiederabdr. in: BAD (1996). S. 229–231.

6. Forschungsliteratur

a) Hilfsmittel und Quellen

Benz, Wolfgang / Graml, Hermann: Biographisches Lexikon zur Weimarer Republik. München: Beck, 1988.

Berlinisch. Geschichtliche Einführung in die Sprache einer Stadt. Mit einem Wörterverzeichnis. Hrsg. von Joachim Schildt und Hartmut Schmidt. Berlin: Akademie-Verlag, 1992.

Brandenburg-Berlinisches Wörterbuch. Begründet und angelegt von Anneliese Bretschneider [...]. Berlin: Akademie-Verlag; in Arbeitsgemeinschaft mit Karl-Wachholtz-Verlag Neumünster, 1976 ff.

Bucovich, Mario von: Berlin. Geleitwort von Alfred Döblin. Berlin: Albertus-Verlag, 1928. – Nachdr. u. d. T.: Berlin 1928. Das Gesicht der Stadt. Bilderl. und Nachw. von Hans-Werner Klünner. Berlin: Nicolai, 1992.

Geisel, Eike: Im Scheunenviertel. Bilder, Texte und Dokumente. Mit einem Vorw. von Günter Kunert. Berlin: Severin und Siedler, 1981.

Juden in Berlin 1671–1945. Ein Lesebuch. Mit Beitr. von Annegret Ehmann, Rachel Livné-Freudenthal, Monika Richarz, Julius H. Schoeps, Raymond Wolff. Berlin: Nicolai, 1988.

Die Metropole. Industriekultur in Berlin im 20. Jahrhundert. Unter Beteiligung zahlreicher Autoren hrsg. von Jochen Boberg, Tilmann Fichter und Eckhart Gillen. München: Beck, 1986.

Meyer, Hans: Der richtige Berliner in Wörtern und Redensarten. 9. Aufl. von Dr. Siegfried Mauermann. Berlin: Hermann & Co., 1925. – 12. Aufl., nach der Neuausg. 1985. Bearb. und erg. von Walther Kiaulehn. München: Beck, 1996. (Beck'sche Reihe. 1162.)

Overesch, Manfred / Saal, Friedrich Wilhelm: Die Weimarer Republik. Eine Tageschronik der Politik, Wirtschaft, Kultur. Düsseldorf: Droste, 1982.

b) Zu Döblin allgemein

Alfred Döblin 1878–1978. Eine Ausstellung des Deutschen Literaturarchivs im Schiller-Nationalmuseum Marbach am Neckar. Bearb. von Jochen Meyer in Zsarb. mit Ute Doster. München: Kösel, 1978. (Sonderausstellungen des Schiller-Nationalmuseums. Katalog Nr. 30.) [Zu BA: S. 233–278. – Zit. als: Marbacher Katalog (1978).]

Arnold, Armin: Alfred Döblin. Berlin: Morgenbuch-Verlag, 1996. [Zu BA: S. 48–52.]
Grass, Günter: Über meinen Lehrer Döblin. In: Akzente 14 (1967) S. 290–309.
Kobel, Erwin: Alfred Döblin. Erzählkunst im Umbruch. Berlin / New York: de Gruyter, 1985. [Zu BA: S. 251–288.]
Kort, Wolfgang: Alfred Döblin. Das Bild des Menschen in seinen Romanen. Bonn: Bouvier, 1970. [Zu BA: S. 72–83.]
Kreutzer, Leo: Alfred Döblin. Sein Werk bis 1933. Stuttgart [u. a.]: Kohlhammer, 1970. [Zu BA: S. 114–127.]
Links, Roland: Alfred Döblin. Leben und Werk. Berlin: Verlag Volk und Wissen, 1965. – 3., bearb. Aufl. 1980. – Lizenzausg. München: Beck / edition text + kritik, 1981. [Zu BA: S. 78–94 bzw. 113–138.]
Müller-Salget, Klaus: Alfred Döblin. Werk und Entwicklung. Bonn: Bouvier, 1972. – 2., durchges. und erw. Aufl. Bonn: Bouvier, 1988. [Zu BA: S. 286–356.]
Prangel, Matthias: Alfred Döblin. [1 1973.] 2., neubearb. Aufl. Stuttgart: Metzler, 1987. (Sammlung Metzler. 105.) [Zu BA: S. 64–68.]
Ribbat, Ernst: Die Wahrheit des Lebens im frühen Werk Alfred Döblins. Münster: Aschendorff, 1970. [Zu BA: S. 210–213.]
Schröter, Klaus: Alfred Döblin. In Selbstzeugnissen und Bilddokumenten dargest. von K. S. Reinbek: Rowohlt, 1978. [Zu BA: S. 93–114.]
Weyembergh-Boussart, Monique: Alfred Döblin. Seine Religiosität in Persönlichkeit und Werk. Bonn: Bouvier, 1970. [Zu BA: S. 132–138, 161–170 u. ö.]

c) Interpretationen und Studien zu *Berlin Alexanderplatz*

Anders, Günther: Der verwüstete Mensch. Über Welt- und Sprachlosigkeit in Döblins *Berlin Alexanderplatz*. In: Festschrift zum 80. Geburtstag von Georg Lukács. Neuwied: Luchterhand, 1966. S. 420–442.
Arnold, Armin: Les styles, voilà l'homme! Döblins sprachliche Entwicklung bis zu *Berlin Alexanderplatz*. In: Schuster (1980). S. 41–56.
Baumann-Eisenack, Barbara: Der Mythos als Brücke zur Wahrheit. Eine Analyse ausgewählter Texte Alfred Döblins. Idstein: Schulz-Kirchner, 1992. [Zu BA: S. 156–219.]

Bayerdörfer, Hans-Peter: Der Wissende und die Gewalt. Alfred Döblins Theorie des epischen Werkes und der Schluß von *Berlin Alexanderplatz*. In: Deutsche Vierteljahrsschrift 44 (1970) S. 318–353. – Wiederabgedr. in: Materialien (1975). S. 150–185, 252–260.

– Alfred Döblin: *Berlin Alexanderplatz* (1929). In: Deutsche Romane des 20. Jahrhunderts. Neue Interpretationen. Hrsg. von Paul Michael Lützeler. Königstein/Ts.: Athenäum-Verlag, 1983. S. 148–166.

– »›Ghettokunst‹. Meinetwegen, aber hundertprozentig echt.« Alfred Döblins Begegnung mit dem Ostjudentum. In: Im Zeichen Hiobs. Jüdische Schriftsteller und deutsche Literatur im 20. Jahrhundert. Hrsg. von Gunter E. Grimm und Hans-Peter Bayerdörfer. 2., durchges. Aufl. Königstein i. Ts.: Athenäum-Verlag, 1986. S. 161–177. [U. a. zu BA.]

– Alfred Döblin: *Berlin Alexanderplatz*. In: Romane des 20. Jahrhunderts. Interpretationen. Bd. 1. Stuttgart: Reclam, 1993. (Universal-Bibliothek. 8808.) S. 158–194.

Becker, Helmut: Untersuchungen zum epischen Werk Alfred Döblins am Beispiel seines Romans *Berlin Alexanderplatz*. Diss. Marburg 1962.

Becker, Sabina: Urbanität und Moderne. Zur Großstadtwahrnehmung in der deutschen Literatur 1900–1930. St. Ingbert: Röhrig, 1993. [Zu BA: S. 288–354, 427–440.]

Becker-Cantarino, Barbara: Die Hure Babylon. Zur Mythisierung von Gewalt in Döblins *Berlin Alexanderplatz*. In: Methodisch reflektiertes Interpretieren. Festschrift für Hartmut Laufhütte zum 60. Geburtstag. Hrsg. von Hans-Peter Ecker. Passau: Rothe, 1997. S. 367–374.

Bekes, Peter: Alfred Döblin *Berlin Alexanderplatz*. Interpretation. München: Oldenbourg, 1995.

Best, Otto F.: »Epischer Roman« und »dramatischer Roman«. Einige Überlegungen zum Frühwerk von Alfred Döblin und Bertolt Brecht. In: Germanisch-Romanische Monatsschrift 22 (1972) S. 281–309. [U. a. zu BA.]

– Zwischen Orient und Okzident: Döblin und Spinoza. Einige Bemerkungen zur Problematik des offenen Schlusses von *Berlin Alexanderplatz*. In: Colloquia Germanica 12 (1979) S. 94–105.

Beyer, Manfred: Die Entstehungsgeschichte von Alfred Döblins Roman *Berlin Alexanderplatz*. In: Wissenschaftliche Zeitschrift der

Friedrich-Schiller-Universität Jena. Gesellschafts- und Sprachwissenschaftliche Reihe 20 (1971) S. 391–423.

Bohnen, Klaus: Erzählen aus mythischer Erinnerung. Ein Versuch zu Döblins *Berlin Alexanderplatz*. In: Jahrbuch der Deutschen Schillergesellschaft 28 (1984) S. 446–460.

Casey, Timothy: Alttestamentliche Motive in Döblins *Berlin Alexanderplatz*. Die Rezeption des Romans und der Streit um sein Schlußbild. In: Paradeigmata. Literarische Typologie des Alten Testaments. Hrsg. von Franz Link. Tl. 2. Berlin: Duncker & Humblot, 1989. S. 527–541.

Detken, Anke: Döblins *Berlin Alexanderplatz* übersetzt. Ein multilingualer kontrastiver Vergleich. Göttingen: Vandenhoeck & Ruprecht, 1997.

Dollenmayer, David B.: The Berlin Novels of Alfred Döblin. *Wadzek's Battle with the Steam Turbine*, *Berlin Alexanderplatz*, *Men without Mercy* and *November 1918*. Berkeley [u. a.]: University of California Press, 1988. [Zu BA: S. 54–97, 190–195.]

Dunz, Christoph: Erzähltechnik und Verfremdung. Die Montagetechnik und Perspektivierung in Alfred Döblin, *Berlin Alexanderplatz* und Franz Kafka, *Der Verschollene*. Bern [u. a.]: Lang, 1995.

Düsing, Wolfgang: Erinnerung und Identität. Untersuchungen zu einem Erzählproblem bei Musil, Döblin und Doderer. München: Fink, 1982. [Zu Döblin: S. 103–172; zu BA: S. 128–141.]

Duytschaever, Joris: Eine Hebbel-Satire in Döblins *Berlin Alexanderplatz*. In: Etudes Germaniques 24 (1969) S. 536–552.

– Joyce – Dos Passos – Döblin. Einfluß oder Analogie. In: Materialien (1975). S. 136–149, 250–252.

– Alfred Döblins Aischylos-Rezeption. Zur Funktion der Orest-Parodie in *Berlin Alexanderplatz*. In: Revue de littérature comparée 53 (1979) S. 27–46.

Elm, Ursula: Literatur als »Lebensanschauung«. Zum ideengeschichtlichen Hintergrund von Alfred Döblins *Berlin Alexanderplatz*. Bielefeld: Aisthesis-Verlag, 1991.

Freisfeld, Andreas: Das Leiden an der Stadt. Spuren der Verstädterung in deutschen Romanen des 20. Jahrhunderts. Köln/Wien: Böhlau, 1982. [Zu BA: S. 137–175 u. ö.]

Fromm, Georg: Hiobs Wachhund. Die erste Hiob-Paraphrase in Alfred Döblins *Berlin Alexanderplatz*. In: IADK Paris (1993). S. 213–226.

Fromm Georg: Die Isaak-Paraphrase in Alfred Döblins *Berlin Alexanderplatz.* In: IADK Leiden (1995). S. 159–168.

Grah, Drago: Bänkelsängerische Elemente in Döblins *Berlin Alexanderplatz*. In: Acta Neophilologica 5 (1972) S. 45–59.

– Das Zeitgerüst in Döblins Roman *Berlin Alexanderplatz*. In: Acta Neophilologica 11 (1978) S. 15–28.

Grevel, Liselotte: Franz Biberkopf: ein Beispiel unter anderen. Individuum und Kommunikation in Alfred Döblins Roman *Berlin Alexanderplatz*. In: Der Deutschunterricht 44 (1992) Heft 3 (Juni). S. 37–54.

Hachmöller, Johannes: Ekstatisches Dasein und Tao-Sprung. Alfred Döblins Romane *Die drei Sprünge des Wang-lun* und *Berlin Alexanderplatz*. Diss. Würzburg 1971.

Hage, Volker: Collagen in der deutschen Literatur. Zur Praxis und Theorie eines Schreibverfahrens. Frankfurt a. M. [u. a.]: Lang, 1984. [Zu BA: S. 95–108.]

Hake, Sabine: Urban Paranoia in Alfred Döblin's *Berlin Alexanderplatz*. In: The German Quarterly 67 (1994) S. 347–368.

Harst, Uta: Der Begriff »Schicksal« in Alfred Döblins Roman *Berlin Alexanderplatz*. Versuch einer neuen Methode der Textanalyse. Diss. Aachen 1979.

Hoock, Birgit: Modernität als Paradox. Der Begriff der »Moderne« und seine Anwendung auf das Werk Alfred Döblins (bis 1933). Tübingen: Niemeyer, 1997. [Zu BA: S. 260–294.]

Hülse, Erich: Alfred Döblin – *Berlin Alexanderplatz*. In: Möglichkeiten des modernen deutschen Romans. Analysen und Interpretationsgrundlagen zu Romanen von Th. Mann, A. Döblin, H. Broch und H. Böll. Hrsg. von Rolf Geißler. Frankfurt a. M. [u. a.]: Diesterweg, 1962. S. 45–101.

Jähner, Harald (1984): Erzählter, montierter und soufflierter Text. Zur Konstruktion des Romans *Berlin Alexanderplatz* von Alfred Döblin. Frankfurt a. M. [u. a.]: Lang, 1984.

Kähler, Hermann: Döblins *Berlin Alexanderplatz*. Döblins Naturphilosophie und der Roman. In: Weimarer Beiträge 28 (1982) Nr. 11. S. 28–46.

Kaemmerling, Ekkehard: Die filmische Schreibweise. Am Beispiel Alfred Döblin: *Berlin Alexanderplatz*. In: Jahrbuch für Internationale Germanistik 5 (1973) S. 45–61. – Überarb. Fass. in: Materialien (1975). S. 185–198.

Keller, Otto: Brecht und der moderne Roman. Auseinandersetzung mit den Strukturen der Romane Döblins und Kafkas. Bern/München: Francke, 1975. [Zu BA: S. 7–35, 89–91.]

– Döblins Montageroman als Epos der Moderne. Die Struktur der Romane *Der schwarze Vorhang*, *Die drei Sprünge des Wang-lun* und *Berlin Alexanderplatz*. München: Fink, 1980. [Zu BA: S. 140–227.]

– Döblins *Berlin Alexanderplatz*. Die Grossstadt im Spiegel ihrer Diskurse. Bern [u. a.]: Lang, 1990.

Klein, Otto: Das Thema Gewalt im Werk Alfred Döblins. Ästhetische, ethische und religiöse Sichtweise. Hamburg: Kovac, 1995. [Zu BA: S. 193–208.]

Klotz, Volker: Agon Stadt. Alfred Döblins *Berlin Alexanderplatz* (1929). In: V. K.: Die erzählte Stadt. Ein Sujet als Herausforderung des Romans von Lesage bis Döblin. München: Hanser, 1969. S. 372–418.

Koopmann, Helmut: Der klassisch-moderne Roman in Deutschland. Thomas Mann, Alfred Döblin, Hermann Broch. Stuttgart [u. a.]: Kohlhammer, 1983. [Zu BA: S. 77–112.]

– Der Schluß des Romans *Berlin Alexanderplatz* – eine Antwort auf Thomas Manns *Zauberberg*? In: IADK Münster/Marbach (1989/1991). S. 179–191. [Zit. als: Koopmann (1989).]

– Alfred Döblin: *Berlin Alexanderplatz*. In: Große Werke der Literatur. Eine Ringvorlesung an der Universität Augsburg. Hrsg. von Hans V. Geppert. Bd. 2: 1990/91. Tübingen: Francke, 1992. S. 197–213.

Kreutzahler, Birgit: Das Bild des Verbrechers in Romanen der Weimarer Republik. Eine Untersuchung vor dem Hintergrund anderer gesellschaftlicher Verbrecherbilder und gesellschaftlicher Grundzüge der Weimarer Republik. Frankfurt a. M. [u. a.]: Lang, 1987. [Zu BA: S. 313–329, 443–445.]

Ledanff, Susanne: Bildungsroman versus Großstadtroman. Thesen zum Konflikt zweier Romanstrukturen, dargestellt am Beispiel von Döblins *Berlin Alexanderplatz*, Rilkes *Aufzeichnungen des Malte Laurids Brigge* und Musils *Mann ohne Eigenschaften*. In: Sprache im technischen Zeitalter 78 (1981) S. 85–114.

Linder, Joachim / Ort, Claus-Michael: Ausgrenzungsdiskurse. Verbrechen und Strafjustiz in der Erzählliteratur 1780–1930. Opladen/Wiesbaden: Westdeutscher Verlag, 1997. [U. a. zu BA.]

Mahlendorf, Ursula R.: Schelm und Verbrecher: Döblins *Berlin Alexanderplatz*. In: Amsterdamer Beiträge zur Neueren Germanistik 20 (1986) S. 77–108.

Martini, Fritz: Alfred Döblin *Berlin Alexanderplatz*. In: F. M.: Das Wagnis der Sprache. Stuttgart: Klett, 1954. [6]1970. S. 336–372, 526 f.

Martynkewicz, Wolfgang: Geschriebene Bilder. Zum »visuellen Wörterbuch« Alfred Döblins [in BA]. In: IADK Leiden (1995). S. 143–158.

Mayer, Dieter: Kritische Zustimmung. Zu Renate Möhrmanns Döblin-Fallada-Aufsatz (DD 40, 1978). In: Diskussion Deutsch 9 (1978) S. 489–492.

Midgley, David: The Dynamics of Consciousness. Alfred Döblin, *Berlin Alexanderplatz*. In: The German Novel in the Twentieth Century. Beyond Realism. Hrsg. von David Midgley. Edinburgh: Edinburgh University Press, 1993. S. 95–109.

Mieder, Wolfgang: Das Sprichwort als Ausdruck kollektiven Sprechens in Alfred Döblins *Berlin Alexanderplatz*. In: Muttersprache 83 (1973) S. 405–415.

Miller, Nikolaus: Prolegomena zu einer Poetik der Dokumentarliteratur. München: Fink, 1982. [Zu BA: S. 166–206.]

– Alfred Döblin *Berlin Alexanderplatz*. In: Deutsche Romane von Grimmelshausen bis Walser. Interpretationen für den Literaturunterricht. Hrsg. von Jakob Lehmann. Bd. 1: Von Grimmelshausen bis J. Roth. Königstein i. Ts.: Scriptor-Verlag, 1982. S. 213–229.

Minder, Robert: Alfred Döblin zwischen Osten und Westen. In: Deutsche Literatur im zwanzigsten Jahrhundert. Gestalten und Strukturen. Hrsg. von Hermann Friedmann und Otto Mann. Heidelberg: Rothe, 1954. S. 249–268. – Wiederabdr. in: R. M.: Dichter in der Gesellschaft. Erfahrungen mit deutscher und französischer Literatur. Frankfurt a. M.: Insel-Verlag, 1966. S. 155–190. – Taschenbuch-Ausg. Frankfurt a. M.: Suhrkamp, 1972. (suhrkamp taschenbuch. 33.) S. 175–213. [Zu BA: S. 190–196.]

Mitchell, Breon: Joyce and Döblin: At The Crossroads of *Berlin Alexanderplatz*. In: Contemporary Literature 12 (1971) S. 173–187.

Möhrmann, Renate: Biberkopf, was nun? Großstadtmisere im Berliner Roman der präfaschistischen Ära. Dargestellt an Alfred Döblins *Berlin Alexanderplatz* und Hans Falladas *Kleiner Mann – was nun?* In: Diskussion Deutsch 9 (1978) Heft 40. S. 133–151.

Müller-Salget, Klaus: Zur Entstehung von Döblins *Berlin Alexanderplatz*. In: Materialien (1975). S. 117–135, 246–250.

Muschg, Walter: Ein Flüchtling. Alfred Döblins Bekehrung. In: W. M.: Die Zerstörung der deutschen Literatur. 3., erw. Aufl. Bern: Francke, 1958. S. 110–140. [Zu BA: S. 124–126.]

– Zwei Romane Alfred Döblins. [Zu *Wang-lun* und BA.] In: W. M.: Von Trakl zu Brecht. Dichter des Expressionismus. München: Piper, 1963. S. 198–243. [Zu BA: S. 219–243.]

Ogasawara, Yoshihito: »Literatur zeugt Literatur«. Intertextuelle, motiv- und kulturgeschichtliche Studien zu Alfred Döblins Poetik und dem Roman *Berlin Alexanderplatz*. Frankfurt a. M. [u. a.]: Lang, 1996.

Park, Sang-Nam: Die sprachliche und zeitkritische Problematik von Döblins Roman *Berlin Alexanderplatz*. Berlin: Köster, 1995.

Pott, Wilhelm Heinrich: Literarische Produktivität. Untersuchungen zum ästhetischen Verfahren bei Arno Holz, Alfred Döblin, Bertolt Brecht und Alexander Kluge. Frankfurt a. M. [u. a.]: Lang, 1984. [Zu BA: S. 215–262.]

Prangel, Matthias: Franz Biberkopf und das Wissen des Wissens. Zum Schluß von *Berlin Alexanderplatz* unter der Perspektive einer Theorie der Beobachtung der Beobachtung. In: IADK Leiden (1995). S. 169–180.

Prem, Boris: Alfred Döblin *Berlin Alexanderplatz*. München: Mentor-Verlag, 1997.

Reid, James H.: *Berlin Alexanderplatz* – A Political Novel. In: German Life & Letters 21 (1967/68) S. 214–223.

Schäffner, Wolfgang: Die Ordnung des Wahns. Zur Poetologie psychiatrischen Wissens bei Alfred Döblin. München: Fink, 1995. [Zu BA: S. 166–169, 337–342 u. ö.]

Scherpe, Klaus R.: Von der erzählten Stadt zur Stadterzählung. Der Großstadtdiskurs in Alfred Döblins *Berlin Alexanderplatz*. In: Diskurstheorien und Literaturwissenschaft. Hrsg. von Jürgen Fohrmann und Harro Müller. Frankfurt a. M.: Suhrkamp, 1988. S. 418–437.

Schmidt, René: Untersuchung einer Gewebeprobe: Döblins Sprache in *Berlin Alexanderplatz* unter dem Mikroskop. In: Cahiers d'études germanistiques 9 (1985) S. 113–136.

Schöne, Albrecht: Alfred Döblin: *Berlin Alexanderplatz*. In: Der deutsche Roman. Vom Barock bis zur Gegenwart. Struktur und

Geschichte. Hrsg. von Benno von Wiese. Bd. 2. Düsseldorf: Bagel, 1963. S. 291–325.

Scholvin, Ulrike: Döblins Metropolen. Über reale und imaginäre Städte und die Travestie der Wünsche. Weinheim/Basel: Beltz, 1985.

Schoonover, Henrietta S.: The Humorous and Grotesque Elements in Döblin's *Berlin Alexanderplatz*. Bern [u. a.]: Lang, 1977.

Schrader, Ulrike: Die Gestalt Hiobs in der deutschen Literatur seit der frühen Aufklärung. Frankfurt a. M. [u. a.]: Lang, 1992. [Zu BA: S. 112–124.]

Schwimmer, Helmut: Erlebnis und Gestaltung der Wirklichkeit bei Alfred Döblin. Diss. München 1960.

– Alfred Döblin: *Berlin Alexanderplatz*. München: Oldenbourg, 1973. [2]1985.

Scimonello, Giovanni: *Berlin Alexanderplatz* und die Krisenjahre der Weimarer Republik. In: IADK Münster/Marbach (1989/91). S. 165–178.

– Alfred Döblin e la crisi di Weimar. Milano: Arcipelago Edizioni, 1991. [Vor allem zu BA.]

Stauffacher, Werner: Alfred Döblin und Bertolt Brecht zwischen *Berlin Alexanderplatz* und dem *Badener Lehrstück vom Einverständnis*. In: Germanisch-Romanische Monatsschrift N. F. 26 (1976) S. 466–470.

– Bemerkungen zur Entstehung von Alfred Döblins Roman *Berlin Alexanderplatz*. In: Etudes Germaniques 31 (1976) S. 189–191.

– Die Bibel als poetisches Bezugssystem. Zu Alfred Döblins *Berlin Alexanderplatz*. In: Sprachkunst 8 (1977) S. 35–40.

– Collage et message. In: Etudes de Lettres 1990. Heft 3. S. 3–15. [Vor allem zu BA.]

Stenzel, Jürgen: Zeichensetzung. Stiluntersuchungen an deutscher Prosadichtung. Göttingen: Vandenhoeck & Ruprecht 1966. [Zu BA: S. 117–130].

– Mit Kleister und Schere. Zur Handschrift von *Berlin Alexanderplatz*. In: text + kritik 13/14: Alfred Döblin. 1966. [2]1972. S. 39–44.

Stühler, Friedbert: Alfred Döblin *Berlin Alexanderplatz* – Wolfgang Koeppen *Tauben im Gras*. Der moderne deutsche Großstadtroman. Hollfeld: Beyer, 1996.

Tatar, Maria: »Wie süß ist es, sich zu opfern«: Gender, Violence, and Agency in Döblin's *Berlin Alexanderplatz*. In: Deutsche Vierteljahrsschrift 66 (1992) S. 491–518.

Tomczak, Frauke: Mythos und Alltäglichkeit am Beispiel von Joyces *Ulysses* und Alfred Döblins *Berlin Alexanderplatz*. Ein Versuch zur Rekonstruktion moderner Poetiken. Frankfurt a. M. [u. a.]: Lang, 1992.

Uecker, Matthias: Verhaltenslehren im Chaos der Stimmen. Modernisierung und Zersetzung des Bildungsromans bei Thomas Mann und Alfred Döblin. In: Jahrbuch zur Literatur der Weimarer Republik. Bd. 2. St. Ingbert: Röhrig, 1996. S. 125–155. [Zu Th. Manns *Zauberberg* und Döblins BA.]

Veit, Wolfgang: Erzählende und erzählte Welt im Werk Alfred Döblins. Schichtung und Ausrichtung der epischen Konzeption in Theorie und Praxis. Diss. Tübingen 1970. [Zu BA: S. 164–314.]

Widdig, Bernd: Männerbünde und Massen. Zur Krise männlicher Identität in der Literatur der Moderne. Opladen: Westdeutscher Verlag, 1992. [Zu BA: S. 144–177, 224–228.]

Witte, Bernd: Benjamins *Einbahnstraße* zwischen *Passage de l'Opéra* und *Berlin Alexanderplatz*. In: Walter Benjamin 1892–1940 zum 100. Geburtstag. Hrsg. von Uwe Steiner. Bern [u. a.]: Lang, 1992. S. 249–272.

Xu, Xuelai: Zur Semantik des Krieges im Romanwerk Alfred Döblins. Regensburg: Roderer, 1992. [Zu BA: S. 89–125.]

d) Zum Hörspiel und zu den Verfilmungen von Phil Jutzi und Rainer Werner Fassbinder

Brüggemann, Heinz: *Berlin Alexanderplatz* oder »Franz, Mieze, Reinhold Tod und Teufel«? R. W. Fassbinders filmische Lektüre des Romans von Alfred Döblin. Polemik gegen einen melodramatischen Widerruf der ästhetischen Moderne. In: text + kritik 103: Rainer Werner Fassbinder. 1989. S. 51–65.

Burger, Hermann: Kein Platz für den Alexanderplatz. Zu Döblins Roman *Berlin Alexanderplatz* und zu Faßbinders Verfilmung. [ED 13. 12. 1980.] In: H. B.: Als Autor auf der Stör. Frankfurt a. M.: Fischer, 1987. S. 180–189.

Haag, Achim: »Er hat immer diese Sehnsucht nach Liebe gehabt, und deswegen war er böse«. Franz Biberkopf und Reinhold: Die Kontrahenten der Seelenkämpfe R. W. Fassbinders. In: text + kritik 103: Rainer Werner Fassbinder. 1989. S. 35–50.

– Fassbinder ver-filmt *Berlin Alexanderplatz*. Bilder und Töne jenseits ihrer Vorlage: Wider eine Dogmatik der Literaturverfilmung. In: IADK Münster/Marbach (1989/91). S. 298–316. [Zit. als: Haag (1991).]

Haag, Achim: »Deine Sehnsucht kann keiner stillen«. Rainer Werner Fassbinders *Berlin Alexanderplatz*. Selbstbildreflexion und Ich-Auflösung. München: Trickster-Verlag, 1992.

Hurst, Matthias: Erzählsituationen in Literatur und Film. Ein Modell zur vergleichenden Analyse von literarischen Texten und filmischen Adaptionen. Tübingen: Niemeyer, 1996. [Zu BA und den Verfilmungen von Jutzi und Fassbinder: S. 245–283.]

Kiesel, Helmuth: Döblin und das Kino. Überlegungen zur *Alexanderplatz*-Verfilmung. In: IADK Münster/Marbach (1989/91). S. 284–297. [Zit. als: Kiesel (1991).]

Kreutzer, Leo: Stadt erzählen. Roman Film Hörspiel *Berlin Alexanderplatz*. In: Elmar Buck / Leo Kreutzer / Jürgen Peters: Die schöne Leiche aus der Rue Bellechasse. Einiges über Schreiben Spielen Filmen. Reinbek: Rowohlt, 1977. S. 87–105.

Melcher, Andrea: Vom Schriftsteller zum *Sprachsteller*? Alfred Döblins Auseinandersetzung mit Film und Rundfunk (1909–1932). Frankfurt a. M. [u. a.]: Lang, 1996. [Zum Hörspiel: S. 189–195.]

Möbius, Hanno / Vogt, Guntram: Drehort Stadt. Das Thema »Großstadt« im deutschen Film. Marburg: Hitzeroth, 1990. [Zu BA-Verfilmungen: S. 91–110 (Jutzi), 121–135 (Fassbinder) u. ö.]

Müller, Eggo: Adaption als Medienreflexion. Das Drehbuch zu Phil Jutzis *Berlin Alexanderplatz* von Alfred Döblin und Hans Wilhelm. In: Das Drehbuch. Geschichte, Theorie, Praxis. Hrsg. von Alexander Schwarz. München: diskurs film Verlag, 1992. S. 91–115.

Prodolliet, Ernest: Das Abenteuer Kino. Der Film im Schaffen von Hugo von Hofmannsthal, Thomas Mann und Alfred Döblin. Freiburg (Schweiz): Universitätsverlag, 1991. [Zu Döblin: S. 111–135, 162–166 u. ö.]

Rehhahn, Yvonne: »Nur der veränderte Autor kann den Film verändern«. In: BAD (1996). S. 210–223. [Zur BA-Verfilmung von Jutzi.]

Rost, Andreas: Fassbinder ver-filmt *Berlin Alexanderplatz*. Bilder und Töne jenseits ihrer Vorlage: Von »Sachzwängen« und »Zwangsjacken« einer filmischen Ästhetik. In: IADK Münster/Marbach (1989/91). S. 317–330.

Spaich, Herbert: Rainer Werner Fassbinder. Leben und Werk. Weinheim: Beltz, 1992.

Zerges, Kristina: Die TV-Serie *Berlin Alexanderplatz* von Rainer Werner Fassbinder. In: SPIEL – Siegener Periodikum zur Internationalen Empirischen Literaturwissenschaft 2 (1983) Heft 1. S. 137–181.

VI. Abbildungsnachweis

7
Eike Geisel: Im Scheunenviertel. Bilder, Texte und Dokumente. Mit einem Vorw. von Günter Kunert. Berlin: Severin und Siedler, 1981. S. 4.

9, 31, 119
Mario von Bucovich: Berlin. Geleitwort von Alfred Döblin. Berlin: Albertus-Verlag, 1928. S. 70, 85, 79.

25, 61, 107
Mit Genehmigung von Claude Döblin, Nice, für die Erbengemeinschaft Alfred Döblin.

37, 46/47, 99, 113, 139, 237
Alfred Döblin. 1878–1978. Eine Ausstellung des Deutschen Literaturarchivs im Schiller-Nationalmuseum Marbach am Neckar. Ausstellung und Katalog: Jochen Meyer in Zsarb. mit Ute Doster. München: Kösel, 1978. (Sonderausstellungen des Schiller-Nationalmuseums. Hrsg. von Bernhard Zeller. Katalog Nr. 30.) S. 227, 244, 240, 237, 234, 251.

85
Alexanderplatz. Ein Ort deutscher Geschichte. Hundert Bilder aus zweihundert Jahren ges. und erl. von Klaus J. Lemmer. 2., veränd. Aufl. Stuttgart: Parkland Verlag, 1991. S. 44.

231, 239
Berlin-Alexanderplatz. Drehbuch von Alfred Döblin und Hans Wilhelm zu Phil Jutzis Film von 1931. Mit einem einführenden Essay von Fritz Rudolf Fries und Materialien zum Film von Yvonne Rehhahn. München: edition text + kritik, 1996. (FILMtext. Drehbücher klassischer deutscher Filme. Hrsg. von Helga Belach und Hans-Michael Bock.) S. 221, 22.

Deutsche Dichter

Leben und Werk deutschsprachiger Autoren

Herausgegeben von
Gunter E. Grimm und Frank Rainer Max

Band 1: Mittelalter. 480 S. UB 8611

Band 2: Reformation, Renaissance und Barock. 471 S. UB 8612

Band 3: Aufklärung und Empfindsamkeit. 418 S. UB 8613

Band 4: Sturm und Drang, Klassik. 437 S. UB 8614

Band 5: Romantik, Biedermeier und Vormärz. 624 S. UB 8615

Band 6: Realismus, Naturalismus und Jugendstil. 495 S. UB 8616

Band 7: Vom Beginn bis zur Mitte des 20. Jahrhunderts. 572 S. UB 8617

Band 8: Gegenwart. 620 S. UB 8618

Das achtbändige, insgesamt über 4000 Seiten umfassende Werk *Deutsche Dichter* ist deutschsprachigen Autoren vom Mittelalter bis zur jüngeren Gegenwart gewidmet. Auf anschauliche Weise schreiben Fachleute in Beiträgen von 5 bis zu 50 Seiten Umfang über Leben und Werk von rund 300 bedeutenden Dichtern. Ein Porträt des Autors und bibliographische Hinweise ergänzen die einzelnen Darstellungen.

Philipp Reclam jun. Stuttgart